"金点子"系列丛书

设备管理与技术创新 "金点子"优秀成果选编

中国设备管理协会 《中国设备工程》杂志社
内蒙古霍煤鸿骏铝电有限责任公司 编著

1

中国市场出版社
China Market Press
·北京·

图书在版编目（CIP）数据

设备管理与技术创新"金点子"优秀成果选编. ① / 中国设备管理协会,《中国设备工程》杂志社，内蒙古霍煤鸿骏铝电有限责任公司编著. -- 北京：中国市场出版社有限公司，2024.4

ISBN 978-7-5092-2535-6

Ⅰ.①设… Ⅱ.①中… ②中… ③内… Ⅲ.①设备管理-技术创新-成果-汇编-中国 Ⅳ.①F273.4

中国国家版本馆 CIP 数据核字（2023）第 257153 号

设备管理与技术创新"金点子"优秀成果选编 ①
SHEBEI GUANLI YU JISHU CHUANGXIN "JINDIANZI" YOUXIU CHENGGUO XUANBIAN ①

编　　著：中国设备管理协会
　　　　　《中国设备工程》杂志社
　　　　　内蒙古霍煤鸿骏铝电有限责任公司
责任编辑：辛慧蓉　　王雪飞

出版发行：中国市场出版社
社　　址：北京市西城区月坛北小街 2 号院 3 号楼（100837）
电　　话：（010）68033692

印　　刷：北京捷迅佳彩印刷有限公司
规　　格：170mm×240mm　　1/16
印　　张：27.75　　　　　　　　　　　　**字　　数**：512 千字
版　　次：2024 年 4 月第 1 版　　　　　**印　　次**：2024 年 4 月第 1 次印刷
书　　号：ISBN 978-7-5092-2535-6
定　　价：298.00 元

版权所有　侵权必究　　印装差错　负责调换

《设备管理与技术创新"金点子"优秀成果选编①》

编 委 会

总 顾 问：王金祥
顾　　问：徐东华　王建民　王学庆　李葆文　张建新　武爱斌
主 任 委 员：牛昌文
副主任委员：魏景林　曲士民　罗　恪　张凌翔　李　军　张　冰
委　　员：陈雪芹　周明珠　范　鑫　宋　宇　李　勇　岳华新
　　　　　　徐保强　方琦平　潘旭霞　张京齐　朱家秦　吉卫华
　　　　　　李　娜　肖少平
总 编 辑：陈雪芹
主　　编：李　琪　曲士民
指 导 专 家：景一鸣　王发元　丁彩东　张玉强　姚明磊　高守华
　　　　　　陈　君　郭　育　李文豪　王　洪　王声学
编 审 专 家：匡林海　严世洪　杨文斌　马虎生　刀荣贵
编　　审：梁　玲　司翠兰　毛　宇　王　宁

目录

第一章 技术类·管理类实战案例

分相式变压器中性点 GIB 外壳环流特性的研究成果
　　助力核电机组提前商运／003

首创一种核电厂分相式主变中性点 GIB 接地方法解决
　　主变中性点过热问题／006

一种核电厂易挥发化学试剂回收方法每年可减少化学废液
　　排放约 400 立方米／009

基于核电厂复杂环境的智能隔离锁系统可减少资源
　　浪费实现本质安全／012

开关外接就地分合闸检测装置填补了该技术领域空白／015

业内首创核电厂应急移动电源接入方案解决重大技术难题／019

优化核电厂一次通流方法可增加提前发电效益约 1000 万元／022

装备修理检测设备互联互能消除管理盲区／025

侦察接收机测控系统效率较人工检测提升 71%／027

研制机载装备自动检测台使检测过程更方便快捷／030

国家专利质谱仪检验用加样器可用于医疗等相关行业／033

可视化恒温重组酶聚合酶扩增法检测病原菌实现创新突破／036

细胞因子检测方法成功填补医疗相关领域技术空白／039

4000HP 纯电动拖轮研制应用每年可减排约 900 吨碳氧化物／041

港口设备全生命周期管理系统实现"四化"管理新突破／044

高压稀土永磁电机有效应用实现综合节能效果高达 35%／047

I

简易轻型自动平衡门机集装箱吊具可提高作业效率20% / 049

门机半自动驾驶技术应用为散粮智慧港口建设提供实践先例 / 054

散粮智能化装火车系统可减少人工操作量50% / 057

一体化的港口散粮作业系统有效解决粮食损耗和扬尘问题 / 060

移动式混矿皮带机系统首批实现业内非系统线混矿运行 / 062

自动"集改散"翻转吊具应用提高作业效率300% / 066

成型机振台结构优化100%根除了底部裂纹问题 / 070

焙烧燃控架数据传输方式改造推动智能化创新 / 073

蓄水池淤泥清理机器人的研发填补了该技术领域空白 / 076

打壳锤头自动焊接技术的创新应用提高效率300%以上 / 079

整流柜水温自动控制技术实现控温1℃内 / 082

碳素智慧消防改造实现消防智能化管理效率提升200倍 / 085

阀门开关状态可视化让巡检效率提高了46% / 088

螺旋埋弧焊管内壁自动化清理和防护装备实现清理率100% / 090

大气信号安装台测试仪让工作效率提高170% / 093

现场设备维保配套优化措施累计节支增收3000余万元 / 095

通用自动测试系统提升维修产线自动化水平 / 098

应用磁悬浮透平风机替代水环真空泵节能50% / 101

研发PVC软带打孔机使效率提升至5倍 / 103

在造纸行业率先实施锅炉超低排放改造 / 107

设计电机等配套附件每年节省人力成本78万元 / 109

TnPM提升"工装"精细化管理水平 / 111

研发水带卷积器助力消防工作 / 114

油气回收装置技改为企业节省新建项目费500多万元 / 116

利用红外成像检测技术确保电力资产安全运行 / 120

高效节能型磁悬浮风机年均节约电耗量201万千瓦·时 / 123

改造除杂设备产生明显经济效益 / 127

创新维修模式六大要点大幅降低设备维修成本 / 130

360吨冶金吊检修综合效率提升工装成功破解该领域技术痛点 / 134

船舶设备监控数据智能存储设计实现了三个国内首创 / 137

船舶探测系统智能决策设计方案创造效益超亿元 / 141

创新装备解决阿尔斯通型列车不落转向架更换牵引电机 / 144

动静环无接触轴承隔离器显著提高环保性能 / 149

期间导卤泵站箱体技改实现设备能耗下降 13.56% / 151

能源管理平台实现园区能源智慧运营 / 155

热轧工艺中快速标定侧导装置每年可增加效益数千万元 / 157

扫码入库解决方案实现故障处理耗时降低 300% 以上 / 160

四大优化措施提高排送机 PLC 控制系统可靠性 / 163

腾讯云无界未来市场规模将达 10 亿级 / 166

选矿破碎车间二次抛废工艺改造年均创收 1000 万元 / 170

余热回收再利用技术年创收近 1000 万元 / 172

运用钉钉打卡进行设备管理实现无纸化高效管理 / 176

耙吸挖泥船施工燃油消耗数学模型提高成本预算准确性 / 179

自适应永磁直驱皮带运输系统实现生产单耗降低 61% 以上 / 183

超低成本整改列车速度传感器消除信号毛刺故障 / 186

城市轨道交通轨道专业数据中台涵盖超过 30 项检测项目 / 188

电动列车主蓄电池充放电实时监测设备显著提高运行质量 / 190

轨道交通三层检修平台对射安全防护装置有效率达 100% / 192

集中式屏蔽门信号安全控制监测系统填补国内空白 / 194

利用首创技术彻底解决 ZYJ7 液压转辙机故障问题 / 197

全寿命周期智能运维新模式提升列车可用率至 97% / 199

车联网系统 IOR 实现远程故障告警准确率达 95% 以上 / 201

车载单元制动机拆装起重及精确对位工具提升效率 75% / 204

串口服务器解决西门子保护远程录波难题 / 206

电缆防侵限装置降低电缆侵限率 100% / 209

电液转辙设备高性能机械及液压系统关键技术节约成本 66% / 212

定量加黄油装置实现应用精度 98% 以上 / 214

拱桥旧吊杆带应力拆卸装置运用于国内首次轨道交通拱桥
　　吊杆不停运更换工程 / 216

轨道交通转辙机动静接点组多项首创改进成效显著 / 218

快速吊装驳接小车实现少人工高效率搬运 / 220

上海地铁 16 号线 PIS 显示终端实现自主维修降低功耗 56% / 222

数据可视化大幅提升企业生产管理效率 / 224

新型可移动式牵引电机轴承加油装置提高效率 50% / 227

移动式列车车头端面三层检修平台小车提高检修效率 50% 以上 / 229

应用 DCS 系统 AP 无线网络大数据软件分析平台故障率下降 50% / 231

创新堆浸场数据自动化采集使工作效率提高了 200% / 235

改造成品油库区排水系统预防火灾等安全事故发生 / 237

矿山调度中心及综合监控平台为管理增效 / 240

巧用永磁电机在胶带输送机中的应用让节能效率提高 10% / 243

智慧照明改造在选矿车间的应用让能耗降低 30% 以上 / 246

自主设计中频感应加热设备异形感应线圈取得 6 个显著成效 / 249

创新真空注油炉防溢出方式解决信号传输故障 / 252

创新工作思路解决数字逆变焊机 IGBT 炸管惯性故障 / 255

第二章 设备管理新趋势经典案例

WTPM 设备管理体系在创新中落地生根 / 263

应用技术创新建设可视化洁净厂房实现"五化"融合 / 266

基于人工智能应用的起重机运行智能监管系统效果显著 / 269

纯电动公交车集成控制器接触器粘连修复工具可快速诊断故障 / 271

基于 MTBF 的"经济备件"策略实现 MTBF 延长 15% / 273

自主研发生产钻孔设备降低 70% 加工费 / 277

"局域网集控+智能化巡检"模式每年节省近百万元 / 279

5G 时代的远程操控实现人与设备零距离 / 282

电解铝高温烟气余热再循环利用每年节能 40 亿千瓦·时以上 / 285

核电厂运行人员学习敏捷性动态管理标准模型建设可节省
 培训费亿元以上 / 288

机械设备用水性防静电易清洁涂料实验对比性能最优 / 291

基于PHM技术的备品备件管理方式有效提升舰艇综合保障能力 / 293

全场景自动驾驶运输方案实现无人驾驶对码头全链路工况的
　完整覆盖 / 296

冶金企业应用消防集控模式大幅提升智能化管理水平 / 299

智能化工厂实训室升级改造取得显著成效 / 301

智能化机械装备为现代枸杞产业高质量发展赋能 / 304

智能化设备管理平台助力企业实现质量第一 / 306

链条式找正表架的发明与应用实现快速拆装 / 309

浓密机周边轨道垫层升级改造彻底解决基础腐蚀隐患 / 312

闪络报警器让员工及时发现电网电压波动 / 314

危险点智能运检系统让工作效率提高120% / 316

第三章 论文类

浅谈电解铝行业设备管理的创新思考 / 321

浅析300kA系列电解槽低槽温运行管理实践 / 327

铝锭智能贴签系统中结构光平面视觉标定应用研究 / 332

利用激光视觉测量同轴度的方法研究 / 340

电解铝废旧阴极炭块资源化利用探索 / 347

多功能机组在线检测智能诊断系统的开发与应用研究 / 354

基于电解烟气净化系统原总线的自动控制设计探讨 / 359

浅谈BJ6123型纯电动流动疫苗接种车改造 / 364

纯电动公交车涉水监测仪的设计研发与应用 / 366

双极板式原油储罐智能自动计量盘库装置研究 / 368

加强航空装备修理企业设备全寿命管理思考 / 376

智能装备技术在酸轧机组中的创新实践 / 382

船舶系统智能仿真设计研究 / 387

基于MTBF的"经济备件"策略研究 / 393

浅谈企业设备搬迁的管理创新与提升 / 399

食用植物油加工蒸汽余热回收利用研究／405

试论设备故障问题研究及维修经验库建立／411

一种低温不燃烟成型配套设备的创新研发与应用／415

永磁电机在矿山搅拌系统中的应用与探讨／420

上海地铁九号线弓网故障的分析与改善／426

第一章

技术类·管理类 实战案例

分相式变压器中性点 GIB 外壳环流特性的研究成果助力核电机组提前商运

主创人员：冯欣、王声学、谢金平、潘永成、于海生、曾海云、杨楠、生家淼

单位：江苏核电有限公司

亮点：某核电厂主变压器采用中性点经过气体绝缘封闭母线（GIB）直接接地的方式，由于 GIB 外壳接地方式不明确，存在 GIB 外壳和接地体环流过大的现象，严重威胁变压器安全可靠运行。为研究接地体数量和接地位置对 GIB 外壳环流大小及分布的影响，案例使用电磁暂态仿真软件 EMTP 搭建 500kV GIB 环流仿真模型，分析了稳态运行时 GIB 外壳不同接地组合对感应环流大小及分布的影响。通过该技术的应用，助力机组实现提前发电效益逾 5000 万元。

一、研发背景

某核电站的六台在运主变压器（以下或称主变）采用了中性点经过气体绝缘封闭母线（gas insulated bus，GIB）直接接地的方式，如图 1 所示。GIB 是采用 SF_6 气体作为绝缘介质，金属外壳与导体同轴布置的气体绝缘母线，其结构与气体绝缘封闭组合电器（GIS）母线相似。

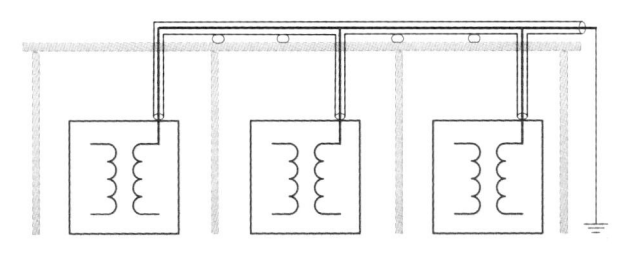

图 1 中性点经过 GIB 直接接地

GIB外壳接地不良将引起接地环流过大、外壳感应电压升高，进而导致接地体过热、感应放电等故障现象，长此以往将威胁主变压器的安全可靠运行。目前，行业内没有变压器中性点GIB外壳接地的相关研究与规范。由于无标准供参考，该核电厂六台主变压器GIB外壳接地的方式各不相同。

二、核心原理

GIS外壳感应电压主要由载流导体电流产生的磁通与GIB外壳交链引起。根据电磁式电流互感器原理，把单体GIB的载流导体看作电流互感器原边电路，单体GIB的外壳、接地电阻、接地线构成的环路看作是互感器的副边，则单体GIB将构成一台空心的电流互感器。

稳态运行时，GIB中三相导体电流均在其外壳上感应出电压，不同的接地位置及接地数量将会直接改变电路的拓扑结构；同时，接地阻值将影响回路的阻值。所以，环流的回路、电流大小与接地线数量、接地点位置布置息息相关。

根据变压器中性点GIB的结构和运行参数，使用仿真软件EMTP中的LCC模块进行GIB母线模型搭建，模拟变压器稳态运行时GIB外壳的感应电压与环流情况。

三、项目运用

以某核电厂六台主变压器中性点GIB为例，建立GIB环流仿真模型，在GIB外壳水平段上布置5个接地块供接地，系统中保持接地线的参数不变，分别研究GIB外壳一点接地、两点接地和多点接地情况下不同接地组合对环流的影响。如图2所示。

得到以下结论：为降低GIB外壳环流的影响，GIB外壳接地方式应选择一点接地，一点接地的方式对同类型设备

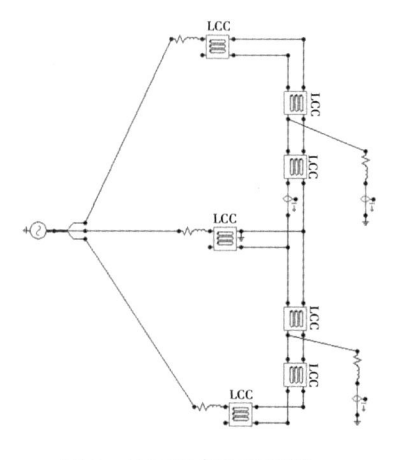

图2 GIB环流仿真模型

同样适用。

四、项目优势

通过研究 GIB 外壳感应电压及环流的产生机理，应用空心电流互感器原理建立合适的 GIB 外壳的环流等效模型，为研究提供理论支持。同时，利用 EMTP 软件搭建了 GIB 环流仿真模型，研究了变压器稳态运行工况下，接地体数量和位置对 GIB 外壳感应电压、环流的分布影响。通过该技术的应用，助力机组实现提前发电效益逾 5000 万元。

变压器中性点 GIB 为高压设备，无法通过科研试验确认 GIB 外壳的环流情况，通过仿真研究模拟实际运行状况十分重要，该方法对同类型结构设备的环流状况研究有很大借鉴意义。

首创一种核电厂分相式主变中性点 GIB 接地方法解决主变中性点过热问题

主创人员：王声学、冯欣、谢金平、潘永成、陈义东、徐龙、高瑞君、张亦弛、黄楷

单位：江苏核电有限公司

亮点：首创一种主变 GIB 接地方式方法，为国内首家应用。解决了目前核电机组主变中性点 GIB 接地方式多样化、无相关的规范或标准、没有形成统一设计的问题。本方法已在某核电站得到应用，增加发电效益超 5000 万元，相关发明已受理。

一、研发背景

对于核电站 500kV 主变压器（以下或称主变）高压侧出线采用 GIB 并通过气体绝缘输电线路（GIL）连接至 GIS 开关站已达成共识；对于中性点直接接地方案，在核电行业存在两种方案。

方案一：采用架空裸导线连接方式，即一端通过裸导线（通常为铝质）连接到主变中性点出线套管上，另一端连接到主变顶部设置的水平段空心铝管母上，并将管母在主变一侧直接接地。国内外核电机组大多选用此设计。

方案二：采用 GIB 连接方式，该方式来源于俄供技术，即三相主变均采用 GIB 与主变中性点出线的油气套管相连，并将 GIB 主回路在主变 C 相防火墙外侧沿防火墙直接接地。

某核电站在运 6 台机组主变中性点均采用方案二 GIB 接地方式，为国内首家应用，且目前并无相关的规范或标准，没有形成统一设计，故针对不同的供货厂家，形成了不同的设计方案，差异主要体现在壳体接地方式上。正因为壳体接地方式的多样化，导致壳体过热情况时有发生，影响了

核电机组的安全运行,如停机进行处理,则损失高达数千万元。

二、核心原理

为避免机组停机,采用"疏—断"两步法解决此问题。

第一步先"疏",即在主变中性点与GIB连接处增加跨接铜缆,短期内对电流进行疏导,并监视主变箱体接地电流。

第二步再"断",即将主变中性点升高座与GIB壳体的电气连接断开,避免电流经过主变入地。波纹管法兰与盆式绝缘子螺纹孔金属嵌件表面直接接触,且法兰两侧设置跨接铜排,故波纹管与下方油气套管罐体处于电气导通状态(图1)。为在波纹管与下方油气套管壳体间形成电气绝缘,需增大波纹管下法兰开孔尺寸,并在下法兰接触面处增加斜坡角(图1),有效确保波纹管法兰与盆式绝缘子嵌件不接触,同时对连接螺栓增加绝缘护套管及绝缘垫圈(图2),并取消法兰两侧跨接铜排。

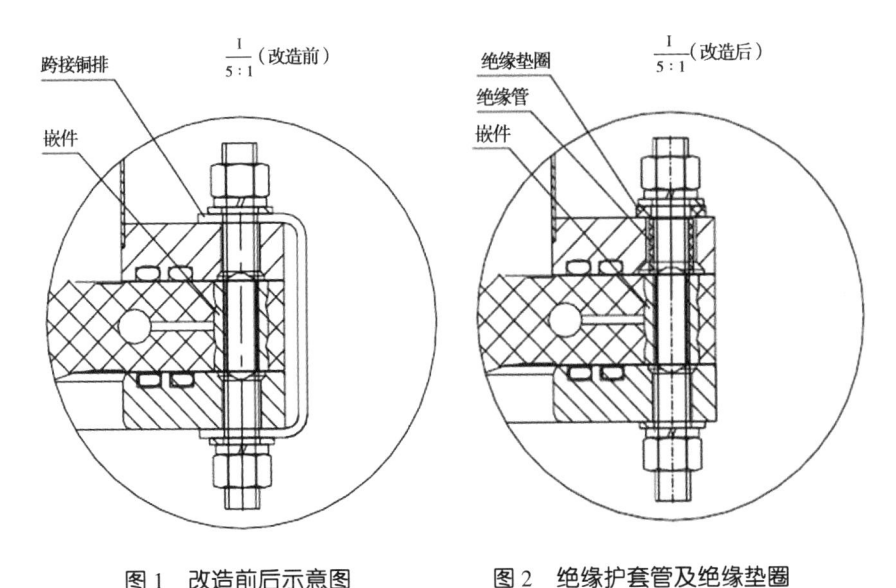

图1 改造前后示意图　　图2 绝缘护套管及绝缘垫圈

三、项目运用

本方法在某核电站5、6号机组整组启动时得到应用。实施后,变压器顶部无过热情况,主变A、B、C三相箱体接地可测量部位总电流分别降低至实施前的 48.8%、41.4%、44.3%。改造后，主回路接地电流由 13.8A 变为 15.2A，基本上无变化。

对主变中性点 GIB 改造处上下法兰电压进行测量，均在 4V 以内。由于中性点 GIB 母线没有隔离开关等设备，因此没有 VFTO（快速暂态过电压）带来的风险，此处无须装设过电压保护器（非线性电阻器）。

四、项目优势

本方法实施后，增加发电收入超 5000 万元。目前，对分相式主变中性点应用 GIB 的核电机组还比较少，本方法已受理发明专利一项，可供后续机组设计及运维借鉴参考。

一种核电厂易挥发化学试剂回收方法每年可减少化学废液排放约 400 立方米

主创人员：高赓、邢路通、顾民强、王兵、汲耀举、余剑英、唐郭、倪昊

单位：江苏核电有限公司

亮点：一种创新的易挥发化学试剂回收方法，实现易挥发化学试剂对环境的零排放，解决了核电机组化学废液处理、化学废水排放、除盐水消耗的问题。本方法已在某核电站经过技术验证，预计每年可减少化学废液排放约 400 立方米、降低发电成本 80 万元，相关发明已申报专利。

一、研发背景

核电厂正常运行期间，为了控制一回路和二回路水质，需要用到的化学试剂有氨水、联氨、盐酸、氢氧化钾、硝酸等。其中，氨水、联氨、盐酸等属于易挥发化学试剂，这些易挥发化学试剂的贮存罐设置有呼吸器，呼吸器主要用于隔绝与空气直接联通，呼吸器内的工作介质为核电厂用除盐水。由于除盐水的饱和性，呼吸器需定期换水，呼吸器换水带来以下影响：

（1）呼吸器内吸收了化学试剂的除盐水需经处理后向环境排放。
（2）处理吸收器换水排放的化学试剂需消耗额外的化学试剂。
（3）重新充注氨吸收器至额定液位，消耗额外的除盐水。

二、核心原理

传统的易挥发化学试剂贮存罐呼吸器装置工作方式如图 1，氨水贮存罐存储机组日常需要浓度的氨水溶液，呼吸器内充注有额定液位的除盐水，贮存罐和呼吸器通过呼吸管线相连，实现净化和隔绝大气的功能。

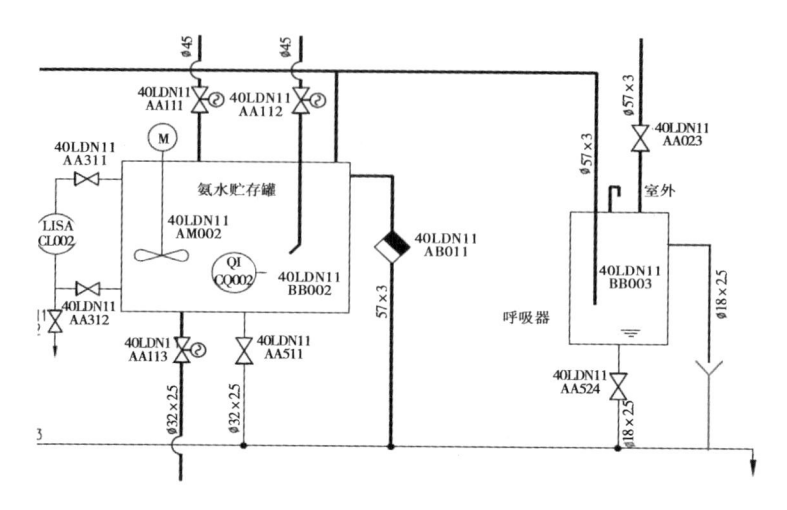

图 1 传统的易挥发化学试剂贮存罐呼吸器工作方式

创新型易挥发化学试剂回收装置工作原理如图 2，贮存罐通过呼吸管线与呼吸器相连实现设计功能，补水阀实现对呼吸器的首次补水和维修后充注，回收管线和回收阀实现呼吸器内介质的回收，设计上保证呼吸器底部高于贮存罐 50 厘米，当贮存罐内需要补充化学试剂时，贮存罐和呼吸器的高度差提供回收管线的动力，实现回收功能。

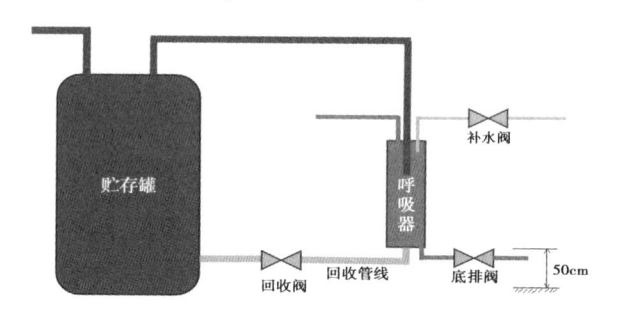

图 2 创新型易挥发化学试剂贮存罐呼吸器装置工作原理图

三、项目运用

某核电站的 4 号机组经过技术模拟验证和理论计算，采用创新型易挥发化学试剂回收方法，能够有效解决核电机组化学废液处理、化学废水排放、除盐水消耗的问题。经计算，能够减少核电厂化学废水排放约 400 立方米/年，降低机组发电成本 80 万元/年。

四、项目优势

在其他核电机组以及化工相关领域内,尚无对核电厂创新型易挥发化学试剂回收方式的应用,本方法申报发明专利一项,可供后续机组设计及运维借鉴参考,并在行业内推广。本方法实施后,降低核电厂发电成本80万元/年,实现电厂易挥发化学试剂对环境的"零排放"。

基于核电厂复杂环境的智能隔离锁系统可减少资源浪费实现本质安全

主创人员：顾民强、宋健君、高赓、赵宏宇、袁勇、司卓宇、刘子程、李志意

单位：江苏核电有限公司

亮点：本项目能够确保隔离操作准确，隔离过程可控，隔离操作最简，提升防人因失误水平和机组运行安全。使用智能隔离系统可以减少纸质隔离牌的使用，减少纸张浪费，预计节省2.52万元/年。

一、研发背景

某核电站隔离管理工作过程中需要使用大量的隔离锁具，在使用机械锁具的情况下，隔离过程自动化程度不高，并增加了难管理、难追溯的中间环节，使得安全操作存在风险和隐患。通过智能隔离锁系统，解决当前使用机械锁具的下述主要问题：

（1）缺乏权限强管控，易产生人因失误。

（2）无远程技术手段，现场工作难监控。

（3）过程数据人工采集，事后记录难追溯。

（4）共享隔离重复操作，工作效率待提升。

二、核心原理

第一，智能隔离锁系统项目采用新型无源方案，通过智能锁与电子工作平台的数据交互，避免有源技术的电池问题及无源技术的电磁干扰问题。

第二，通过扫码技术确认设备。

第三，隔离共享通过服务端系统处理实现。

第四，智能隔离锁管理软件与 SAP 系统信息交互、智能隔离锁控制指令与电子工作平台信息交互、智能隔离锁系统与电子流程图信息交互、隔离牌电子解析、隔离提示与隔离闭锁等功能开发。如图 1 所示。

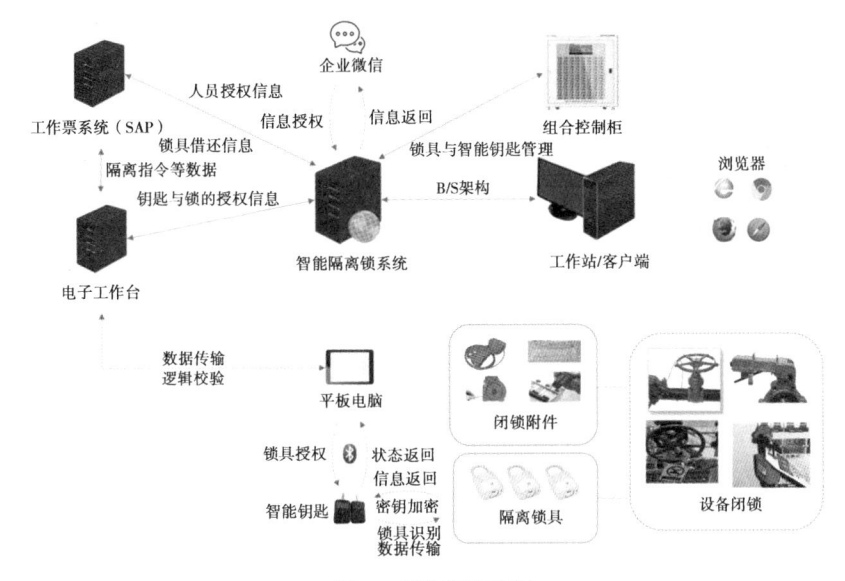

图 1　总体架构设计

三、项目运用

本项目在某核电站 3、4 号机组运行期间得到应用。实施后，解决原隔离系统存在隔离过程隔离边界易被破坏、存在人因失误、隔离工作量大、纸张资源消耗量大等问题。通过智能隔离锁管理系统，在隔离工作中不再打印大量的隔离操作单，现场人员仅手持平板电脑或手机，即可与智能钥匙、智能锁具相互通信，实现快速精准开闭锁，可以降低隔离工作量、也可以减少纸张资源消耗，助推智慧企业建设。

（1）组合控制柜：内置智能交互屏幕，采用生物识别技术，只有通过工作负责人人脸识别并由工作许可人许可，隔离钥匙箱才能被打开。既规范了钥匙的存取行为，有效防止误取钥匙，又提高了工作效率。同时，对所有取用和归还留下相应记录，以供查询、统计、追溯。

（2）智能钥匙：内置蓝牙模块，通过与平板电脑蓝牙连接开锁。

（3）智能隔离锁具：采用无源电子锁芯设计，内部不含电池，靠钥匙供电。

四、项目优势

智能隔离锁系统及设备的研发与应用项目通过完成智能隔离锁系统及设备的方案设计与理论技术验证等工作,保证智能隔离锁系统及设备使用效果达到预期要求。主要优势如下:

(1)确保隔离操作准确。通过设备一致性校验、指令控制锁具开关双重手段,确保实施对象准确性。

(2)确保隔离过程可控。根据用户权限和作业内容设定开锁时间和范围,取用权限精细化管控,开锁记录全过程留存。

(3)确保隔离操作最简。针对共享隔离的业务场景,在确保安全的基础上,提供逻辑解锁功能,最大程度简化现场操作流程。

(4)从提升防人因水平和机组运行安全角度,本项目实现挂摘牌流程信息实时化,建立人因失误的"技防"屏障,杜绝违章操作和安全事故,可大幅降低由于误操作设备导致的设备故障或停堆停机损失和人员伤害风险。

(5)使用智能隔离系统可以减少纸质隔离牌的使用,减少纸张浪费,预计节省 2.52 万元/年。

开关外接就地分合闸检测装置填补了该技术领域空白

主创人员：王声学、徐龙、胡娟、张亦弛、高瑞君、陈义东、金蓉
单位：江苏核电有限公司
亮点：本项目发明了开关柜外接分合闸控制器检测装置，解决了分合闸控制器不易检测的难题。该装置填补了分合闸控制器专用检测装置的空白，使得控制器的检测由繁杂变得简单易行，可以便捷地实现开关柜分合闸控制器的功能检测和绝缘检测。通过该装置的应用，有效解决了开关柜误分合闸的问题，保障了人身安全和设备安全，确保核电厂稳定运行。

一、研发背景

中压系统开关柜在调试过程中需要使用外接分合闸控制器来控制开关的分合闸。在调试过程中，多次发生因分合闸控制器不合格导致开关误分合闸的问题，从而导致下游负荷误送电或误断电，给设备和人身带来较大风险。针对外接就地分合闸控制器的检测，需要进行绝缘测试和功能测试，而目前并无相关的专用检测装置，需要通过兆欧表和万用表单独测试。绝缘测试时由于插头的插针凹进外壳，存在无法测量情况，兆欧表接线端子无法与插针充分接触；功能测试需至少3人合作，借助万用表测量分合闸功能的正确性，存在易测量错误、测量不准、费时间等问题。

二、核心原理

开关外接就地分合闸控制器检测装置及方法，包括接口模块、绝缘/功能测试转换模块、绝缘测试模块、功能测试模块。接口模块包括航空插头和锁紧扣，航空插头将分合闸控制器电气回路连接到接口模块中，锁紧扣可将分合闸控制器输出插头固定在接口模块上；绝缘/功能测试转换模

块为万向转换开关，通过该模块实现在绝缘测试和功能测试之间选择转换；绝缘测试模块包括端子排和绝缘测试接线柱；由端子排和绝缘/功能转换模块中将分合闸控制器回路连接到绝缘测试接线柱上，绝缘测试接线柱可供外接绝缘测试仪器连接使用；功能测试模块有自检功能和测试功能，包括万向转换开关、端子排、合闸指示灯、分闸指示灯、二极管、限流电阻，由万向转换开关实现在装置自检和功能测试之间的选择转换。开关外接就地分合闸控制器检测装置电气原理图如图1所示。

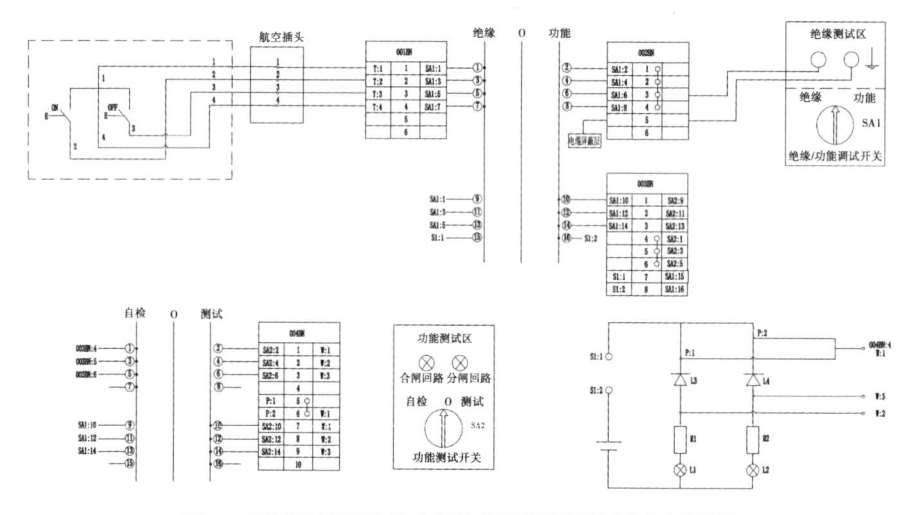

图1 开关外接就地分合闸控制器检测装置电气原理图

三、项目运用

在调试期间，某核电站5、6号机组开关柜误操作事件频发，本项目实施后，彻底解决了该问题。5、6号机组开关柜在调试及运行期间，未再发生因分合闸控制器故障导致误分合闸时间。分合闸控制器检测装置使用流程如图2所示。

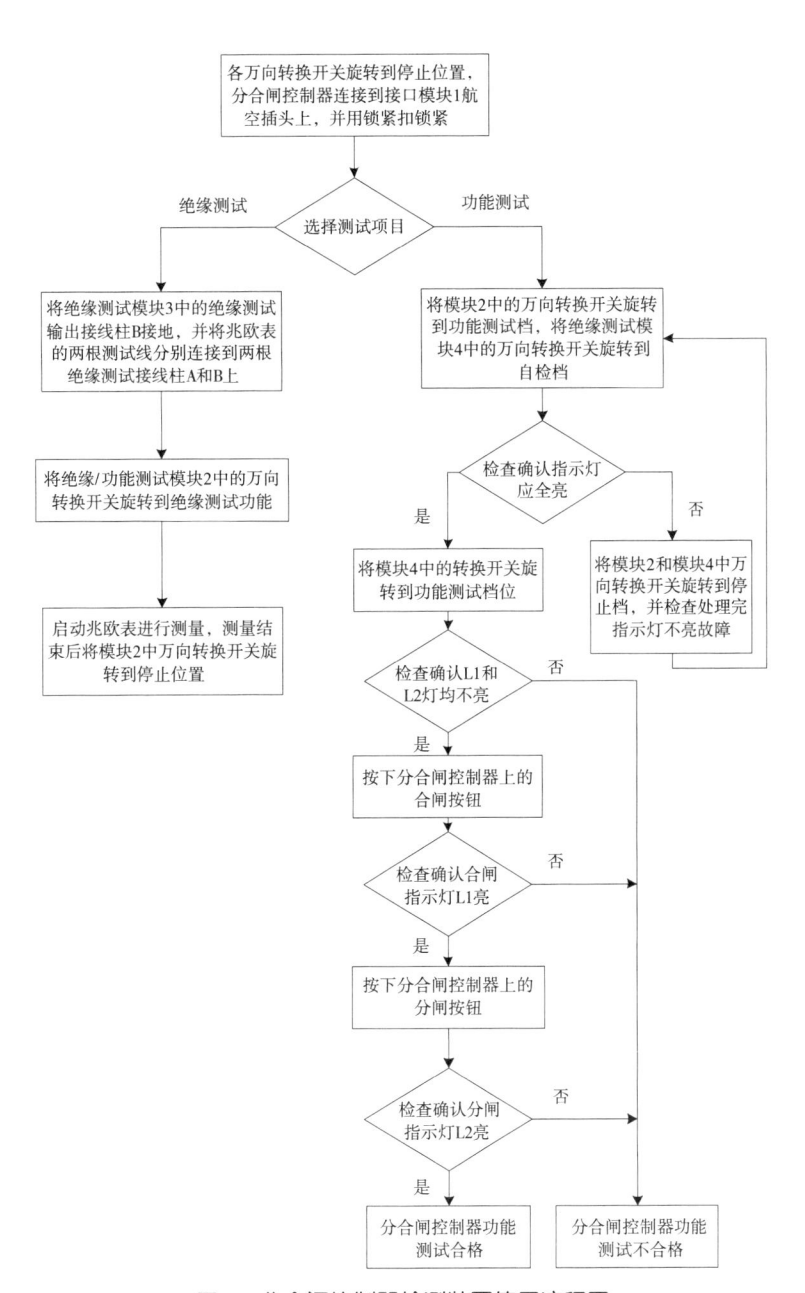

图 2 分合闸控制器检测装置使用流程图

四、项目优势

本项目发明了一种开关外接就地分合闸控制器检测装置,已取得国家发明专利授权。该装置填补了分合闸控制器专用检测装置的空白,使得控制器的检测由繁杂变得简单易行。主要优势体现在以下几个方面:

(1) 解决测量绝缘电阻时控制器插头不易与兆欧表接线端子连接问题。

(2) 解决了测量控制器绝缘电阻时兆欧表正负接线容易短接问题。

(3) 解决了控制功能测试不易接线、易出错问题。

(4) 减少了绝缘性能测试和功能测试人员数量,1人即可完成。

(5) 保障了测试人员的安全,避免了人员在测试时误碰带电端子。

业内首创核电厂应急移动电源接入方案解决重大技术难题

主创人员：王声学、张亦弛、胡娟、陈义东、徐龙、高瑞君、金蓉
单位：江苏核电有限公司
亮点：本项目首次提出核电厂应急移动电源接口采用室外接口箱和室内转接箱组合的方案，解决了机组存在备用柴油发电机且应急段无备用柜但又需要增加应急移动电源接口的技术难题。室内转接箱设置可供转换的"L"形母排，便于供电回路在备用柴油发电机和应急移动电源之间切换。室外接口箱和室内转接箱之间增加了机械联锁，可有效防止人因失误。

一、研发背景

福岛核事故后，为了进一步提高我国核电厂的核安全水平，国家核安全局对各核电厂提出了一系列改进要求，并颁布了改进行动的指导性文件《福岛核事故后核电厂改进行动通用技术要求（试行）》。其中明确要求，运行和在建核电厂必须设置移动式应急电源，在核电厂丧失全部交流电源时，应通过所配置的移动式应急电源为实施应急措施提供临时动力，以缓解事故后果，并为恢复厂内外交流电源提供时间窗口。

但由于机组堆型差异，原1-4号VVER机组设计的移动电源接口装置不再适用于5、6号机组。同行电站如方家山项目移动电源接口装置属于后期技改，采用接口箱直接用电缆硬连接到应急段备用柴油发电机进线中压柜下口，无法实现移动电源接口箱与备用柴油发电机进线回路电气隔离，存在安全隐患。因此，亟须提出一种新的移动电源接口方案。

二、核心原理

在业内首次提出设置室外接口箱和室内转接箱，如图1所示。室内转

接箱与室外接口箱通过电缆连接。备用柴油发电机进线电缆直接与室内转接箱相连，并通过转接箱连接到应急段上。室内转接箱设置转换排，可在应急移动电源和备用柴油发电机进线间进线切换。

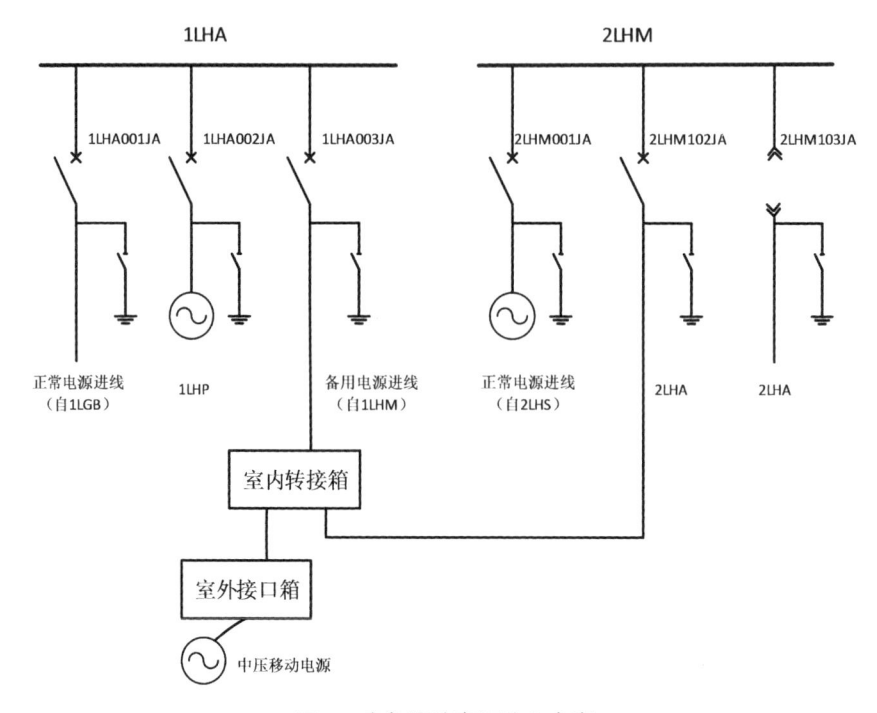

图1 应急移动电源接入方案

以田湾核电站5、6号机组为例，为保证6.6kV中压移动柴油发电机组能够简单有效地接入1/2LHA/B001TB应急母线段，在9LX厂房外墙设置接口箱，在1/2LX403、1/2LX408房间设置转接箱，电气接口箱与转接箱直接通过电缆预先连接。当需要使用6.6kV中压移动柴油发电机组时，需要通过钥匙联锁依次打开同一供电通道内的室内转接箱和室外接口箱。室内转接箱通过拆接"L"形母排的方式实现由备用柴油发电机组切换为移动电源供电的操作，室外接口箱打开后接入中压移动电源电缆，完成移动电源的供电接入操作。

三、项目运用

室外接口箱采用下进下出线设计，移动电源进线电缆为3根185mm²单芯电缆，接口箱出线电缆为单根 3×185mm² K3 单芯电缆。室内转接箱为两进一出，下进上出线设计，一路进线来自备用柴油发电机组 3 根 630mm² 单芯 K3 电缆，另一路进线来自移动电源室外接口箱单根 3×185mm² K3 电缆，出线电缆为 3 根 630mm² 单芯 K3 电缆接至中压应急配电盘 LHA/B 上备用柴油发电机组进线柜，箱内通过拆卸母排的方式实现备用柴油发电机组和中压移动电源之间的切换。箱门上设置带电指示装置。室内转接箱设置玻璃观察窗，能清楚地观察到箱内母排连接情况，如图 2 所示。

图 2　室内转接箱

四、项目优势

核电站若发生核安全事故，其经济损失和社会影响均不可估量。在充分吸取福岛核事故教训后，通过研究，本项目移动电源接入方案解决了 M310 堆型机组厂房空间小、应急母线段无备用中压柜以及系统中存在备用柴油发电机接入的难题。本项目不影响原系统的安全性能，可减少临时电缆的敷设及转运工作量，移动电源应急使用时接入安全、方便、快捷。在机组丧失全部交流电源事故情况下，能及时提供临时动力，保证反应堆的安全停堆和余热导出，进一步提高了核电厂的核安全水平，该技术在核电厂或同类型建设项目有重要的推广意义。

优化核电厂一次通流方法可增加提前发电效益约 1000 万元

主创人员：王声学、高瑞君、李任贤、张亦弛、冯欣
单位：江苏核电有限公司
亮点：本项目首次提出核电厂主变/厂变一次通流试验方法，解决了核电机组主变/厂变通流试验难的问题。通过本方法，在避免 500kV 线路及 500kV 开关站停电的前提下，可以在核电机组启动前很好地验证变压器 CT 的极性，并可节约核电工程建设投资逾 100 万元，增加提前发电经济效益约 1000 万元。

一、研发背景

目前，我国新建电厂大多采用不进行大型变压器一次通流试验或使用专用大容量电源在变压器高压侧短路的方式进行一次通流试验。

若不进行一次通流试验，则无法在新设备启动前判断变压器差动保护 CT 极性是否正确，若直接进行带负荷等涉网试验，届时若发现 CT 极性错误，则需将设备停下来对回路进行整改，整改结束后重新验证 CT 回路，再进行带负荷试验，这将延长设备启动时间，影响启动质量。

若采用在变压器低压侧加三相电压、在变压器高压侧三相短路的方式进行通流试验，则可以在启动前很好地验证变压器 CT 的极性。但是这种方式在试验时，变压器低压侧的电流往往达到数千甚至上万安培，这对试验电源及外接的试验电缆都是一个严峻的考验，若试验时间较长或电源电压较高，则会导致电缆严重发热，严重的还会烧毁试验仪器。同时，利用常规方法，每次均需消耗大量成本协调 500kV 线路及 500kV 开关站停电。另外，这种试验方式往往需要向外委托或者自行采购专业试验电源及电缆进行，无论采用哪种方式，花费都将在上百万元，增加了工程建设的

成本。

二、核心原理

核电厂通常采用双堆布置方式，本方法根据两台机组不同的建设进度和现场工况，对主变/厂变选择了不同的方案进行通流试验。

1. 首台机组主变/厂变通流试验

进行首台机组主变/厂变通流试验时，由于500kV线路及开关站尚未投运，故采取了在主变高压侧加6kV电压、在主变及厂变低压侧分别短路的方式进行主/厂变差动保护的校验。

2. 第二台机组主变/厂变通流试验

由于500kV线路及500kV开关站均已受电且无法全停，如按首台机组通流方式进行试验，安全风险较大，于是分两个阶段进行主变、厂变通流试验。

第一阶段：通过短接主变即使用电缆跨接主变高低压侧，依次合上主变高压侧2把500kV地刀，使用大电流发生器在发电机封闭母线处分相通70A电流，用于校验封母CT与500kV开关CT。

第二阶段：使用低压母线380V电源在24kV封闭母线上加电压，在厂变低压侧6kV分支分别依次设置4个短路点，用于校验厂变套管CT以及厂变低压侧进线开关CT。

三、项目运用

本方法在某核电站5、6号机组进行了应用，进行了"5号主变/厂变通流试验"和"6号主变/厂变通流试验"，试验结果满足大纲要求，其中5号机组部分数据见表1。在试验过程中发现，5号机组和6号机组24kV封闭母线GCB处各有一组CT二次端子线接反，及时进行了处理，有效地保障了调试进度。

表1 5号机组通流试验结果

测量部位		计算值（A）	实测值（A）
主变	高压侧电流	0.0243	0.0245
	低压侧电流	0.3066	0.3102
厂变A	高压侧电流（LGA短路）	0.0368	0.0327
	低压侧电流（LGA短路）	0.0805	0.0701
	高压侧电流（LGD短路）	0.0368	0.0331
	低压侧电流（LGD短路）	0.0805	0.0691
厂变B	高压侧电流（LGE短路）	0.0368	0.0325
	低压侧电流（LGE短路）	0.0805	0.0697
	高压侧电流（LGF短路）	0.0368	0.0328
	低压侧电流（LGF短路）	0.0805	0.0705

四、项目优势

采用外委或者自行采购专业试验电源进行，不仅每次均需消耗大量成本协调500kV线路及500kV开关站停电，且变压器低压侧的电流往往达到数千甚至上万安培，风险及成本较高。本方法的实施使试验过程更安全可控，试验结果更清晰；本方法已取得发明专利受理1项。通过实施，节约工程建设投资逾100万元，并增加提前发电经济效益约1000万元。

装备修理检测设备互联互能消除管理盲区

主创人员：郭丽、陆兴胜、张娟、孟兵
单位：江苏金陵机械制造总厂
亮点：基于工厂某型飞机为试点，进行检测设备智能化升级改造，通过设计产品数据表，结合 libxl 库进行 C、C++、MFC、C#、VB、LabWindows/CVI 等 Excel 格式示例开发，结合 ActiveX 进行 LabVIEW Excel 格式示例开发，完成试点飞机 14 台自研检测设备和 2 台外购检测设备升级改造。同时，结合设备工控网络建设项目，实现 16 台检测设备互联，能够动态获取设备状态信息以及设备检测数据，实现了厂区设备状态的在线监测以及设备使用情况的统计分析，消除了管理盲区，提高了设备日常管理效率，提升了工厂设备管理水平，同时为工厂全面推行数字化工卡奠定了基础。

一、研发背景

工厂检测设备属于非标准设备，种类繁多，累计共三百多台。设备采用的系统平台、涉及的指标参数、工控程序设计等各个维度存在较大差异，检测数据多存储于本机中，且部分设备未实现数据记录与存储功能，仅通过人工方式在纸质文档上对故障检测等重点环节的测试数据进行记录，工作效率低。在日常管理方面，工厂设备采用每日点检、定期计量等方式，通过人工方式对设备开关机时间、使用频次、运行状况等进行记录统计，不仅耗时耗力，且难以保证较高的精准度。

二、核心原理

以工厂某型飞机为试点进行检测设备智能化升级改造，不改变原有设备测试参数和测试指标，对原设备性能不产生影响，仅对设备检测结果进

行判断和输出。根据设备数据生成情况、产品工艺工卡参数记录要求完成产品数据表设计，根据开发平台选择相应的适配开发软件和库文件，同时结合设备工控网络实现检测设备互联，推广应用到其他检测设备。

三、项目运用

针对试点飞机 14 台自研检测设备和 2 台外购检测设备基于 libxl 库完成 C、C++、MFC、C#、VB、LabWindows/CVI 等 Excel 格式示例开发，基于 ActiveX 完成 LabVIEW Excel 格式示例开发，实现检测数据自动生成和输出功能，替代人工填写测试结果，通过设备工控网实现检测设备互联动态获取设备状态信息，替代人工统计记录设备使用及状态信息，提高了工作效率，减少了人为差错，同时提高了设备日常管理效率。

四、项目优势

基于装备修理检测设备智能化升级改造，同时结合设备工控网络，一方面实现检测数据的标准化输出，另一方面能够动态获取设备状态信息以及设备检测数据，最大限度地降低了手工操作量，减少了人为差错，消除了管理盲区，提升了工厂设备管理水平。

侦察接收机测控系统效率较人工检测提升 71%

主创人员：单飞、黄锋、姜在超、周志恒
单位：江苏金陵机械制造总厂
亮点：本项目基于 LabVIEW 以及数据采集、仪器控制等技术，设计了一种小型、模块化的侦察接收机自动测试系统。该测试系统节约了设备成本，减轻了设备日常维护和管理负担，提升了维修产线的自动化水平，系统测试效率较人工检测方式提升 71%，且具有良好的操作性、报表可生成、测量精度高等优点。

一、研发背景

侦察接收机是进行电磁信号参数测量的设备。随着电子信息技术的发展，侦察接收机正向着综合化和数字化方向发展，其性能表征参数越来越多，测试信息日益增长。以往维修过程中，采用人工测试方式，因测试时间长，人为误差较多，难以适应新的测试需求。为突破人工方式的局限性，本系统采用"自动测试设备（ATE）+测试程序集（TPS）"的标准架构模式，设计了一种小型、模块化的自动测控系统。该测控系统操作简单，能自动根据制定的流程执行测试任务，并分析测量结果，判断被测对象的完好性，辅助维修人员进行故障定位。

二、核心原理

本测控系统框架主要分为控制单元、测量仪器、上位机及总线接口四大功能模块，如图 1 所示。

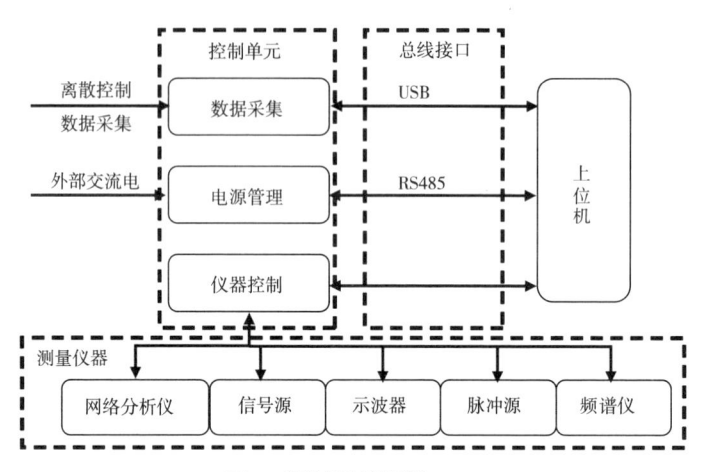

图 1 测试系统框架

控制单元提供开关直流电源，并依据测试任务，产生自检、闭锁、告警脉冲等多路离散信号，以及模拟复杂调制脉冲序列；控制侦察接收机工作在不同模式下实时采集频率码、告警标志等测量数据。测量仪器主要提供激励源产生、时频域分析等测量操作，如网络分析仪完成通道相位一致性测量，信号源和脉冲源提供激励信号，配合完成灵敏度及动态范围测量。上位机依托 IEEE-488.2、Modbus-RTU、TCP/ICP 等底层协议，实现与控制单元、测量仪器的通信，通过测控程序下达测试指令，调动各硬件资源，完成测试任务。总线接口实现控制单元与上位机的电气连接。

系统测控程序基于 LabVIEW 环境开发，以队列消息驱动的事件结构作为顶层框架，调用各总线接口底层驱动函数，实现对多台测量仪器、数据采集电路以及智能电力仪表的控制，下发测试指令使硬件设备产生响应，并按照设定的测试流程执行相关操作，自动完成侦察接收机各项指标的测试。通过创建动态的自定义菜单，设计一个多级菜单系统，通过选择相应的菜单项，即可响应对应的任务，进一步提高人机交互效率。程序框图见图 2。

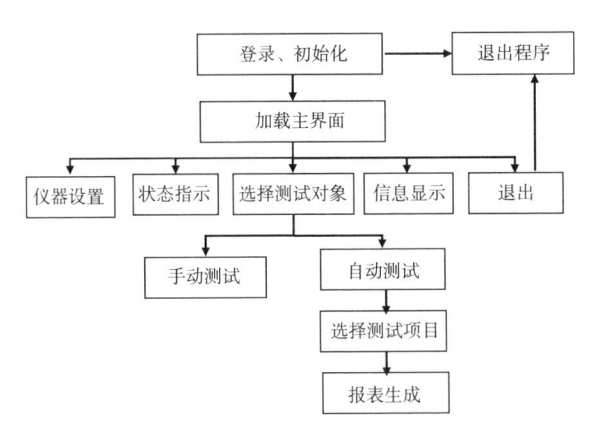

图 2 程序框图

此外，程序在执行指标测试过程中，利用多线程技术对系统供电状态进行实时监控。在测控系统中，智能电力仪表作为下位机，基于 Modbus-RTU 协议，根据上位机下发的查询指令，实时上报报文信息，程序依据算法解析报文信息后获得测量值。

三、项目运用及优势

人工测试方式在重复不必要的工作中，浪费了大量时间，而自动测控系统只要搭建好环境就能一次性覆盖所有指标测试项；同时测试数据可通过计算机实时处理和打印报表，剔除了人工运算数据的工作；人机交互界面实现了对仪器设备的程控，也大大减少了人工介入的工作量。经过使用验证表明，本系统测试效率可提升 71%。

研制机载装备自动检测台使检测过程更方便快捷

主创人员：罗兴东、刘学东、罗璇、杨晨
单位：江苏金陵机械制造总厂
亮点：本项目通过采用硬件平台化设计、测试软件分层模块化设计、通用仪器的自动控制技术等措施，使检测过程更方便、更快捷；也减少了人为差错，使装备的检测和维修更安全、更可靠；提高了产品的修理质量和效率，具有较大的经济和军事效益。

一、研发背景

工厂承修某系列飞机共 13 型机载装备，但缺少相关机载装备的专用检测台。为形成该机载装备的修理能力，开展相关的检测和修理任务，需要研制一台能兼容多型号装备测试的检测台。本项目采用硬件平台化设计，配置通用测试板卡资源，能兼容全部 13 型机载装备的维修和检测；测试软件采用分层模块化设计，实现对输出数字信号和模拟信号的可编程控制，同时能实时监测装备的工作状态；另外，由于承修的任务量大，本项目采用通用仪器的自动控制技术，使检测过程更方便、更快捷，同时通用仪器自动化技术的应用也减少了人为差错，使装备的检测和维修更安全、更可靠。

二、核心原理

1. 硬件平台化设计

本项目需兼容 13 型机载装备的测试，各型装备的接口定义差异较大。供电电源不同，控制信号和采集信号的类型和数量不同。硬件设计面临的

最大挑战便是接口设计的兼容性，需要为不同装备提供不同的测试资源。本项目的设计思路是根据全部被测件的接口确定最大测试资源，再针对不同的被测件通过转接电缆配置相应的测试资源，以适应多个被测件的测试需求。硬件采用平台化、通用化设计思路，能提供多路直流电源，TTL电平的数字I/O口，模拟信号采集输入等。平台化设计的优点是测试资源分配灵活，后续的硬件升级只需变动连接电缆，不用改动内部硬件。检测台的架构设计如图1所示。

2. 软件分层模块化设计

测试软件需要完成装备的低压、高压、收发和频率码等控制信号，并采集装备状态指示信号，同时需控制微波信号源、和功率计等通用仪器。测试软件需求的功能模块众多，各软件功能模块之间保持低耦合性，且软件逻辑层次应清晰，保证控制、采集和通用仪器控制能协同工作。测试软件分为三层：驱动层、逻辑层和表示层。驱动层主要负责数字I/O卡、模拟采集卡、信号源和功率计等底层硬件的驱动控制；表示层主要实现装备的各个功能模块；逻辑层介于驱动层和表示层之间，负责将表示层各功能模块需要的底层资源进行归类，封装后供各个模块调用。通过这种分层模块化设计，同层次中各模块独立运行，模块间具备低耦合性。

3. 信号控制和状态指示

装备内控制信号及状态指示信号多而复杂，为了配合修理人员及时掌控装备的工作状态，需要直观呈现装备的工作状态。因此，在研究装备工作原理及各接口数据的基础上，结合以往的装备修理经验，研制了控制电路板，完成了装备控制信号的产生及工作状态指示。

4. 频率码和衰减码的在线调试技术

当装备某个频点的输出功率不合格时，若判断行波管性能完好，则可以重新调整该频率点在微波通道中的衰减码，从而使其输出功率符合技术要求。因此检测台设计了控制板，在上位机的控制下产生频率码对应频点的衰减码，并模拟装备衰减码的写入时序，实现了频率码和衰减码的在线调试功能。

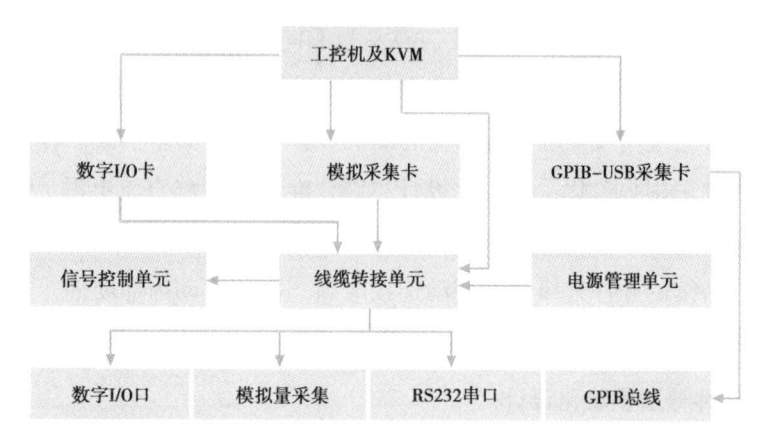

图 1　检测台的架构设计图

5. 通用仪器的自动控制技术

机载装备的输出功率测试中涉及的频点较多，为提高测试效率，通过 SCPI 指令对信号源、功率计等通用仪器进行自动控制，实现装备输出功率等测试项目的自动测试。测试软件基于 LabWindows/CVI 软件平台进行开发，使用 C 语言实现信号源频点和功率的自动设置，再自动读取功率计的读数。在完成一次自动测试后，对数据进行分析判断，筛选出不合格的频点，并自动保存测试记录。

三、项目运用及优势

该检测台研制成功后，使工厂形成了某系列飞机 13 型机载装备的修理能力，保证了修理任务的顺利开展。同时，检测台通过先进设计和自动控制技术的运用，提高产品的修理质量和效率，具有较大的经济和军事效益。

国家专利质谱仪检验用加样器
可用于医疗等相关行业

主创人员：胡娟、商安全

单位：连云港市第二人民医院（连云港市临床肿瘤研究所）

亮点：本项目解决了现有技术中通过棉签或牙签取菌涂抹在加样金属板上的取样动作重复、效率低且不能达到无菌等问题。首先，本项目样芯可以连续取菌，减少棉签或牙签使用。其次，每次取菌以后可将前端割下，即可继续露出新的样芯，提高取样效率。整个样芯没有任何接触，实现清洁无菌的目的。

一、研发背景

质谱仪在医院中广泛应用，该设备用于检验细菌，得出检验结果用于患者病情的分析和诊断。发明人在实际工作中使用质谱仪，发现质谱仪的加样方式不完善，现有的加样方式是通过棉签或牙签取菌涂抹在加样金属板上，需要每次检验均取样，重复取样动作，这样加样效率低，并且不能达到无菌的要求。

二、核心原理

质谱仪检验用加样器，加样器包括圆柱壳体，圆柱壳体的前端为尖套，内设有推杆，推杆的左端连接按压部，推杆的右端连接卡头，卡头的左端套入锁紧圈内，卡头外套有弹簧，推杆、卡头以及尖套贯穿样芯，所述尖套处设有切割结构；本发明结构简单，通过样芯可以连续取菌，减少棉签或牙签使用。每次取菌后，在尖套处的切割结构将前端割下，即可继续露出新的样芯，实现反复使用，提高取样的效率。整个样芯没有任何接触，实现干净无菌的目的。

质谱仪检验用加样器具体结构如图1所示：加样器包括圆柱壳体2，圆柱壳体2的前端为尖套，圆柱壳体2内设有推杆1，推杆1的左端连接按压部10，推杆1的右端连接卡头3，卡头3的左端套入锁紧圈5内，卡头3外套有弹簧4，推杆1、卡头3以及尖套贯穿样芯9，尖套处设有切割结构。

切割结构包括支架，支架6上设有活动的垂杆7，垂杆7下方设有刀片8，垂杆7上设有限位凸圈10，限位凸圈10与支架6之间设有垂直弹簧。

垂杆7伸入尖套的通孔中，且垂杆7下方的刀片8能够切割到样芯9。弹簧4的左端顶住锁紧圈5，右端顶住推杆1。卡头3的左端呈夹瓣结构，能够夹持和释放样芯9。卡头3采用塑料材料制成。锁紧圈5固定在圆柱壳体2内。

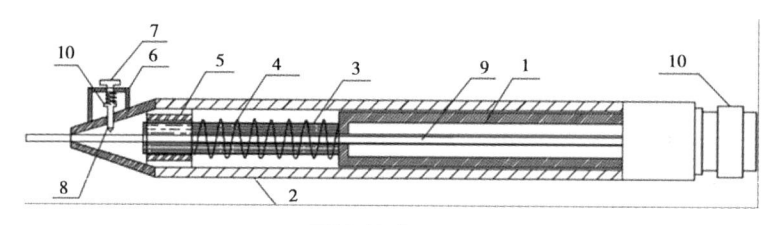

图1　质谱仪检验用加样器结构

本项目发明中，卡头3的外壁套有弹簧4，弹簧4一端接触锁紧圈5，另外一端接触推杆1，按压以后，在弹簧的形变下，推动推杆向右移动，进而使得卡头3的左端也回到锁紧圈5内。尖套处设有一个孔，用于安装切割结构，切割结构包括支架，支架6上设有活动的垂杆7，所述垂杆7下方设有刀片8，所述垂杆7上设有限位凸圈10，限位凸圈10与支架6之间设有垂直弹簧，垂杆7对应孔，在孔内上下移动对样芯切割。本发明更换样芯时，按住按压部10不松手，此时，卡头3的夹瓣部分脱离锁紧圈5，这样可以从尖套处向圆柱壳体2插入样芯。

三、项目运用

使用质谱仪时，向加样金属板上涂抹菌，可以通过本项目发明实现。如图1，具体是按压后端的按压部，按压部推动推杆1向左移动，使得卡头 3 也向左移动，卡头 3 的左端从锁紧圈 5 露出，进而释放样芯，样芯向左移动，从尖套露出，停止按压后端按压部 10，样芯蘸取菌涂抹在加样金属板上；然后按压垂杆 7，使得刀片 8 垂直切断前端样芯。继续取样时，反复按压后方按压部 10，尖套露出新的样芯，重复上述动作，即可完成多次取样。

四、项目优势

本项目发明已取得国家专利授权，通过本项目发明，样芯可以连续取菌，减少棉签或牙签使用。另外，每次取菌以后，在尖套处的切割结构将前端割下，即可继续露出新的样芯，实现反复使用，提高取样的效率。整个样芯没有任何接触，实现干净无菌的目的。本项目发明可在医疗以及其他相关行业推广应用。

可视化恒温重组酶聚合酶扩增法检测病原菌实现创新突破

主创人员：胡娟、商安全、高绪柱、朱文俊

单位：连云港市第二人民医院（连云港市临床肿瘤研究所）

亮点：本项目发明解决了临床上面临的非常棘手的耐药性病原菌检测耗时长，以及敏感性、特异性差的痛点和难点，为患者提供早期干预和适当的治疗选择。可视化恒温重组酶聚合酶扩增法（RPA-LFS）是联合重组酶聚合酶扩增（RPA）和侧流试纸条（LFS），通过设计特异性引物和探针建立的。RPA 技术可在短时间内完成，因此是现场的合适选择疾病检测。

一、研发背景

病原微生物检测在感染判定中意义重大，越来越多的检测技术引入临床，除了传统的检测方法如涂片染色、培养分离、免疫学技术、核酸检测等，还有新兴的二代测序技术等。虽然技术种类繁多、手段层出不穷，但对临床医生而言，如何正确选择、利用病原微生物检测方法、正确解读检测结果，才是临床诊治中的关键。所有对病原微生物检测结果的解读都应基于患者、基于临床。

现有技术中通过培养及鉴定、质谱仪检测等方法来确定病原菌，在设备齐全的实验室中大都表现良好，但在外部实验室中，这些测试耗时长，且很难在患者住所或设备简陋的医院准确高效地执行。

二、核心原理

重组酶聚合酶扩增（RPA）反应体系主要是由重组酶 uvsX、聚合酶 Bsu 以及单链结合蛋白 gp32 组成的多酶体系。在反应中，uvsX 首先和引物结合，在双链模板中寻找同源序列，随后重组酶起"支架"作用在双链上

形成"D-loop"环，此时 gp32 会结合在模板被支起所形成的单链上，使模板保持单链状态，Bsu 随后结合在引物 3'端起始核酸扩增，如图1（a）。由 ATP 介导，uvsX 在其辅酶 uvsY 的作用下不断地和引物结合及分开，从而使扩增反应持续进行，如图1（b）。

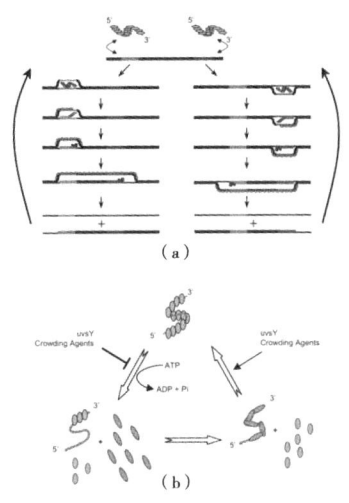

图1　RPA 原理和重组酶/引物复合体形成示意图

LFS 可与 RPA 技术进行联用检测各种核酸物质，RPA 扩增需要一对正反向引物，反向引物用生物素进行标记；在正向引物的下游设计一条探针，该探针的 5'端用异硫氰酸荧光素（FITC）标记，中间有一个四氢呋喃（THF）位点，末端再进行封闭。当反应体系中积累一定量的产物时，探针将结合在产物上，由于对其末端进行了封闭，它并不能进行扩增。此时反应体系中 Nfo 酶，识别到无嘌呤无嘧啶的 THF 位点，并对其进行酶切，由于 Bsu 聚合酶具有链置换活性，将 THF 位点后的 DNA 链置换出去，从而起始扩增。最终所得到的产物一端带有 FITC，另一端结合有生物素。由于胶体金试纸条的敏感性非常高，仅需少量产物就可以被检测到，当产物浓度过高时需要进行适当的稀释，当经过稀释的产物滴加于样品垫上时，带有 FITC 标记的产物和鼠抗 FITC 金标抗体结合，在吸水纸的毛细管作用下向上泳动，当经过用链霉亲和素处理的检测线时，产物另一端的生物素被其锚定，并通过纳米金颗粒（AuNPs）进行显色（图2）。

三、项目运用

将含有待检病原体的样品按照高温裂解法提取核酸后，配置反应体系。每个 50μL 反应混合物含有每种引物 2.1μL、0.6μL 探针和 1μL 模板，添加其他标准反应成分在 37℃下进行 30 分钟。然后，滴加 10 微升 RPA 扩增产物在 LFS 上。LFS 是含样品垫、结合垫（用浸有单克隆 AuNP 标记的抗 FITC 抗体）、测试线（涂有链霉亲和素）、对照线（涂有抗小鼠抗体）和可使溶剂按照路线进行迁移的吸收垫。将 LFS 插入 100μL 溶剂中约 5 分钟。之后进行结果判读，质控线及检测线均显色为阳性，质控线显色且检测线不显色为阴性。

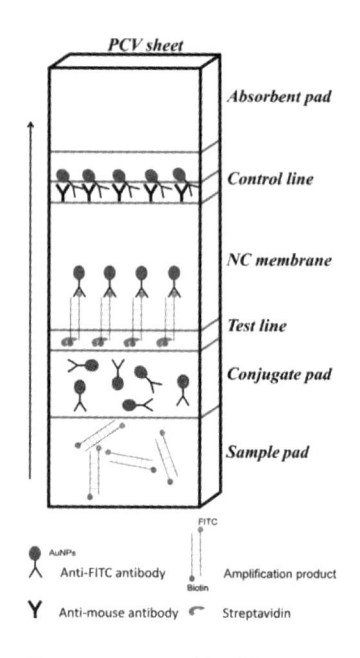

图 2　RPA-LFS 检测原理

四、项目优势

本项目发明已获得连云港市卫生健康委新技术引进奖二等奖 1 项、三等奖 2 项。通过本项目发明，为耐药菌感染患者的早期诊疗带来新的突破，大大缩短了检测时间，扩展新的思路和方法，提供了有效的实验依据，具有良好的社会经济效益和应用推广前景。本项目发明可在医疗以及其他相关行业推广应用。

细胞因子检测方法成功填补医疗相关领域技术空白

主创人员：胡娟、商安全、周浩、叶红玲
单位：连云港市第二人民医院（连云港市临床肿瘤研究所）
亮点：本项目发明解决了现有技术中不育症早期诊疗困难的问题。本项目可以用简单的一份精液，初步诊断患者是否患有不育症，整个检测过程便捷、迅速，患者无痛苦。本项目发明可在医疗以及其他相关行业推广应用。

一、研发背景

不孕不育症是指夫妻双方未避孕，具有1年的规律性生活，却没有成功受孕的疾病。近年来，由于各种不良因素影响，患病率逐年增长。据统计，我国适龄夫妇中，约超过4000万人患有不孕不育症。不孕不育症诊治困难，给患者心理和家庭幸福感带来很大的影响。在不孕不育症病因中，至少50%与男性因素有关。解脲支原体（UU）是引起性传播疾病的主要病原体之一，研究显示，其与男性不育率增高和精液质量下降有关，是男性不育不容忽视的重要因素。细胞因子是活细胞分泌的具有生物活性、多功能的多肽或蛋白质产物，可以介导炎性反应和免疫应答效应，对睾丸等诸多方面的功能有一定影响，尤其在精子的发生、发育、成熟、获能和受精能力等方面有重要的作用。

二、核心原理

人体细胞中存在很多可以调节生殖、免疫反应的细胞因子。细胞因子这种多功能的小分子蛋白质作为睾丸内细胞间的沟通信号，对精子的发生、发育和功能有直接或间接的影响。生殖细胞分泌、调节细胞因子，细胞因子失调也可损害生殖功能，两者的关系是相互的。

NF-κB参与多种基因调控、机体免疫应答和细胞凋亡的信号传导过

程，是与炎症、细胞凋亡等密切相关的转录因子，通常以无活性的形式存在于细胞质，当受到外界刺激（如感染）时，可诱导 TNF-α、γ-干扰素等多种细胞因子转录，可调控 IL-6 等细胞因子，过度激活可导致细胞凋亡。前炎性因子 IL-17 由活化 CD4$^+$T 淋巴细胞、单核细胞分泌，参与促炎症因子及趋化因子的释放，可以诱导 IL-6 和 TNF-α 等因子的产生。IL-6 浓度升高可提示疾病的活动期、肿瘤的发展变化、排异反应的程度以及治疗的效果；IL-6 可以调节精子的发生，并且通过诱导精子膜脂质过氧化过程，影响精子的耐受力、受精和着床；另外，IL-6 可以通过抑制类固醇的合成来干扰激素的正常产生和释放，从而影响精子的质量。TNF-α 通过干扰促性腺激素及类固醇的分泌，降低了睾酮水平；另外，TNF-α 可降低芳香酶的活性，从而导致睾丸内局部性激素比例改变以影响生精过程。

不育症患者精液 NO 浓度高于健康男性，同时，不育症患者伴生殖系统 UU 感染可引起 NO 浓度的异常升高。NO 浓度的异常升高，使 NF-κB、IL-17、IL-6 和 TNF-α 等细胞因子含量升高，从而损害精液质量，导致男性不育。不育症男性患者生殖系统 UU 感染导致 NF-κB、IL-17、IL-6 和 TNF-α 的表达异常，细胞因子之间的失衡，进而损害男性的生殖功能。

三、项目运用

应用流式细胞术联合检测不育症患者的精浆 NF-κB、IL-6、IL-17、TNF-α 等细胞因子以及生殖道 UU 含量，分析 NF-κB、IL-6、IL-17、TNF-α 等细胞因子及生殖道 UU 的相关性，可见 UU 感染引起男子精浆 NO 浓度异常升高，NF-κB、IL-6、IL-17、TNF-α 等细胞因子含量升高，细胞因子的失衡，影响了男性的生殖功能。因此，检测 NF-κB、IL-6、IL-17、TNF-α 的含量，可以作为男性不育的辅助鉴别诊断。

四、项目优势

本项目发明已获得连云港市卫生健康委员会新技术引进奖三等奖 1 项、连云港市科学技术进步奖 1 项，发表中华医学会期刊论文、SCI 论文数篇。通过本项目发明，从感染、免疫因素等新的方向，为不育症的早期诊疗扩展新的思路和方法，提供了有效的实验依据，具有良好的社会经济效益和应用推广前景。现已推广到市区其他医院，并获得同行认可。

4000HP 纯电动拖轮研制应用每年可减排约 900 吨碳氧化物

主创人员：胡永涛、张干、李文豪、卢翔、郭勇、陈红兵、梁曦、张张

单位：连云港港口控股集团有限公司、连云港鸿云实业有限公司

亮点：4000HP 纯电动拖轮是以绿色新能源磷酸铁锂动力电池作为动力源的新型绿色船舶，主要用于港口助泊作业，具有噪声小、推进功率大、机动性强、安全可靠、零炭排放等优点，是提升港口大型船舶航运服务能级的关键装备。本产品每年减排约 900 吨碳氧化物、12 吨硫化物，相当于 300 多辆小汽车的减排量，全国现有拖轮近 1000 艘，如逐步实现电动化替代，未来环保效益非常巨大。

一、研发背景

目前，全国沿海港口现有常规燃油拖轮超过 1000 艘，每年消耗轻质燃油超过 25 万吨，滑油超过 3000 吨，每年排放碳氧化物超过 75 万吨、硫化物超过 0.8 万吨，每年产生大量的含油污水、机柴油滤芯滤器清洁清洗用（抹布）含油固体垃圾等。由于拖轮用户片多面广，后期处理难度及成本大，监管困难。

在加速绿色港口、节能减排的背景下，国内外先后研发制造出混合动力，LNG 和双燃料及尾气后处理（SCR）等拖轮，但由于上述项目或多或少存在产品造价过高、技术复杂、可靠性差、日常管理难度大、运维成本高，以及有的安全性要求和能源加注难以保证等原因，存在用户使用积极性不高、难以大面积推广的问题。

港口助泊作业拖轮具有额定功率大、低平均使用负荷、短航程、间歇作业、常靠泊码头等特点（图1）。其特点总体符合电池动力使用特性，且

随着码头岸电大面积推广使用，港口助泊作业拖轮可随时获得电能补充的条件充足。国内动力电池技术的日渐成熟使电池循环使用寿命提升，港口助泊作业拖轮可随时获得电能补充。探讨研发纯电动力港口助泊作业拖轮势在必行。

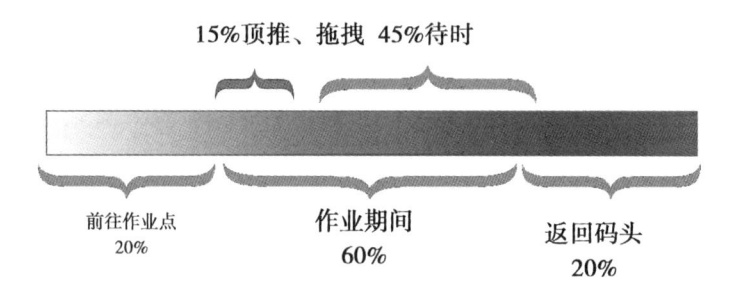

图 1　港作拖轮助泊作业流程示意图

二、核心原理

本船采用纯电力推进系统船舶，其主动力源为大功率磷酸铁锂电池组。纯电力推进系统包括磷酸铁锂电池系统、综合电站、功率管理系统、推进控制系统、推进电动机和全回转螺旋桨等几大部分。锂电池容量约 5160kW·h，分为左右 2 舷，每舷各 6 组，共 12 组；综合电站包括直流配电板和功率管理系统等；直流配电板分为左右舷各 1 套，互相独立；推进控制系统通过控制主推进电机、旋转电机实现螺旋桨的启/停、调速和转向控制，同时可对电力推进设备提供状态监测、故障报警、联锁保护等功能；2 台 1500kW 充电整流变压器，将 3AC6000V 岸电变压至 690V 后分别连接至船上左右舷的岸电整流柜，经整流稳压后为磷酸铁锂电池组进行充电。

三、项目运用

在加速绿色港口建设、节能减排的背景下，传统燃油拖轮造船产业已趋于饱和，而且随着排放要求越来越严格，新能源船舶成为造船企业争夺的焦点，动力电池船舶也将成为一个新的发展方向。4000HP 纯电动拖轮是国内首艘纯电动港作拖轮，目前该船在连云港港口开展拖带等作业。

四、项目优势

1. 经济效益显著

与常规同功率拖轮相比,一年实际节约能源成本约 150 万元;机舱"零配员"整船可减配 6 人,每年可节约人力成本约 120 万元;每年可节省维修保养成本 40 万~50 万元。总体来说,与常规拖轮相比,本产品每年可节约成本支出约 300 万元。

2. 安全可靠、舒适性、可扩展性强

(1)动力系统多冗余设计,全方位监控,实现多级保护,操纵响应快,安全可靠。(2)采用电机驱动,噪音水平大大降低,对周围环境的影响较小,全新的结构设计,对操作人员非常友好,舒适性能高。(3)采用高压岸电充电,能够更好地适用港口岸电设施,随着科技的不断进步,纯电动拖轮的续航里程和牵引力等性能可以得到进一步的提升,可扩展性强。

3. 节能减排环保效益显著

本产品每年减排约 900 吨碳氧化物、12 吨硫化物,相当于 300 多辆小汽车的减排量。全国现有拖轮近 1000 艘,如逐步实现电动化替代,未来环保效益非常巨大。

港口设备全生命周期管理系统实现"四化"管理新突破

主创人员：杨华东、李文豪、张新运、郭勇、卢翔、孙钰成、金帅、肖锋

单位：连云港港口控股集团有限公司

亮点：港口设备全生命周期管理系统实现了设备管理活动的可控化，通过对设备集中统一管控，降低管理风险，提高安全保障；实现了设备监控的动态化，通过对设备状态动态在线监控，能够实时反馈设备的使用情况，并通过实施预见性的设备维护策略，减少设备停机时间及事故的发生；实现了分析数据和设备运行状态可视化，通过各种可视化技术实现设备管理活动的可视。

一、研发背景

港口装卸机械是港口生产的重要生产要素，港口装卸机械的管理是港口生产管理的一个重要方面。为了满足"标准化、信息化、数智化、绿色化"（简称"四化"）设备管理新要求，提升设备管理水平，解决目前设备管理标准不统一、运行状况不明确、关键指标抓取困难等痛点，逐步实现现代化的港口设备管理，提出建设港口设备全生命周期管理系统。

二、核心原理

本系统以数据标准化、流程规范化、业务流程化为主要建设思路进行设计开发，先后制定了设备分类标准、设备属性标准、故障分类标准、"管用养修"流程标准，并开发出相应的业务流程进行实施。通过收集各个业务线的数据进行多维度汇总分析，得到基本的数据结论，并作为设备评估的数据依据。同时对设备在生产过程中的性能状况进行动态在线跟踪，实现设备状况和运维数据的在线采集，以此拓展统计分析、辅助决策

等功能。如图 1 所示。

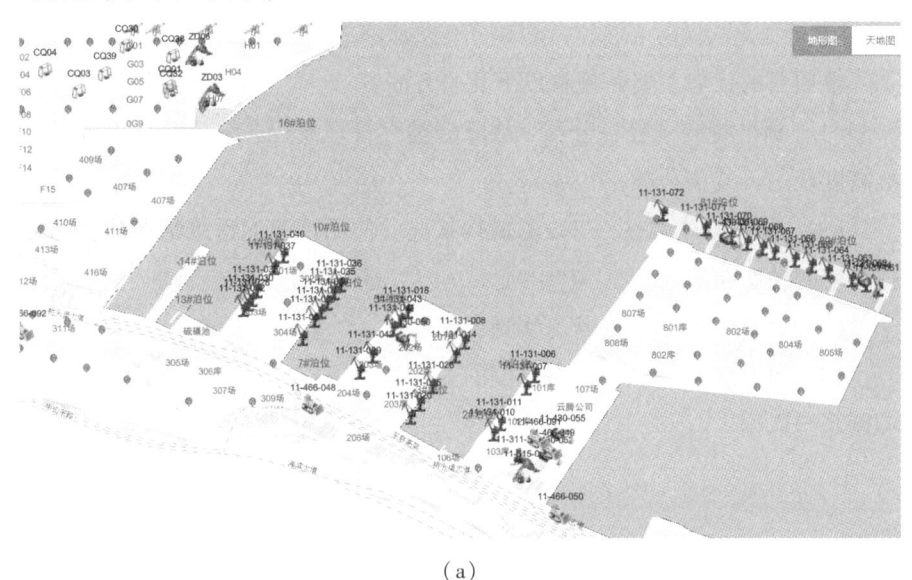

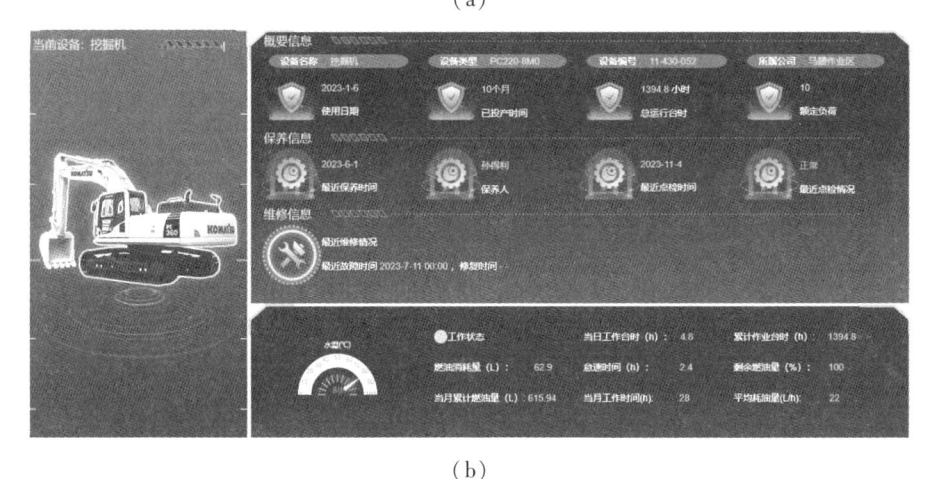

(a)

(b)

图 1　生产设备动态在线跟踪

三、项目运用

本系统从设备选型、购置、制造、安装调试、验收开始，再到设备管理、设备使用、维护、检修、改造，最后到设备报废，对设备的全生命周期进行闭环管理。在整个管理过程中实时动态记录各类信息，完整记录设备上发生的每一件事，便于管理追溯和分析决策。

四、项目优势

本项目的优势主要体现在以下几个方面：

（1）标准统一。设备分类、故障分类、管理流程、统计分析方式等标准高度统一，减少分歧。

（2）数据实时动态。与设备运行状况、使用情况、运维情况相关的数据都实时动态在线。

（3）智能采集。设备状况实现智能监控。

（4）开放拓展。系统具备高度的兼容性，可以对接各类设备的自动化控制系统数据。

高压稀土永磁电机有效应用实现综合节能效果高达 35%

主创人员：常建兵、郭勇、童星、杨祖国

单位：连云港港口股份有限公司、连云港港口控股集团有限公司

亮点：皮带机是港口散货作业中普遍运营的设备，更是煤炭、矿石等专业化码头必不可少的专业化设备。通过采用高压稀土永磁一体机驱动，可以进一步提高效率、减少故障、降低成本，综合节能效果可达 15%~35%，节能降耗成效显著。

一、研发背景

"绿色青山就是金山银山"。为加快打造绿色低碳港口，连云港港口对现有的系统线老旧电机进行高压永磁一体机驱动改造，全面实现节能降耗。

二、核心原理

永磁一体机为变频器和永磁电机集成，加减速时间 10~255S 连续可调，可实现胶带输送机的平滑启动，无机械冲和电气冲击，有利于现场设备及人身安全，实现胶带输送机重载软启动，启动转矩不小于 2.2 倍额定转矩，且可以方便地调整设置以适应不同工况，启停平稳，减少机械和电气冲击。

三、项目运用

永磁一体机驱动机械传动效率高，运维成本低，可广泛替代原有电机-液力耦合器-减速机-滚筒的驱动形式，目前已在该公司码头皮带机上逐步推广改造。如图 1 所示。

四、项目优势

原驱动机构由于使用年限较长,设备故障率较高,运维成本较高。永磁更新投入使用后,预计每年可节约维修人力及材料费用 19 万元。改造前,耗电 39.6 万度/年;改造后,经测算节能 28%,每年可节约电费 11 万元。

图 1　码头皮带机永磁一体机驱动改造

简易轻型自动平衡门机集装箱吊具可提高作业效率 20%

主创人员：李星辰

单位：连云港新圩港码头有限公司

亮点：本项目研发的简易轻型自动平衡集装箱吊具，极大提高了作业效率和安全性，平均作业效率可以提高约 20%。相较于外接动力源的自动平衡吊具，该吊具还具有无须外接动力电源、无须对门机进行额外改造、可直接挂钩头使用等特点，方便快捷，降低改造成本，更适合非集装箱专业性码头使用。经济效益显著，可节约成本投入近 200 万元。

一、项目背景

港口门座起重机（简称"门机"）是用于港口码头进行船舶和车辆货物装卸、转载作业的通用型起重搬运设备，通过各类吊具的配备和选用，可兼顾不同类别的件杂货和散货作业。目前，大部分港口用门机进行集装箱作业时，采用的是简易框架吊具，利用机械式连杆和弹簧带动旋锁，实现集装箱的吊起和放置，旋锁状态须人工确认，框架不具备平衡功能，当吊运偏载较多的集装箱货物时，集装箱歪斜严重，导致装船作业时难以对位，安全性差，工效低。

本项目属于通用散杂货装卸码头，货源结构以散货为主，件杂货为辅。2022 年公司接卸了第一条大型杂货船，并首次进行了集装箱吊装作业，用门机进行集装箱作业时，普通的简易集装箱吊具在使用中出现了旋锁状态不好确认、对位难、吊装偏重等问题，作业的安全性、效率性有待提高。

为提高作业效率，公司组织相关部门人员对门机作业集装箱方式进行了调研，除了使用简易框架吊具外，还可用专业的自动平衡吊具，但此类吊具需要外接电源，需要对门机进行改造，改造和购置成本较大。公司集装箱年装卸量并不大，盲目进行大改造投入属于资源浪费，性价比较低。因此，经研究，决定以简易框架吊具基础，增加相关辅助功能，用经济适用的方式解决公司生产难题。

二、核心原理

本项目技术方案是在简易集装箱吊具的基础上，加装4根钢丝绳、2个连杆、2组液压控制装置、4个复位弹簧、4个油缸及电池组，吊索上端与门机的吊钩连接，下端通过连杆与油缸滑塞杆端及复位弹簧相连，油缸及复位弹簧下端与吊具本体相连，液压控制控制装置由两组液压回路及电气控制回路组成，液压回路由油箱、单向阀、节流阀、两位两通换向阀等组成，电气控制回路由遥控回路、集装箱吊具转锁控制回路、电池组及吊具平衡控制回路组成，其中吊具平衡控制回路主要包括倾斜角传感器及换向阀线圈等。

当吊具吊运偏载集装箱歪斜时，安装在吊具本体上的倾斜角传感器对应的继电器输出信号，控制相应的两位两通换向阀导通，使该侧的油缸有杆腔液压油流出，滑塞杆外伸，使歪斜的吊具趋向水平。

如图1所示，吊具由框架（1）、油缸（2）、复位弹簧（3）、液压控制装置（4）、连杆（5）和钢丝绳（6）组成。吊具本体（1）为可分别吊运20呎、40呎标准集装箱的框架式集装箱吊具，四角设置有挂接集装箱的转锁装置，安装油缸（2）和复位弹簧（3）的耳板；4个油缸（2）的缸体下端用销轴与吊具本体（1）铰接，油缸（2）的滑塞杆端与连杆两端铰接；复位弹簧（3）两端分别与吊具本体（1）、连杆（5）铰接。

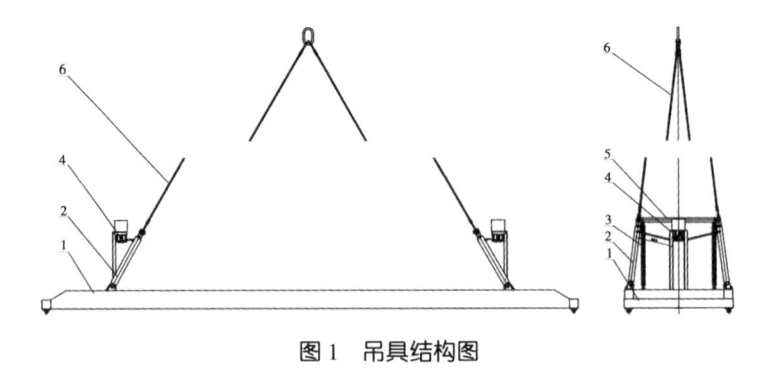

图1 吊具结构图

图2和图3分别为液压回路原理和电控原理图，液压控制装置（4）

由两组液压回路及电气控制回路组成,液压回路由油箱、单向阀、节流阀、两位两通换向阀等组成,电气控制回路由遥控回路、集装箱吊具转锁控制回路、电池组及吊具平衡控制回路组成,其中吊具平衡控制回路主要包括倾角传感器及换向阀线圈等。

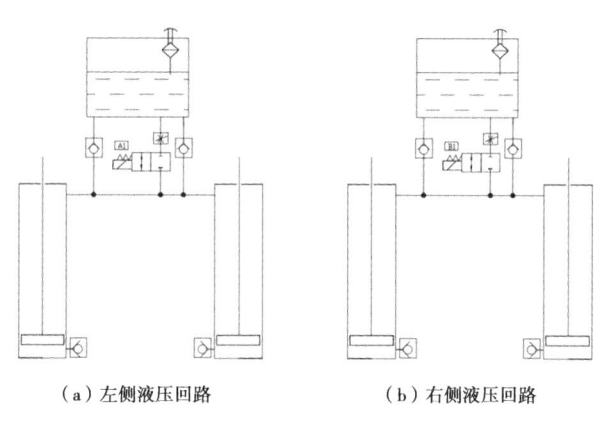

(a)左侧液压回路　　　　(b)右侧液压回路

图 2　液压回路原理图

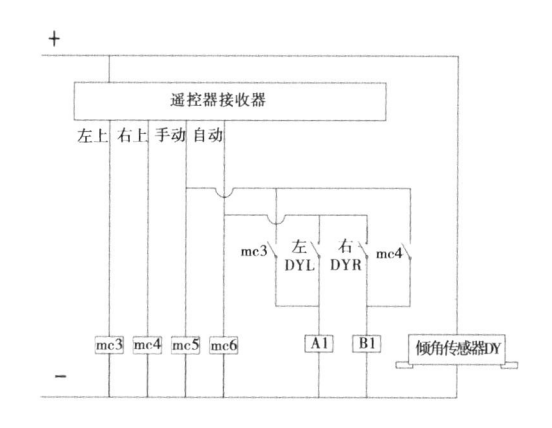

图 3　电控原理图

如图4所示,当门座式起重机使用的集装箱吊具吊运偏载严重的集装箱货物时,由于集装箱货物重心向左偏离吊钩垂线,起始时,四根油缸(2)滑塞杆均未伸出,与钢丝绳(6)组成的吊索等长,集装箱吊起后,必然呈左低右高状态。

如图5所示,当吊具开启了自动平衡功能,吊具平衡控制回路的倾角传感器通过继电器向右侧的换向阀线圈B1(图2)给出导通信号,右侧液压回路的换向阀打开，右侧两个油缸上腔液压油流向油箱，滑塞杆外伸，随着右侧油缸（2）和钢丝绳（6）组成的吊索逐渐加长，集装箱货物重心向吊钩垂线靠近，歪斜的吊具趋向水平，倾角传感器的倾斜序号停止输出。集装箱货物落到位后，起重机吊钩下落，吊索松弛，油缸（2）的滑塞杆在复位弹簧（3）的拉动下回缩，油箱内的液压油通过单向阀流回油缸，当4个油缸（2）的滑塞杆全部缩回后，吊具本体（1）可解锁脱离集装箱后开始下一工作循环。需要时也可通过遥控器选择"手动"状态，人为调整所吊运的集装箱两端高低差。

图4　吊运偏载集装箱未平衡状态图　　图5　吊运偏载集装箱自动平衡后状态图

三、项目创新及应用

（1）增加吊具的自动平衡功能，通过增加简易液压控制和电气控制系统，利用伸缩油缸和复位弹簧实现吊具的水平位置调整；不需外接动力电源。

（2）改变吊具转锁驱动方式，增加无线遥控功能，利用蓄电池供电，电动推杆驱动转锁开闭，并增加转锁状态指示灯，不需人工登高确认。

（3）增加辅助定位导板和底部放置架，便于现场操作定位和铲运放置。

四、项目优势

在门机进行集装箱作业时，集装箱既然可自动保持水平状态，也可根据需要手动调整集装箱两端高低差。因为不用人工推拉集装箱就位，减少了人机接触机会，大大提高了港口集装箱装卸效率和安全性。

此次集装箱吊具的研究，在简易框架吊具和外接电源的自动平衡集装箱吊具之间找到了一种平衡，用最贴合公司生产实际的方式，利用伸缩油缸配合复位弹簧、电池组对控制电磁阀和倾角传感器供电、整体 PLC 控制等方式，实现了集装箱吊具的自动平衡、着床提示、遥控控制旋锁等功能，大大提高了作业效率和安全性，同时又兼顾经济性和便捷性。

1. 经济效益方面

（1）外接动力源的自动平衡吊具购置成本约 80 万~90 万元/台，门机相关改造费用接近 100 万元，本简易轻型自动平衡集装箱吊具制作成本约 15 万元，更适合通用散杂货码头使用，既解决了生产中存在的问题，又杜绝了盲目改造投入。

（2）简易轻型集装箱吊具自重减轻约 3 吨，降低门机能耗。

（3）使用普通框架吊具，门机装卸作业效率约为 12~15 吊/时，使用简易轻型自动平衡集装箱吊具后，平均作业效率可以提高约 20%。

2. 社会效益方面

（1）在门机上使用简易轻型自动平衡集装箱吊具，不用人工辅助挂钩和脱钩，在门机作业范围内无须人员辅助，大大提高了安全性，降低了成本，作业效率明显提高。

（2）减少工人配备，船舶作业每班制工人减少 1 人，并大大降低作业人员劳动强度。

（3）作业效率的提高，得到了货主、车队称赞和肯定，实现了公司"以现场保市场"的货运理念。

门机半自动驾驶技术应用为散粮智慧港口建设提供实践先例

主创人员：叶勇、贺成旭、李兴君、卢茹利、孙钰成、王家
单位：连云港东粮码头有限公司、连云港港口控股集团有限公司
亮点：通过门机半自动驾驶技术的研究与应用，既实现了散粮系统门机智能化操作，又实现了设备安全环保稳定的运行。提升了卸船作业效率和设备的技术性能，为散粮系统节能降耗做好基础保障，为门机全自动化控制提供技术支撑，也为散粮智慧港口建设提供实践先例。

一、研发背景

东粮公司在散粮三期系统改扩建工程中，对 32 泊位新增的 3 台门机提出了半自动化作业要求，于 2016 年 4 月签订了 3 台门座式起重机（简称门机）采购合同，成立了项目研发团队。门机于 2017 年 7 月投入使用，12 月完成三机构半自动化作业。但此时只能实现三机构单动自动控制，作业效率低，无法满足卸船作业要求。项目团队继续在实验室模拟操作三机构联动控制，通过优化程序算法与防摇防抖动功能加入，使得半自动操作更加连贯稳定。团队成员多次到现场重载作业调试，于 2019 年 12 月完成 4# 门机半自动联动控制调试工作并投入使用，2020 年上半年将 3#、5# 门机半自动控制进行改造及调式，2020 年 7 月全部完成门机半自动驾驶技术改造并投入使用，该项技术在使用前属于国内门机自动化使用上的首例，为门机全自动化作业提供技术支撑。

二、核心原理

门机半自动驾驶技术是指将门机的起升机构、变幅机构和旋转机构的控制通过编码器、变频器及 PLC 程序控制以实现三机构在设定轨迹下的自

动稳定运行。如图 1 所示。

1. 防摇防抖动功能

将三机构的变频器控制板升级后，设置半自动运行所需的相关参数，将起升支持机的编码器线接到旋转变频器和变幅变频器的 PGD1 卡的通道上，以实现防摇技术，通过计算加减速时间来控制运行信号，给变频器直接控制，运算速度快。起升电机、变幅电机、旋转电机采用逆变器驱动并实现闭环矢量控制，电机调速、控制精度高。

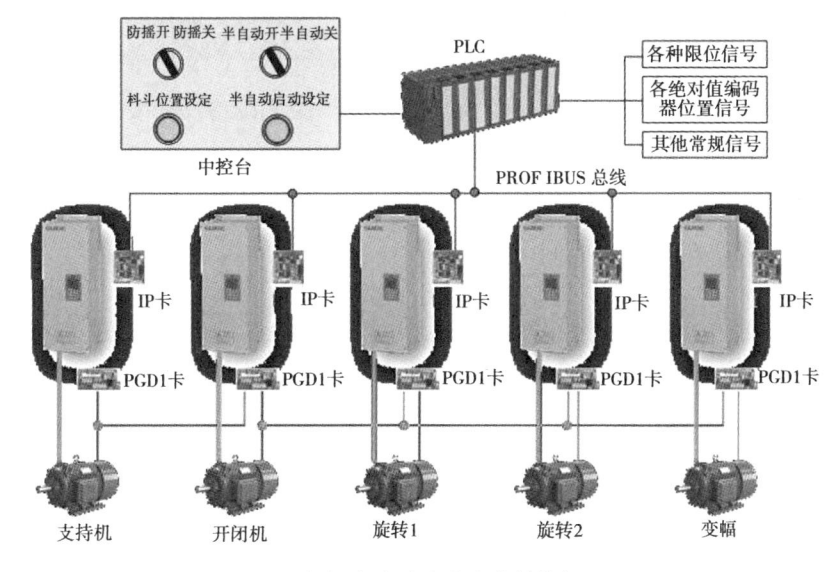

图 1　门机半自动技术方案总体框图

2. 定位功能

基于门机与抑尘漏斗一体性移动特点，使得操作范围在同一个固定的空间内，因此采用各机构的编码器对起升机构、变幅机构、旋转机构的目标位置和实时位置进行采集及定位。对 PLC 程序进行算法编写，处理 PLC 的外部接口：即三个机构的手柄信号、半自动启动按钮信号、位置零点（回转机构的校正点）、上升终点限位、变幅减幅终点限位等信号，满足半自动程序控制的要求。

3. 保护功能

系统在司机操作台上增加脚踏开关，当需要随时终止半自动流程时，可以拨动操作台上的操作手柄或脚踏开关，系统自动检测信号并作出控制处理。

三、项目运用

已在公司 32#泊位 3 台门机投入使用。

四、项目优势

通过门机半自动驾驶技术的研究与应用，既实现了散粮系统门机智能化操作，又实现了设备安全环保稳定的运行。降低了作业司机的劳动强度，减少设备与大漏斗的碰撞及粉尘的溢出，保证设备操作安全稳定、节能环保。该项目提升了卸船作业效率和设备的技术性能，为散粮系统节能降耗做好了基础保障，为门机全自动化控制提供了技术支撑，也为散粮智慧港口建设提供了实践先例。

散粮智能化装火车系统可减少
人工操作量 50%

主创人员：叶勇、贺成旭、李兴君、马飞、卢茹利、葛秋明

单位：连云港东粮码头有限公司、连云港港口控股集团有限公司

亮点：散粮港口已经实现了卸船环节的智能化，运转环节智能化程度也比较高，而散粮智能化装火车系统的研发与应用是实现"一键无人化"全过程操作模式及散粮智慧港口建设的重要闭环，系统改造后，两股道的操作人员已经减少为 50%，人工已转到其他岗位，实现人工成本降低 30 万元/年，工作任务从全程操作到现场监管，后续将实现无人化操作。

一、研发背景

散粮系统装车线作为粮食筒仓出仓发运的装卸系统，是公司生产货物发运的核心力量，对装车人员的操作能力要求极高。然而，因而工作强度大、工作环境差，越来越多的年轻人不愿踏足这个行业。为从根本解决装车作业上的短板问题，公司决定研发散粮智能化自动装火车系统。

二、核心原理

1. 牵引系统

火车牵引系统主要采用绝对值编码器通过逻辑运算来为火车牵引装置自动运行、挂车和装车对位，并且能快速准确的自动控制火车的移动，并与激光测距传感器相呼应，确保装车的安全性；伸缩溜筒控制系统通过安装不同类型的传感器来检测溜筒实时位置，自动伸缩控制及抹平车厢内物料；再也不用人工按住控制按钮来作业，避免人工误操作。如图 1 所示。

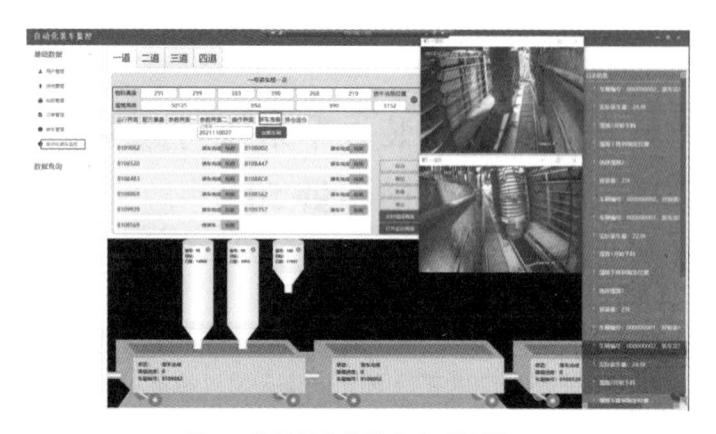

图 1　散粮智能化装火车系统界面

2. 信息系统

装车信息及计量信息的传输及存储，使用该系统将装车委托等业务相关信息录入系统内，火车车号自动扫描识别后比对并记录存储；装车计量数据记录存储及查询，报表打印及信息共享。此系统具备自查询研判能力，随着系统的完善，性能也会持续提升。

3. 计量系统

计量系统包括斗秤计量控制及货物比重分析，实时分析控制装车斗秤工作，自动分配，自动装车，并开展粮食比重大数据分析工作，以满足不同货种的装车作业需求。该系统为装车计量的核心系统，为计量数据完整性、准确性提供保障。

4. 视频语音系统

嵌入视频监控、语音提示及报警系统，现场设立模拟监控界面，有效查看现场作业情况；装车楼两侧安装语音广播，实时播报装车情况及故障报警，提高响应处理能力及故障排除效率。系统配备手持终端操作设备，如遇其他故障等情况可立即停止作业，完善了系统应急处理能力，提高了安全操作性能。

三、项目运用

已在公司 1# 装车楼 1、2 道散粮装车线投入使用。如图 2 所示。

图2 散粮智能化装火车系统

四、项目优势

当整个散粮系统装车楼、装车线进行智能化改造后,将所有装车控制室集中到一个控制室中,作业指令由码头作业调度平台统一下达,接收装车信息后统一调配。由一名装车人员启动系统开始作业,通过监控平台监护系统运行,一人可同时完成多股装车线作业,同时将作业情况及数据报表反馈给系统完成作业。

系统改造后,两股道的操作人员已经减少为50%,人工已转到其他岗位,实现人工成本降低30万元/年,工作任务从全程操作到现场监管,后续将实现无人化操作。

一体化的港口散粮作业系统有效解决
粮食损耗和扬尘问题

主创人员：叶勇、贺成旭、张新运、卢茹利
单位：连云港东粮码头有限公司
亮点：为解决散粮转运过程中因撒漏、发热、霉变等原因造成的减产问题和扬尘问题，公司从散粮装卸、运输、存储三个角度切入，贯穿散粮在港口码头生产的全流程，对设备进行研究改造，提出一种基于"门机+轨道式移动抑尘漏斗+气垫式皮带机+筒仓+单托辊皮带机"一体化的港口散粮作业系统的设计，散粮门机作业从"卸船－装仓－出仓"全流程的原粮损耗及粉尘大幅减少。

一、研发背景

公司现有2个粮食专用泊位，32泊位是粮食专用卸船泊位，33泊位为7万吨级散粮装卸专用泊位，后方建有21万吨粮食中转筒仓群，粮食卸船通过筒仓中转，经装车楼进行装火车作业。目前，散粮在港口装卸、中转仓储过程中，因撒漏、扬尘、水湿、破碎、虫鼠雀害及发热、霉变、污染等因素直接或间接造成产量减少，这是需要尽量避免或减少的。同时，由于干散货转运的特点，粮食经过漏斗、皮带机或从高处落下时容易引起大量扬尘，会对码头环境和操作人员造成不小危害。为解决这些问题，公司从社会的宏观效益角度出发，遵照三项运作作业原则，通过技术手段来降低散粮生产作业减损和加强粉尘综合治理，同时确保生产作业过程安全，提升港口散粮运输服务品质。

二、核心原理

散粮卸料流量监测系统可以准确监测作业线后方散粮流量，及时传输至

司机室以控制流量，防止因为散粮堆积影响正常运行或流量不足降低作业效率。在原有漏斗基础上，门机散粮作业轨道式抑尘漏斗从移动形式、吸尘口设计、排灰设备、排水系统四个方面对漏斗进行改造以解决场地受限问题，提高适用率，同时做好除尘和防水，减少环境污染。散粮输送设备除尘系统涵盖皮带机头部粉尘自动刮扫装置和皮带机多点式除尘装置。皮带机头部粉尘自动刮扫装置安装在皮带机底部，是为了清除两条皮带机在转运站转接时皮带机头部产生的大量粉尘，防止堆积的粉尘造成头部改向滚筒被掩埋从而带来安全隐患，降低人工清扫成本；在现有除尘装置基础之上，皮带机多点式除尘装置解决了空间布置受限问题和粉尘无法处理导致外溢的问题，通过监测不同分管的粉尘浓度合理分配风量，通过控制脉冲电磁阀对除尘管被堵塞的粉尘进行反吹振荡从而避免除尘管堵塞。散粮取制样系统集成化系统在前期设计使用基础上进行检疫部分集成化设计和检验部分集成化设计，取样流程中取样机可减少其取样量从而减少弃料量，提高取料效率，降低成本。筒仓减损防尘系统分析改进了内部斗轮提升机和仓底皮带机，设计了斗提机尾部张紧装置用防漏料机构，利用张紧装置使活动挡板与密封件压紧，减少物料撒漏；设计了筒仓仓底连接皮带机用导流装置，用来防止粮食落到皮带机上分布不均导致皮带机跑偏和撒漏问题。

三、项目运用

目前，已在公司散粮输送系统中投入使用。

四、项目优势

该项目用以解决散粮装卸运输存储过程中的粮食减损和粉尘问题，提出一种基于"门机+轨道式移动抑尘漏斗+气垫式皮带机+筒仓+单托辊皮带机"一体化港口散粮作业系统。研究设计了包含散粮卸料流量监测系统、门机散粮作业轨道式抑尘漏斗、散粮输送设备多点式除尘系统，通过斗提机尾部张紧装置用防漏料机构和散粮筒仓仓底连接皮带机用导流装置改善了筒仓减损问题，设计了单托辊皮带机头部粉尘自动刮扫装置，涵盖了散粮从门机卸货、进出筒仓的全流程优化，大大降低了该过程中的粮食损耗和扬尘问题，为新建散粮港口工艺设备选型和老旧散粮港口改造提供了切实可行的技术方案。

移动式混矿皮带机系统首批实现业内非系统线混矿运行

主创人员：杜高振、朱泽文、卢翔、李元旺、江东彬、梁中玮

单位：连云港新苏港码头有限公司、连云港港口控股集团有限公司

亮点：基于具体现场条件，公司提出的采用"二合一"和"五合一"移动式皮带机混矿系统将不同物料（两种以上）均匀混合后输送到堆场，实现了混矿作业的安全、高效、稳定运行。通过移动式混矿皮带机工艺改造，成为行业内首批实现非系统线混矿运行的港口，并可以进行多种矿的混矿业务。

一、研发背景

本项目位于连云港港主港区旗台作业区连云港新苏港码头有限公司（简称"新苏港公司"）。随着矿石市场的变化，客户希望在码头实现将不同品位的矿石进行混配以满足不同购买商的购买需求，混矿业务也正在成为带动港口转型、拉动经济增长的新亮点。

为了应对急剧变化的市场，新苏港公司进行了深入调研，了解到矿山与钢铁厂有混矿作业是后期的发展趋势，为了抢占市场先机，积极主动应对，在码头现有装卸工艺的基础上，以低成本、高效率、高质量为原则，从 2015 年开始，分三期对系统线进行混矿装卸工艺流程改造。

混矿系统线建设投产至今，公司作业量逐年增加，2015—2021 年平均利用系统线混矿作业量达到 1000 万吨/年。但在系统线混矿工艺中，利用斗轮机取堆场底层料时需要装载机辅助作业，不仅成本高，而且作业效率低；同时受到母矿到货的不均匀性、含水量大等因素影响，混矿业务上量受到限制。

针对以上问题，公司组织技术力量进行项目攻关，对移动式混矿皮带机混矿工艺项目进行研究。该项目利用"二合一"和"五合一"移动式皮

带机混矿系统，用斗车将不同铁矿粉按照一定比例上料进行混合，通过移动式皮带机将不同物料混合后输送到堆场，实现了混矿作业的安全、高效、稳定和可靠运行。

二、核心原理

2019年11月，公司邀请港口设计院等专家，联合公司生产、安全、设备相关人员，成立移动式混矿皮带机项目攻关小组，就如何实现移动式混矿皮带机作业工艺方案进行可行性研究。

经过多方调研，综合考虑到公司堆场尺寸、混矿物料特性、生产线混矿能力、多品种进行混矿等因素，在保障混矿作业效率和质量（混矿比例）要求的前提下，降低公司投入成本和运行成本，采用如下工艺流程方案：利用两台斗车，按混矿比例从不同堆场取料，分别将料倒入HBC1和HBC2给料皮带机上方漏斗内进入混矿流程，通过HBC3皮带机混合均匀，从HBC4皮带机将物料输送到堆场（HBC3和HBC4间预留增加搅拌器）。如图1所示。

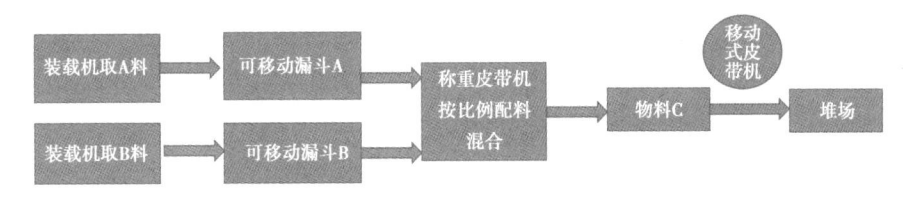

图1 移动式混矿皮带机项目工艺流程

三、项目运用

1. 一期项目

考虑到公司混矿物料多为含水矿（巴粗及卡粉，含水量9%~10%），混矿漏斗作业物料流动性影响混矿效率，公司进行"二合一移动式混矿皮带机"一期工程项目，如图2所示方案。

移动式皮带机一期混矿系统组成：

（1）两台料斗（斗容量10吨）。

（2）HBC1、HBC2两台变频调速定量给料机，单台通过量600吨/时，自带赛摩皮带秤,称重精度 2.5‰~5‰。

(3) HBC3、HBC4 移动可升降式皮带机,设计能力 600 吨/时,带宽 1200 毫米,带速度 2 米/秒。

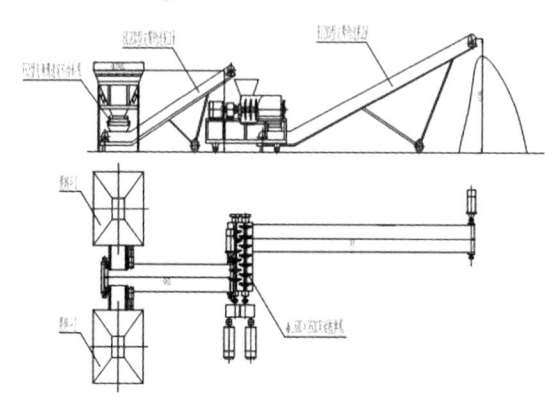

图2 "二合一移动式混矿皮带机"一期工程项目

2. 二期项目

由于后期国际市场混矿货种变化,混矿模式由两种物料混配向多种物料混配发展。总结第一套工艺流程,公司对移动式混矿皮带机工艺进一步优化,提出"五合一"混配工艺,实现五种不同物料混矿功能。如图3所示。

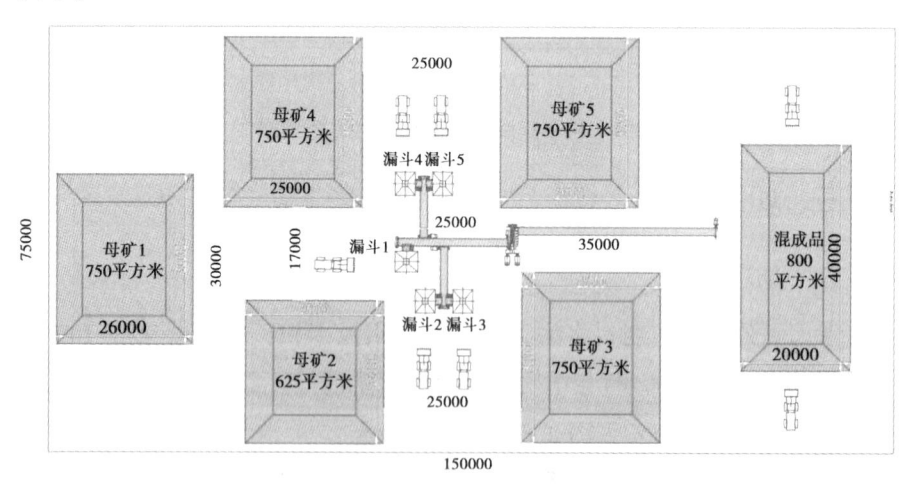

图3 五合一专用皮带机混矿工艺布局图

二期"五合一"混矿项目组成：

（1）5台漏斗，斗容10立方米。

（2）5台（编号HBC01-05）变频调速定量给料机，单台通过量600吨/时，自带徐州三原皮带秤，称重精度2.5‰~5‰。

（3）2台过渡皮带机（HBC2），带宽1400毫米，通过量1200吨/时。

（4）2台移动可升降式皮带机（HBC3、HBC4），带宽1400毫米，通过量1500吨/时。

四、项目优势

（1）通过移动式混矿皮带机工艺改造，成为行业内首批实现非系统线混矿运行的港口，并可以进行多种矿的混矿业务。一期改造在施工周期最短的情况下，率先完成混矿工艺流程运行。成为江苏省第一家启用移动式皮带机混矿业务的港口。二期改造为港口增加混矿作业量600万吨/年，能耗0.052度/吨，并且解决了卸船流程与混矿流程的冲突。

（2）解决母矿底层料含水量大操作困难、需要进行二次堆高的问题，并且减少水平转运和堆高作业环节，有效降低混矿间接成本。

（3）物料混合均匀，设备安装有计量仪器，运行稳定、精度高，为混矿作业或后期发运提供多种生产工艺。

（4）机动性强，可随时随地牵引托运转场运输，完全不受其他作业形式影响。

该系统适用于两种及以上货物进行混矿作业，并采用变频调速、高精度电子皮带秤、搅拌装置等使混矿质量平稳，特别适用于小批量进行混配作业的场地，运行管理成本较低，适合进行推广运用。

自动"集改散"翻转吊具应用提高作业效率 300%

主创人员： 朱加双、张新运、陈宇、杜松、李立志、沈井玉

单位： 连云港新东方集装箱码头有限公司、连云港港口控股集团有限公司

亮点： 自主设计研发制作了一种适用于集装箱装卸桥的自动"集改散"翻转吊具，具备单箱和双箱两种作业方式，实现无线遥控、和自动开箱门卸货，降低了作业成本和环境污染。吊具应用后，大幅提高了散货装船效率，作业效率提高 3 倍，节省装卸时间 67%；不需要人员下舱打开箱门，无粉尘吸入伤害；无人机交叉作业，工艺流程更安全稳定。

一、研发背景

在航运市场上，散货运输越来越多地采用集装箱方式运输，其中集装箱拆箱改成散舱的生产作业被称为"集改散"。但传统的"集改散"方式大多采用装卸设备吊钩悬挂钢丝绳，吊起集装箱进行倾倒的作业流程方式，这种装卸方式存在可能断绳、人机交叉作业造成人身伤害等安全隐患，并且有成本偏高、作业效率低等缺陷。

二、核心原理

本项目设计的自动"集改散"翻转吊具，由吊架主体和翻转架组成，在集装箱吊起时先将门把套组件的锥形套管套在集装箱的门锁杆上，液压油缸伸出，通过导槽带动上吊架在主梁上移动，使得两个上吊架分离，带动翻转架向外侧移动，使得集装箱分别向外侧翻转，由于两个上吊架之间距离变长，在吊具框架翻转到一定角度时，使门锁杆旋转 90°，在箱内货物的冲力下将集装箱门打开，箱内散货即可流出。项目示意图如图 1 至图 6 所示。

自动"集改散"翻转吊具的主要创新点：

（1）可利用现有的集装箱装卸桥进行装卸。
（2）可无线遥控、自动开箱门卸货。
（3）提高散货装船的效率。
（4）有效降低各类成本。
（5）提高生产工艺安全性。
（6）拓展功能：吸引更多散货客户。

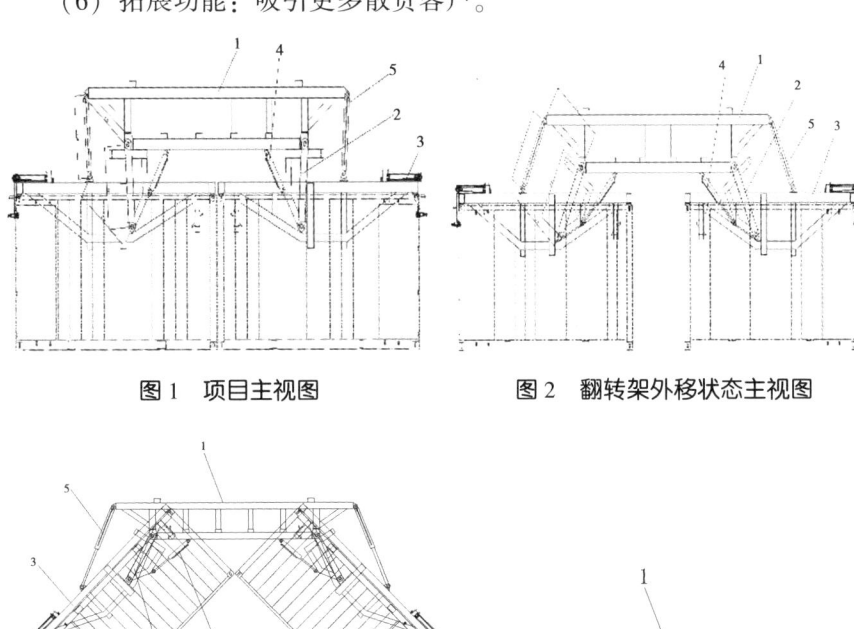

图 1　项目主视图

图 2　翻转架外移状态主视图

图 3　双箱分离状态主视图

图 4　上梁结构示意图

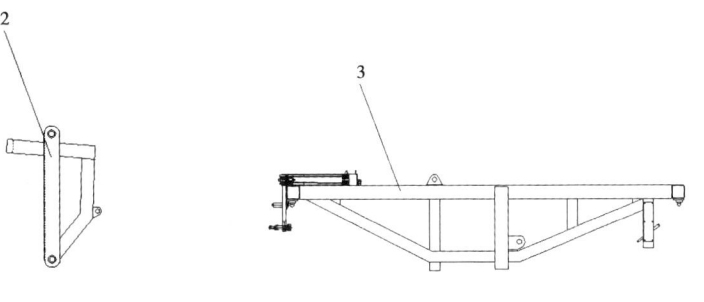

图 5　摆架结构示意图

图 6　翻转架结构示意图

三、项目运用

目前,共制作单箱型翻转吊具 2 台,双箱型翻转吊具 4 台,完全满足现有生产需求;使用"集改散"翻转吊具,共完成约 1.8 万标箱的装卸量,约 48.6 万吨散货量,给公司带来直接经济收入近 500 万元。随着这项技术的不断推广使用,一定会给码头的安全、节能、降本、增效带来良好的效果。

四、项目优势

"集改散"生产作业各项数据对比如表 1 所示。

表 1　"集改散"生产作业各项数据对比

序号	内容	传统生产作业	新生产作业	效果提升
1	人工成本方面	需要 4 名人工进行工属具的安装及连接	只需要 1 名指挥与遥控操作的装卸人员	减少 3 名员工参与作业
2	作业效率	作业效率约 5 标箱/时	作业效率约 15 标箱/时(双箱)	作业效率提升至 300%
3		需要 3.7 天的时间可完成 1 万吨	需要 1.24 天即可完成 1 万吨	装卸时间节省 67%
4		每月一班轮次船舶靠泊	每月可多班轮次船舶靠泊	能够吸引更多散货客户
5	健康危害	需手动打开箱门,舱底粉尘对人体伤害大	不必人员下舱打开箱门,无粉尘吸入伤害	降低粉末诱发职业尘肺病危害
6	安全性	人员、设备存在较多的安全隐患	无人机交叉作业,作业流程更安全稳定	有效,实时地提高各方面的安全性
7	流程改善	传统、低效、烦琐	更专业、更新颖、更高效、更简洁	改善显著

自动"集改散"翻转吊具适用于碱粉、石油焦、硫黄、尿素等多种散货类型的作业，适用于公司现有的岸桥设备开展散货装船业务，作业流程简单、环保高效、安全性好，大大降低了散货运输成本。使用自动"集改散"翻转吊具装船作业效率比传统装卸作业效率提高 3 倍，为货主和船公司节省了大量时间，创造了十分可观的经济效益，广受货主和船公司的好评。该吊具的应用，保障了与客户建立长期稳定的合作关系，可作业碱粉、石油焦、硫黄、尿素等，为散货吞吐量增长和市场开发带来了巨大的机遇。

成型机振台结构优化 100% 根除了底部裂纹问题

主创人员：刘建、王晓东、周春刚、李国军

单位：内蒙古霍煤鸿骏铝电有限责任公司

亮点：经结构优化后的成型机振台运行平稳，设备在高频振动过程无不良振动、噪声，使之前裂纹问题得到 100% 根除。如此，每个振台每次维修至少为公司节省维修费用 240 万元，2 台 2 年可节省维修费用近 500 万元。

一、研发背景

碳素系统成型工序成型机是生阳极碳块生产的关键设备，设备运行状态直接影响碳块的质量。成型工序生产连续运行成型机高频振动过程，造成振台整体磨损消耗，2020 年设备检修时发现运行 10 年的振台底部出现裂纹，长度超过 40cm，经现有检修人员多次修复后，裂纹未被彻底消除，反而情况加剧。随着混捏机新型齿轮箱投入使用，成型工序产能释放，再次加剧了振台磨损消耗，因此，计划在 2021 年和 2022 年完成成型机 2 个振台的设备维修工作。截至 2022 年 9 月，振台已完成维修。

成型机属成型工序的关键设备，振台更是成型机运行的基础部件，碳素年产生碳块 230000t，每块碳块成型高频振动时间为 55~60s，因此振台结构不合理或者强度低均会导致振台使用寿命缩短。振台裂纹在日常维修时不能根治，因此需要新安装的振台结构更换合理，强度更好，满足高频振动过程稳定运行。

每个振台维修费用约 240 万元，维修周期 10 天，每次维修时既需要公司大笔的资金支出，又影响工序的生产运行，振台更换过程更是存在作业风险，因此急需从振台的设计结构、金属材料等方面作出调整，保证新安装振台的使用寿命，满足生产的安全、稳定、连续运行。

二、核心原理

旧的振台开裂原因分析：因振台在静态时，需要承受重锤、钟罩、模具及其附件、阳极的重量；工作过程中，在电机的驱动下，振台在承受以上重力的同时，还要承受振动过程中形成的冲击力，具体力的计算：$F=MV/t$。同时，为保证振动力有效施加在阳极上以保证阳极的尺寸及强度，振台下方4只气囊需提供足够的支撑力，以保证以上附件在工作工程中悬浮，且该力要大于冲击力及关联设备的重力。因此，振台在工作工程中的受力情况如图1所示。

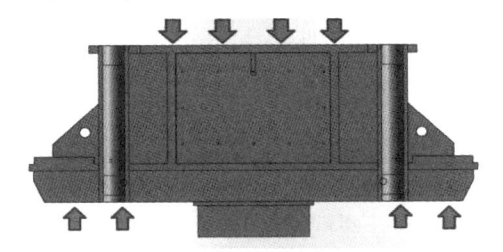

图1 振台在工作工程中的受力情况

在不考虑液压阀块时，振台的应力曲线简图如图2所示。

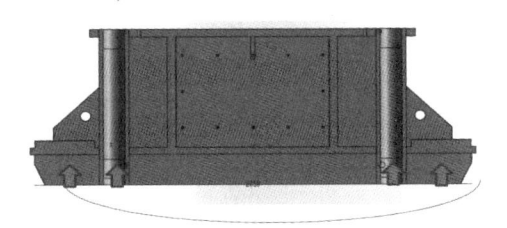

图2 不考虑液压阀块时，振台的应力曲线简图

在考虑液压阀块时，振台的应力曲线简图如图3所示。

图3 考虑液压阀块时，振台的应力曲线简图

在形状变化区域，应力会急剧增大。振台在受力时承受弯应力，因此处2个立板厚度均为20mm，此处应力相比板材的许用应力$\delta=345\mathrm{Mpa}$的安全系数约1.3。另外，此处存在焊缝，如焊缝焊接不良，会加剧此处的应力集中现象。

综上所述，这也是振台出现开裂的原因。为减小该应力集中对下部筋板的破坏，本次设计增加了下部筋板的厚度，其目的在于通过增加筋板的受力宽度来减小单位面积上筋板承受的应力。如：原筋板弯应力$\delta=268\mathrm{Mpa}$，2块筋板（20mm）单位面积所受的力为：$F=\delta\times(20+20)\times h$；筋板加厚后（190mm），$F=F'=\delta'\times190\times h$，从而$F'=40/190\times F=0.21\times F$。

三、项目运用

更新后的设计，振台的抗弯能力上的安全系数约为$1.3\times4.75=6.2$，从而避免了振台的下部筋板开裂问题的出现。变更后的振台应力简图如图4所示。

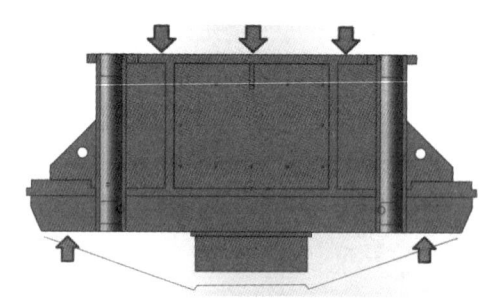

图4　变更后的振台应力简图

四、项目优势

目前，经结构优化后的成型机振台运行平稳，设备在高频振动过程无不良振动、噪声，之前裂纹问题得到根除。如此，每个振台每次维修至少为公司节省维修费用240万元，2台2年可节省维修费用近500万元。

焙烧燃控架数据传输方式改造推动智能化创新

主创人员：张国金、王晓东
单位：内蒙古霍煤鸿骏铝电有限责任公司
亮点：通过对焙烧燃控架数据传输方式的改造，实现了对焙烧生产过程的实时监视、控制及信息采集，降低了设备故障率、减少了劳动量及移炉时间，提高了生产效率及安全作业水平，同时为智能化科技创新的推广打下了坚实的基础。

一、研发背景

焙烧共2个车间，每个车间15台燃控架，共30台，用于监控焙烧温度、负压等信息。系统将采集到的现场信息通过有线传输的形式发送到中控室上位机，上位机控制软件将收到的数据与指定数据进行比对后，再给现场发送对应指令。由于网线铺设距离长、数量多，且在每次移炉过程中都需要对传输网线进行人工插拔，如插拔过程中操作不当就会造成网络通信故障，影响生产稳定运行。

二、核心原理

在焙烧2个车间分别组建由工业级无线基站及工业中继载发射器构建成的工业级专属无线跳频网络，取代现场原有的数据网线、交换机，燃控无线传输系统基于QAM算法并采用数据峰值复用技术及多层链路聚合功能的方式，保证信号传输过程无干扰。最终将采集的信息通过无线专属网络上传到上位机并接入到焙烧燃控系统，构建后的无线专属网络可实现对多种数据的独立采集及分析处理，通过对一、二焙烧炉面重点区域安装视频实时监控系统，将监控视频集中传输至一焙烧中控室进行现场画面监控。

三、项目创新及运用

（1）无线网络已在焙烧一、二厂房内进行全覆盖，为后期碳素分厂实现无线传输项目的实施奠定了基础，无线传输设备信号穿透层高于1.5m，传播速率稳定；当流量大于200Mbps时，丢包率小于万分之0.5。

（2）无线传输系统具备数据无线传输延迟峰值空间复用功能及临界数据堆叠功能。

（3）无线载体数据及反向指令数据与焙烧燃控系统平台实现了对接，无线传输的控制功能与改造前数据传输功能一致，简化了生产人员移炉作业流程的同时，也降低燃控系统通信故障率。

（4）无线传输主接收基站具备了多层链路聚合功能。

（5）通过对一、二厂房焙烧炉面重点区域安装监控系统，并将视频画面传输至一焙烧中控室，实现重点区域人员及生产状况实时监控，管控人员的同时也可实现生产状况的实时管控。

（6）燃控架无线传输系统无线传输信号传输过程无干扰，进而保证了一、二焙烧2个车间，合计30台燃控架的焙烧温度、负压等信息监控数据的稳定性能。

通过对焙烧燃控架数据传输方式的改造，实现了对焙烧生产过程的实时监视、控制及信息采集。降低了设备故障率，减少了劳动量及移炉时间，提高了生产效率及安全作业水平，同时为智能化科技创新的推广打下了坚实的基础。

四、项目优势

燃控架无线传输系统现场实施效果显著，很好地保证了企业生产的稳定有效运行。燃控架无线传输系统无线网络拓扑图如图1所示，燃控架无线传输系统监控画面如图2所示。

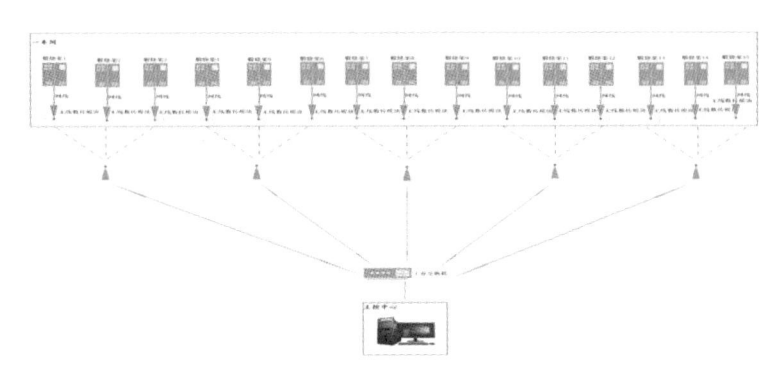

图1 燃控架无线传输系统无线网络拓扑图

图2 燃控架无线传输系统监控画面图

075

蓄水池淤泥清理机器人的研发填补了该技术领域空白

主创人员：张利、车林、刘磊、王海霞
单位：内蒙古霍煤鸿骏铝电有限责任公司
亮点：蓄水池清理机器人技术为电解铝厂蓄水池等密闭空间的机器人代替人工作业提供了解决方案，同时符合安全生产、高效生产的宗旨。该技术方案可以在电解铝行业以及所有具备蓄水池的生产企业进行应用推广，填补了该技术领域的空白。随着项目成果的成功应用，将对受限空间下无人化清淤作业发展起到积极作用。

一、研发背景

冷却塔是开放式结构，在运行过程中，冷却水中会混入空气中悬浮的粉尘，大风天气会吹入沙尘及轻质垃圾。长时间运行，蓄水池底会产生淤泥沉积和聚集，清污时淤泥厚度能达到 0.2~0.5m，影响电解铝铝水铸造的冷却工艺，需要人工进入蓄水池进行清理。目前，主要是水池上部水排空后，通过人工清理蓄水池的淤泥，劳动强度较大。蓄水池淤泥清理工作属密闭空间作业，蓄水池环境潮湿，淤泥长期淤积会产生甲烷等有毒有害气体，在蓄水池内长时间人工清理工作也会出现二氧化碳气体浓度升高等情况，人工作业存在一定危险。

二、核心原理

本项目针对电解铝蓄水池清淤作业需求，采用高压水冲洗的方法，开发了清淤机器人系统，设计了履带式清淤机器人本体结构、三轴清理模块、二轴云台监控模块，并对高压冲洗系统、排污模块进行了设计选型，搭建了基于工控机和PLC的上下位机远程控制系统。机器人经蓄水池检查

孔进入水池内部，通过摄像头远程操纵清淤机器人对蓄水池内部淤泥进行高压冲洗，将淤泥冲入集水坑中，再通过排污泵将泥水抽出，可有效清理蓄水池内部的淤泥，实现了蓄水池受限空间无人清淤作业的目的。

1. **项目目标**

开发一套实现蓄水池淤泥清理机器人，用于蓄水池淤泥清理的远程操作。通过机器人代替人工作业，提高蓄水池淤泥清理效率，减轻工人劳动强度，避免受限空间作业风险。

2. **考核指标**

运动模块行走速度可调，每分钟 0~5m，可实现最高 60mm 的越障功能；机器人储存和使用环境温度 -20~45℃；蓄水池淤泥整体清理率达 95% 以上。

三、项目创新

1. **项目目标完成情况**

内蒙古霍煤鸿骏铝电有限责任公司在 2022 年 9 月份完成了"霍煤鸿骏铝电有限责任公司蓄水池清淤机器人研究与应用"项目的应用。经过冷水池、热水池清淤工作验证，现场工作如图 1 所示，项目要求的技术性能指标全部达到要求，满足蓄水池清淤的需要，清淤效果良好。

2. **项目成果及亮点**

该项目实施后，有效地解决了蓄水池需要人工进入受限空间清理的问题，通过远程无人机器人清淤手段，解决蓄水池清淤中的问题，降低了清淤劳动

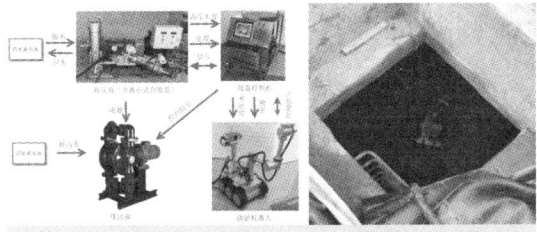

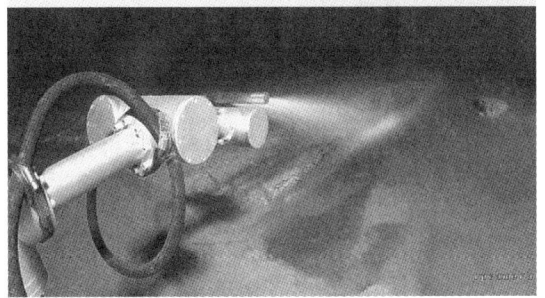

图 1 蓄水池清淤机器人现场工作图

强度，提高了清淤效率和安全性。

项目亮点如下：

（1）开发了蓄水池清理机器人，实现远程清理蓄水池作业，提高了清理效率，降低了劳动强度。

（2）机器人配置三轴机械臂作为高压冲洗的运动机构，可实现高压喷头的旋转、俯仰、摆动等动作，覆盖范围广，能够有效冲洗蓄水池底部及集水坑。

（3）通过软件及硬件相结合的操作系统，能够实现车体前进、后退、调速、转向等运动控制，并能实时监控机器人作业状态及蓄水池内部作业环境，且具有监控摄像头自清洁功能。

目前，国家专利局已受理了本项目申请的发明专利1项（申请号：202211034590.0），取得软件著作权登记证书1项（登记号：2022SR1136963）。

四、项目优势

1. 成果转化及产业化情况

（1）蓄水池淤泥清理机器人为蓄水池等密闭空间的清理作业提供了解决方案。该机器人为履带式行走机器人，集成高压喷头、视频监控、远程操作等功能，可以对蓄水池底部及集水坑进行高压水冲洗，并采用排污泵排出污水，实现人工不下水池即可完成蓄水池的清理工作。

（2）使用蓄水池清理机器人代替人工作业，每个蓄水池基本一天即可完成140㎡淤泥清理作业，明显提高了清理效率，减轻人工作业劳动强度，降低受限空间安全作业风险，为安全生产提供了有力的保障。

（3）蓄水池清理机器人技术为电解铝厂蓄水池等密闭空间的机器人代替人工作业提供了解决方案，同时符合安全生产、高效生产的宗旨。该技术方案可以在电解铝行业以及所有具备蓄水池的生产企业进行应用推广。

2. 项目设置的科学性和合理性的评估

项目紧追时代前沿的机器人技术，通过机器人代人，解决蓄水池清淤的难点痛点，极具创新性。目前来看，该项目的设立不仅有科学性而且极具合理性，推动了行业的进步，填补了该技术领域的空白。随着项目成果的成功应用，将对受限空间下无人化清淤作业发展起到积极作用。

打壳锤头自动焊接技术的创新应用
提高效率 300% 以上

主创人员：姜联玉、王刚、周百红
单位：内蒙古霍煤鸿骏铝电有限责任公司
亮点：根据机器人本体视觉传感器及激光对位传感器提取出的工件坡口特征数据，研究机器人自动焊接轨迹规划以及焊接工艺对焊缝成型的影响，规划焊接动作轨迹数据软件程序，实现焊接工艺要求，研究论证打壳锤头自动化焊接应用技术。案例采用自动化焊接技术代替传统的人工焊接方式，真正实现标准化、统一化焊接，焊接成品合格率高，焊接效率提高 300%~500%，较好地提升了企业的市场竞争力。

一、研发背景

打壳锤头自动焊接系统主要由下料系统和组焊系统组成，包含焊接机器人、搬运机器人、切割机器人、系统控制柜、全数字脉冲 MAG 焊接电源、变位机、剪丝清枪站、搬运机器人定制抓手、焊枪防碰撞装置、焊缝跟踪功能、评审焊接软件包、等离子切割机、钢管上料架、切管机输送料架、焊接工件储料框、焊接工件转运输料系统、焊接旋转平台夹具、主电源控制柜、控制电缆、供电电缆、烟气集尘回收装置、安全围栏、安全门锁、安全光栅、安全报警器等配套设施，组建全工序流程自动化机器人焊接工作站，可以改造目前打壳锤头维修焊接采用人工进行切割、下料、搬运、组对焊接等烦琐的维修流程，实现自动化流程生产工作，解决了维修打壳锤头烦琐的焊接工序，替代人工手弧焊接作业，从而提高自动化水平，减少人员作业强度，降低安全风险，提高生产效率。

二、核心原理及运用

打壳锤头自动焊接工艺具体操作如下：

（1）切割下料区与组对焊接区完美结合，切割机器人、搬运机器人与切割定位旋转料架配合切割下料，搬运机器人与物料框移动周转系统配合下料与上料，焊接机器人焊接。

（2）尾管下料开坡口一次完成，提高下料效率，同时避免旧管尺寸不稳定造成坡口不一致，导致组对及焊接缺陷。

（3）分部组对可有效保证焊缝相对位置及组对质量，省去机器人寻位过程，简化流程。

（4）接触传感检测功能主要研究包含三方向传感、起始点检测、终点检测、圆弧传感、接触探测传感等功能，保证焊接过程不受工件的来料加工、组对拼焊和焊接装夹定位带来的焊缝位置有偏差的影响，自动寻找焊缝位置并识别焊接情况，保证能够顺利准确焊接。

（5）当实际的焊缝轨迹偏离示教程序轨迹或工件在焊接过程中工件发生热形变时，机器人通过焊接过程的数据搜集、处理，实时修正补偿运行轨迹，确保焊枪末端运行轨迹始终在焊缝上。在焊接过程中，通过电弧跟踪功能，实时调整焊枪位置，保证焊丝的干伸长度不变，保证了焊接过程的稳定性，确保整条焊缝成形的一致性。

（6）焊接起始时只知道焊接的起始点、终止点的位置，其他焊道的位置、焊枪的姿态都未知，因此，这就需要根据坡口截面的大小，事先预测焊道在坡口的位置，此时，需考虑等截面坡口和变截面坡口情况，对于等截面坡口来说，通过对基路径进行平移和旋转变换得到其他的路径，而对于截面坡口有变化的情况，较前者复杂，需要焊接机器人根据电弧感应焊缝跟踪通过摆动焊接过程，检测焊接电流的反馈信号，与设定值进行比较，调整焊接轨迹，使焊接位置始终保持在焊缝中心。

（7）研究MAG焊接工艺对焊缝成形的影响，弧焊机器人的焊接工艺复杂，其焊接工艺参数主要有焊接电流、送丝速度、焊接电压、焊接速度、焊丝直径、焊丝延伸长度、气体压力等，焊接工艺参数对熔池形态、焊缝成形以及结构性能有着至关重要的作用，决定了焊接成品件的强度和质量,该项目通过实验研究各焊接工艺参数对焊缝成形的影响,建模焊接软件包工艺数据库。

三、项目优势

铝电解用打壳锤头自动焊接技术,基于不断成熟的自动焊接技术和当今应用广泛的工业机器人,根据铝电解用打壳锤头产品及工艺要求而设计,能够满足现场实际使用要求,焊接品质得以提高和保证,保障员工职业健康,降低了维修人工成本费用和对操作人员技能水平的要求。采用此技术代替传统的人工焊接方式,真正实现标准化、统一化焊接,焊接成品合格率高,提高效率300%~500%。此系统能够提升企业的市场竞争力,带来更大的经济效益。

整流柜水温自动控制技术实现控温 1℃ 内

主创人员：马青爽、隋向东、任志伟、王亚男、姜龙
单位：内蒙古霍煤鸿骏铝电有限责任公司
亮点：整流柜水温自动控制技术通过上位机后台设定基准温度值和设备的启停温度值，结合变频风机自动调节频率、启停风机数量、启停加热器数量，能够安全可靠地将整流柜水温控制在标准范围内，既节省人工成本又降低设备启停次数，而且还延长了设备使用寿命，促进了企业产能较好提升。

一、研发背景

动力分厂扎铝变现有 7 套整流柜，大负荷运行时产生较大热量。为达到设备安全运行要求，采用整流柜纯水冷却方式对二极管元件温度进行控制。整流柜水风冷系统主要由水泵、风机、变频器、加热器、水箱、散热器等组成。当整流柜实际水温比要求水温高时，由人工增加水风冷变频风机频率，提高水风冷风机转速，降低水温；当水风冷变频风机工作频率达到 50Hz 仍然无法控制水温时，再启动水风冷工频风机继续降低水温；当实际水温低于要求值时需要降低水风冷变频风机频率，如果水风冷风机频率降为最低仍无法升高水温就将工频风机停止运行，所有水风冷变频风机和工频风机全部停止后仍不能满足水温要求时将启动加热器保温。

由此可见，人为调节水温是通过不断调节变频风机频率、工频风机数量、加热器的启停来控制温度，调节的幅度、精度很难控制，需要不停地修正，才能满足现场温度控制要求。此种工况既浪费大量人力，又没有较好的控温效果；同时设备频繁启停还会严重影响设备的使用寿命。

二、核心原理

整流柜水温自动控制技术硬件主要是通过 PLC 的 DI 开关量输入模块采集水风冷风机和加热器的运行状态，通过 PLC 的 AI 模拟量输入模块采集水风冷水温、变频器频率，通过 PLC 的 AO 模拟量输出模块调节水风冷变频器频率；通过 PLC 的 DO 开关量输出模块与继电器配合控制水风冷风机和加热器启停状态。整流柜水温自动控制技术软件部分主要是通过 PLC 逻辑编程针对每一台水风冷风机、加热器、变频器频率进行控制，将相关控制部分和信号部分与上位机进行通信，可在上位机监控界面实现手动、自动切换功能。

水温自动控制，首先是对每一台加热器和工频风机设定启动和停止温度条件，其次设置控制级别，优先自动通过调节变频器频率进行水温控制。频率控制部分主要使用的是 PLC 程序中的 PID 自动调节模块，PID 调节模块主要分为比例增益（指增减频率步长）和积分增益（指实际温度与温度设定值比较，相差越大频率变化越快）以及死区值（指实际温度与标准温度比较，超过死区值范围，变频器就会动作），在变频器无法控制的情况下会启停水风冷工频风机或加热器，通过水风冷变频风机的精准控制与工频风机和加热器的相互配合达到生产要求的水温，最大限度减少设备启停次数。

三、项目运用

动力分厂扎铝变 7 套整流柜水温 PLC 增加温度自动控制技术投运试验方式如下：

（1）本地控制：现场触摸屏和上位机后台无法进行远程操控，触摸屏和后台接收状态信号和报警信号正常。

（2）远方控制：本地无法进行操作，通过触摸屏和后台均能够正常遥控风机、加热器、调节频率，相关报警信号和状态信号接收正常。

（3）自动控制：通过上位机后台设定水温控制水风冷风机、加热器启停、调节频率，涉及水风冷第Ⅰ列（1~3 号工频风机）、第Ⅱ列（4~6 号工频风机）、第Ⅲ列（7~9 号工频风机）、第Ⅳ列（10~11 号变频风机、12

号工频风机）、1~2号加热器。首先通过上位机后台设定水温基准温度值和启停所有水风冷风机的标准值，然后分别对每组进行测试，当实际水温大于水风冷风机启动值时风机启动，当实际水温低于水风冷风机停止值时风机停止，当实际水温低于水风冷加热器启动值时加热器启动，当实际水温加热到水风冷加热器停止值时加热器停止。10号、11号变频风机频率的变化：当水温升高，变频风机频率升高，当水温降低，变频风机频率降低；当实际水温低于设定基准值时，所有水风冷风机将停止运行。最终将多组水风冷风机、加热器的启动值和停止值进行不同测试，通过现场和上位机观察水温得到有效控制，并且此种工况可以根据实际气候条件进行水温设定，从而达到水温有效控制的目的。

四、项目优势

通过实测数据分析可知，投运前水温控制不稳定，水温波动在5℃范围内；投运后水温波动在1℃范围内，控温更加安全可靠。

在企业生产过程中有效应用整流柜水温自动控制技术，不仅节省了大量人工成本，而且降低了设备启停次数，同时延长了设备使用寿命，促进了企业产能较好提升。

碳素智慧消防改造实现消防智能化管理效率提升 200 倍

主创人员：王金刚、苏广
单位：内蒙古霍煤鸿骏铝电有限责任公司
亮点：通过对碳素分厂消防系统的改造，应用图像化早期智能探测报警、智能感温度实时在线监测显示，避免消防火灾事故发生，做到"环境感知、行为管理、流程把控、智能研判、科学指挥"的一体化融合，提升管理人员感知预警能力和应急指挥智慧能力，避免火灾发生，降低损失，保障生命安全和国家财产。

一、项目背景

该项目自建设期投入生产至今，消防控制系统设备安装品牌有海湾、深圳市泛海三江、济南市长青、广州白云泵业、普利莱燃气设备有限公司等，设备品牌类型繁多，因不同品牌通信技术壁垒未全部联网、全厂消防设施信息未集中显示和管理，现场具有厂区占地面积大、生产工序分散、电磁干扰极强、消防设备分布点多、覆盖面广、各控制器均处于独立运行状态、自动灭火装置启动确认距离较远、火灾发生易为值班人员带来安全隐患、消防安全管理工作量大、消防值班人力成本支出占比大等特点，各控制器间均需消防人员值守。

二、核心原理

建立智慧消防远程实时管理系统平台（即"智慧消防系统"），利用该智慧平台通信协议相互兼容解决信息壁垒的先进技术，将厂内各品牌消防控制系统设备及各消防系统预警信息、报警信息、故障信息、报警位置的平面地理信息等数据，各灭火设施启动/停止控制信号、重要的消防灭火设施压力/液位状态，实时采集并上传至消防云端服务器，运用云计算、大数据智能分析、数据研判等专利技术，通过应用无线网络传输技术，实现以电脑端、手机App、语音电话、短信信息推送等方式将数据实时传输给消防值班人员、消防管理人员、第三方维保人员等，真正做到无须人员到现场确认火灾、远程无线启动灭火装置，彻底解决由于确认距离较远及通信壁垒造成的贻误"战机"问题，将火灾消灭在早期或可控阶段。

三、项目创新及应用

（1）该智慧消防系统，已通过信息产业信息安全测评中心软件产品登记测试合格，通过物联网开放平台接入认证测试。消防管理云平台、消防管理手机端App系统均取得国家版权局计算机软件等著作权登记。

（2）火灾探测预警、报警设备技术优势。粉尘防爆智能多梯级图像型特种火灾探测器采用视频处理技术与三复合光谱成像技术相结合，在国内及国际现阶段消防系统中率先提出了温度、烟雾、火焰三复合智能多梯级图像型探测的新概念，延伸了实现早期减灾防灾的理念，使热灾害预警测温与光谱成像监控相结合，该探测器适用于-40℃冬季严寒地区的防爆智能多梯级的火灾探测，具有温度异常侦测、烟雾、暗火和明火侦测等火灾事件监测功能，实现远距离测温、感烟、探测火焰的三道防线。

（3）灭火设备技术优势。高压微水雾滴灭火设备是一套组合分配式高压微水雾滴灭火系统，平时系统管网内没有水，且装置水箱自带加热设备具备防冻功能，火灾发生时，火灾探测器发出火灾信号并反馈至消防控制中心，经确认后自动启动高压泵组和相应的分区控制阀组，开始喷雾灭火。该设备具有高效冷却、快速窒息的双重灭火功能，使灭火介质形成介于液体和气体之间的一种特殊状态，形成粒径在 $10\mu m$ 以下的水雾，遇火后迅速汽化，体积可膨胀 1700~5800 倍，用水量是传统灭火手段的 1%，效率提升 200~300 倍，实现立体灭火。

详见图1。

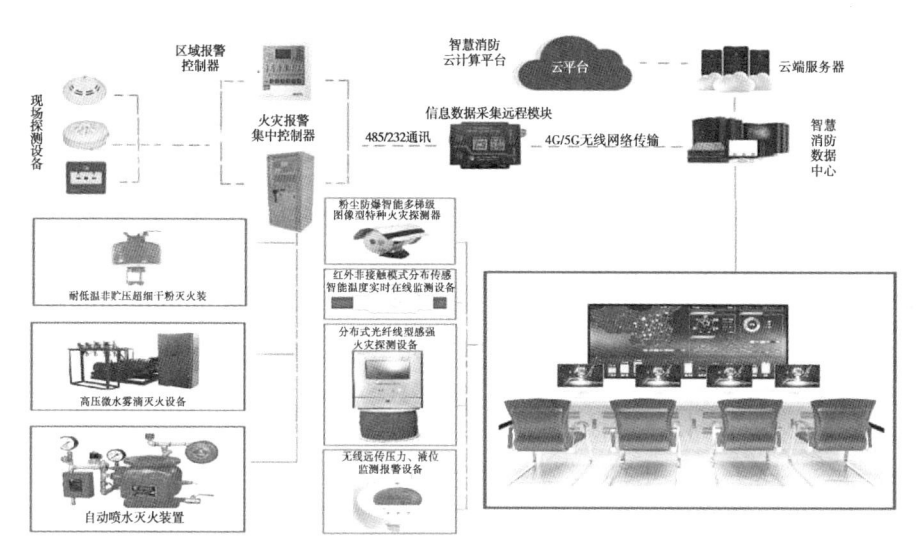

图1 智慧消防远程实时管理系统平台

四、项目优势

在实现生产消防智能化管理、远程集中显示管理、精细化管理、层级化管理的基础上，应用图像化早期智能探测报警、智能感温度实时在线监测显示，能够大大避免消防火灾事故发生，提高生产效率，做到"环境感知、行为管理、流程把控、智能研判、科学指挥"的一体化融合，提升管理人员感知预警能力和应急指挥智慧能力，避免火灾发生，降低损失，切实提高消防防护等级，保障生命安全和国家财产，为企业的安全生产运行保驾护航。随着消防相关政策的出台，人工智能、物联网技术与传统信息技术相融合的智慧消防解决方案，迎来新一波快速增长，同时智慧消防改变了当前消防行业的发展趋势，智慧消防将成为消防安全的重要发展方向。该项目积极推进"智慧消防"基本建设，全方位推动信息化管理与消防业务工作的紧密结合，搭建系统化、全覆盖的社会火灾事故防治管理体系，全方位提高社会火灾事故防治工作能力、救火抢险救援工作能力和团队管理能力，完成"传统式消防"向"现代消防"的变化。

阀门开关状态可视化让巡检效率提高了46%

主创人员： 张蓬

单位： 河南延长石油销售有限公司

亮点： 为提高工作效率，实现阀门开关状态可视化管理，河南公司结合现场实际，研制了一种阀门开关状态显示装置，能够直观准确地显示阀门开关状态，节约安全巡检时间，保障油库运行安全，使巡检效率提高了46%。

一、研发背景

河南延长石油销售有限公司（简称河南公司）油库目前实行标准化管理巡检方式，每隔2个小时需要到作业现场进行二维码安全巡检，确保作业现场安全。安全巡检内容主要包括压力表、管道泵、工艺管线及阀门开启状态、消防器材等。安全巡检人员对管道阀门开关状态进行安全巡检时，需要手动逐一排查，才能确认阀门是否开启以及开启程度。如果阀门运行状况的可视化不完善，就无法反映各阀门的运行状况，容易在工作中发生误操作和误判，同时也影响工作效率。

二、核心原理

为提高工作效率，实现阀门开关状态的可视化，河南公司油库职工结合现场实际，计划研制阀门开关状态显示装置，确保能直观准确地显示阀门开关程度，减少人为判断失误，保障油库管理安全运行。

河南公司油库职工经过头脑风暴讨论，按照PDCA循环管理模式开展攻关活动。首先根据现场实际制定了3个设计方案，分别是圆盘上顶式、柱套上顶式、Z字形指针式。通过对3种方案的对比和验证，发现圆盘上顶式和柱套上顶式制作复杂，可视化状态不明显，所以最终采用Z字形指针式设计方案制作阀门开关状态显示装置。在材质选择方面，因铝材容易变形，所以选用铁质。

三、项目运用

河南公司职工根据设计方案，加工制作阀门开关状态显示装置，并进行现场验证。

通过对阀门开关状态显示装置的研制设计和现场应用，现场作业人员和巡检人员无论是白天还是晚上，均能够一目了然地看到阀门的开关状态以及开启程度，从而达到快速有效判断各管道控制阀门的开关状态，提高了工作效率，满足了生产现场管理中管道阀门开关状态可视化的需求。

四、项目优势

阀门开关状态显示装置应用后，为验证实际使用效果，河南公司油库职工根据之前的巡检记录，对油库4名员工值班6次巡检所用的时间进行了统计和对比。安装前每次巡检需要30~40min，一个班巡检6次，

图1 阀门开关状态可视化装置应用现场

所用的时间是3~4h，夜间巡检所用的时间更长。安装后，又对这4名员工的巡检时间进行统计，巡检用时降低至1.5~2h，巡检效率提高了46%左右。

为验证阀门状态可视化效果，油库职工对安装前后的问题台账资料和维修记录进行统计调查，在阀门开关状态指示装置安装前的3个月，平均每月有4次对阀门的开关及运行状态判断错误；在阀门开关状态装置安装后，对阀门的开关及运行状态判断没有失误过。由此可见，阀门开关状态装置能够有效杜绝作业人员、维修人员对阀门运行状态的误操作和误判，满足生产现场管理中管道阀门开关状态可视化的需求。

项目优势总结如下：

（1）提高现场作业人员、安全巡检人员的工作效率。

（2）减少误操作及误判现象，保障油库安全平稳运行。

（3）修旧利废，降本增效。

（4）制作安装快捷方便，易于推广。

螺旋埋弧焊管内壁自动化清理和防护装备实现清理率100%

主创人员：王海生、吴成武、王玉庆、陈兴明、李斌
单位：渤海石油装备华油钢管公司
亮点：螺旋埋弧焊管内壁自动化清理和防护装备研制与应用，实现内焊飞溅物及渣皮清理率100%、钢管表面质量一次通过率100%，解决了困扰钢管行业的重点难题，填补了行业空白，并取得了显著的经济效益，极大提高了企业本质安全水平和生产效率，减轻了员工劳动强度，降本增效，绿色低碳环保。

一、研发背景

目前，我国正处在输送管道的建设高峰期，X80高钢级、大壁厚、大口径钢管广泛应用于西气东输、川气东送、中俄东线等重大油气长输管线中。如中俄东线X80Φ1422mm×21.4mm等。在常用的钢管订货技术标准中，除了要求产品符合化学成分、力学性能、尺寸等规定，还对表面质量提出了要求。例如，GB/T 9711对表面缺陷和缺欠有专门规定和处理规则。

在此背景下，针对钢管生产、检验过程中发现、遇到和存在的钢管表面缺陷及欠缺等问题，研制了螺旋埋弧焊管内壁自动化清理和防护装备，从而减轻操作人员劳动量，提升工作效率，为安全高效生产保驾护航，为保障长输管道高质量运行助力加油。

二、核心原理

针对螺旋埋弧焊管内焊缝残留焊渣和钢管在线切割时产生的飞溅金属影响钢管表面质量的问题，研制了一种自动化的清理和防护设备，具体如下：

（1）工作车研制。工作车采用3块弧形钢板铰接而成，可以根据管道口径自适应调整体曲率，边缘自带拓展接口。底部万向脚轮自带减震结构，并始终保持在管道底部预设高度位置，平稳高效工作。

（2）焊渣皮清除机构。工作车底部安装有焊渣皮刮除机构，通过调整刮铲刃部与管壁距离，可以保证焊渣皮刮除作业的力度、角度和线速度一致，使得管焊缝表面质量得到有效控制。

（3）拖曳机构。拖曳机构主要包括电控绞盘、转接支架和绞盘钢丝绳。电控绞盘与控制系统信号联动，实现自动化操作。

（4）针对螺旋埋弧焊管内壁自动化清理和防护装备控制困难，设计开发控制系统，解决回收装置在不同规格钢管及长度的作业问题。

（5）针对人工检测劳动强度大，检测效果差的问题，设计研发机器人检测装置，提高检测质量和工作效率，降低员工劳动强度，为检测工作的高效、顺利进行提供强有力的支持。

（6）优化设计控制系统。控制系统主要包括工作车位移传感器和微电脑控制电箱，采用位移传感器，可有效提高工作效率和对正精度。

（7）针对员工的整体知识结构不同，加强标准、工艺、管理及相关知识的培训，提高员工对钢管表面质量的认识度，从而提升产品质量，保证产品的市场竞争优势。

三、项目运用

研制的焊渣清理和防护设备已应用于螺旋埋弧焊管生产线，使用该装备之前，钢管端部和内壁清理至少需要2人共同作业，用钢铲、角磨机、抛光机、锉刀、吸尘器等多种工具去除飞溅钢渣和焊渣皮，操作十分烦琐，清理费时费力。

该创新装置投入生产应用以后，可在钢管旋转焊接过程中直接将焊渣皮清除干净，而且通过防护结构直接避免了钢渣飞溅污染管壁，因此无须再进行清渣和管端表面清理操作，实现了内焊飞溅物及渣皮清理率100%、钢管表面质量一次通过率100%。螺旋埋弧焊管内壁表面质量控制的自动化、标准化、数字化作业，为焊管行业工艺技术改进和设备能力升级提供了借鉴。

四、项目优势

（1）经济效益：减少了清理打磨人工费用和耗材成本，每条生产线每年创造直接经济效益 20.8 万元，3 条生产线应用后每年综合创效 60 万元以上。

（2）获得成果：一是完善控制策略、工艺卡、作业指导书等文件，对操作流程进行细化；二是成果申报国家发明专利并获受理；三是在核心期刊《焊管》发表技术论文 1 篇。

（3）社会效益：该项目的应用有效提高了生产效率和产品表面质量，填补行业空白。现已在华油、扬州、福州、新疆钢管得到推广应用，实现了企业降本增效、产品提质升能，增强了企业核心竞争力，促进了节能减排和低碳发展，保障了国家能源通道安全运行。

大气信号安装台测试仪让工作效率提高170%

主创人员：范鑫、董坤林、丁彩东
单位：国营芜湖机械厂
亮点：基于工厂现有长期闲置的线缆分析仪及其配套附件进行资源整合改造，利用闲置的威图机柜改装加工，设计、制造软硬件，搭建大气信号安装台测试仪。案例解决了传统测试方法耗费大量人力、故障点查找费时费力、工作效率低、人为误差率高的问题，减少了人工检测的工作强度，极大地提高了工作效率、测试精度，提升了修理质量，工作效率提高170%，测试精度提高10倍，测试误差降低了93.75%。

一、研发背景

大气信号安装台是飞机大气信号系统的重要组成部件，用以实现大气信号计算机、电源部件、控制部件与机上其他航空电子产品的交联。在飞机维护时，一直采用人工方法借助万用表检测大气信号安装台的线缆、触点导通性能，由于测试触点多，需要耗费大量的人力，且故障点查找费时费力，工作效率低，人为误差率高，局限性较大。

二、核心原理

基于工厂现有长期闲置的线缆分析仪及其配套附件进行资源整合，结合对大气信号系统的分析，制作专用测试连接电缆，设计VPC转接模块和检测项目列表，编写检测流程，实现对大气信号安装台线缆、触点导通性能的测试，将大气信号安装台的测试由人工检测改进为程序自动化检测。

三、项目运用

（1）提高测试精度。测试电缆采用 Kelvin 四线连接电阻测试技术，使用单独的电流和电压检测电极，相比传统的两个终端传感能够进行更准确地测量，消除了布线和接触电阻的阻抗，将产品测试精度提高到千分之一欧姆级别。

（2）降低设备故障。测试仪选用 VPC 公司的 i 系列连接器及 160 芯安装模块和 10A 接触偶组件。改变传统设备前面或后面对外接口的连接模式，采用侧面接口，既方便产品连接测试，又减少测试电缆两端连接部位的应力，大大降低设备电缆的故障率。

（3）节省成本。测试仪基于闲置的线缆分析仪及其配套附件进行资源整合，促使设备资源最大化利用，利用设备的机柜改装加工，共计节约 74.4 万元。

四、项目优势

基于线缆分析仪改造的大气信号安装台测试仪，一方面使闲置、报废设备得到了充分利用，节约了设备成本；另一方面解决了传统测试方法耗费大量人力、故障点查找费时费力、工作效率低、人为误差率高的问题，提高了工作效率、测试精度。

现场设备维保配套优化措施累计节支增收 3000 余万元

主创人员：刘东章、孟祥卿、刘同玲、王小伟、董帅、王宝龙
单位：胜利石油工程有限公司
亮点：针对海上平台现场使用中存在的安全环保隐患、生产效率低、劳动量大、支出成本高等不利因素，制定了相应的配套措施优化方案，极大提高了现场本质安全水平，提高了生产效率，降低了成本支出，累计节支增收 3000 余万元，极大提升了设备的安全性、可靠性，绿色环保低碳，为保障国家能源安全作出了积极贡献。

一、研发背景

随着陆上石油资源日益枯竭，海洋石油逐渐变成未来我国石油的主要来源，海洋石油钻井平台在海洋石油勘探开发中扮演了重要角色，在保障国家能源安全方面发挥了重要作用。虽然海上平台由知名设计公司设计，由具有丰富海工建造经验的船厂建造而成，但是在现场的具体使用过程中，还是会遇到很多问题。不仅降低了生产效率，增加了工人的劳动量，而且给现场安全高效生产埋下了隐患，不利于海洋石油勘探的良好有序发展。

在此背景下，针对海洋钻井平台在现场使用过程中发现、遇到和存在的诸多不利因素，制定了相应的配套措施优化方案，从而提升工作效率，降低成本消耗，极大地提高了设备的安全性和可靠性。

二、核心原理

（1）对极浅海座底式钻井平台进行海水冷却系统改造，打破了极浅海座底式平台无法使用海水冷却的观念，降低了噪声污染，节省了能源消

耗，年节约燃油 80 余立方米。

（2）自升式圆柱桩钻井平台冲桩系统技术改进，增加了泄放阀，延长了冲桩管线，减少了管径尺寸，降低了工人的劳动量，提升了泄压速度，杜绝了安全隐患。

（3）平台设计桩腿入泥 10m 左右，在此深度的入泥情况下，桩腿可以顺利完成拔桩作业，但是在某些特殊海域入泥可以达到 25m，时有发生拔桩困难问题，针对这一问题探索使用气举法辅助拔桩，即首先采用高压水将喷冲系统顶通，然后注入压缩空气，在桩靴面的底部形成一个气垫，形成气举效应，推举桩腿向上行走。

（4）钻井平台波斯湾现场水下检验，增加了日费收入，避免了拖航、坞台占用和人员差旅费用，节支增收 1800 余万元。

（5）泥浆泵缸套活塞运移拆卸装置的现场应用，减轻了工人劳动量，减少了非正常材料损耗，节省了时间和材料成本，提升了现场本质安全水平。

（6）顶驱电机齿轮拆装先进操作法，利用液压膨胀进行联轴节的拆卸，利用平台烤箱对联轴节进行精确控温，保证安装质量，大大缩短了拆装时间，原来 15h 的工作现在 10min 就可轻松完成，节省了大量的时间成本。

（7）利用 7 寸油管现场加工制作挠性落鱼打捞工具，成功完成了 1000 多米的连续油管的打捞，为甲方赢了生产时间，为平台树立了良好形象，得到了甲方的赞誉。

（8）气马达先进操作法，利用燃油按时清洗、启动前放水、吹扫管路等，延长了气马达的使用寿命，为提升设备的安全性和可靠性提供了保障。

（9）吨包药品添加装置，将吊车部分彻底解放出来，年节约燃油 30 余立方米。

三、项目运用

平台竣工投产已整整 5 个年头，按照国家相关标准、CCS 相关要求，需要进坞特检。由于平台是 5 年的新平台，新度指数较高，而且期间有 5

个月的停工时间，在甲方施工任务紧张等综合因素考虑下，由平台提出申请，在项目部审查、公司批准、符合船检各项规范要求、CCS认可的前提下，决定在施工现场水下检验代替坞修检验。

水下检验中难度系数最大的几项工作是水下桩靴探摸、桩靴焊缝探伤、桩齿齿条探伤、水下拍照、录像等。要想完成这些工作，必须保持2条桩腿入泥一定深度，以保持平台的固定不动，1条桩腿桩靴底部升离海床面，同时桩靴面的淤泥彻底清理干净，这样先对首桩展开作业，当首桩桩靴底面升离海底平面时，潜水员下潜探摸，其上的淤泥高于2m，桩靴的面积为95㎡，减去桩腿的面积9.6㎡，所要清理的面积为85㎡，也就是有170m³的淤泥需要清理，是一项浩大的工程。

按照潜水员作业的以往经验，再加上录像、照相、探伤，这至少需要2天的时间才能完成。由于桩靴面上有喷冲阀，桩靴可以完全收回到桩靴箱内，这一有利的优势可以采用一边收桩靴、一边喷冲的方法，方便将淤泥清除。同时密切观察升降单元的电流和负荷的变化，当电流和负荷陡增时，及时停止升桩，喷淋等待几分钟，然后降桩，这样反复操作，同时调整泵压，直到桩靴在负荷和电流正常允许的范围内完全收回桩靴箱体内，然后再通过喷冲阀的压力水喷射到桩靴箱底部反射到桩靴面来加大清洗的面积，通过仅1h的作业，潜水员再次下水探摸，桩靴面淤泥基本清理完成。节省了大量的时间，提高了工作效率，为水下特检工作的高效、顺利进行提供强有力的支持。

四、项目优势

针对海洋钻井平台在现场使用过程中发现的诸多不利于安全高效生产的因素，积极制定相应的技改方案和配套措施，进行了立行立改，减轻了操作人员劳动量，提升了工作效率，降低了成本消耗，累计节支增收3000余万元，极大提升了设备的安全性、可靠性，绿色环保低碳，为安全高效生产保驾护航，为保障海洋石油勘探助力加油，为保障国家能源安全作出了积极贡献。

通用自动测试系统提升维修产线自动化水平

主创人员：张小辉、郭佳、唐荣、蒋佩华

单位：国营芜湖机械厂

亮点：本项目基于 ATS（automatic test system，自动测试系统），结合虚拟仪器、图像识别和工业协作机器人技术，研制了一种可适应不同种类控制盒测试的通用自动测试系统。该测试系统节约了设备成本，减轻了设备日常维护和管理负担，提升了维修产线的自动化水平。对不同类型控制盒测试信号进行归纳、整合，通过 PXI 总线资源板卡、工业摄像头适配机箱和测试软件的配置，在一套 ATE 测试平台上满足不同种类控制盒检测的要求，避免了类似硬件资源的重复投入。该系统分析操作员对控制盒的测试动作，将其整合为拨动、按压和旋转 3 种基本动作，设计专用工装配合机器手臂实现对控制盒上各种开关、按键的自动操作，实现了测试流程的自动化。

一、研发背景

该系统整合控制盒测试的硬件资源，通过适配测试机箱在一套 ATS 平台上实现不同种类控制盒的检测，避免了硬件资源的重复投入。系统内配置工业协作机器臂和工业摄像头用于测试中的自动操作和信号获取，配合软件流程控制实现了控制盒测试的自动化。

二、核心原理

通用自动测试系统采用"PXI 总线架构+六自由度协作机器人"的实现方式，系统架构如图 1 所示。

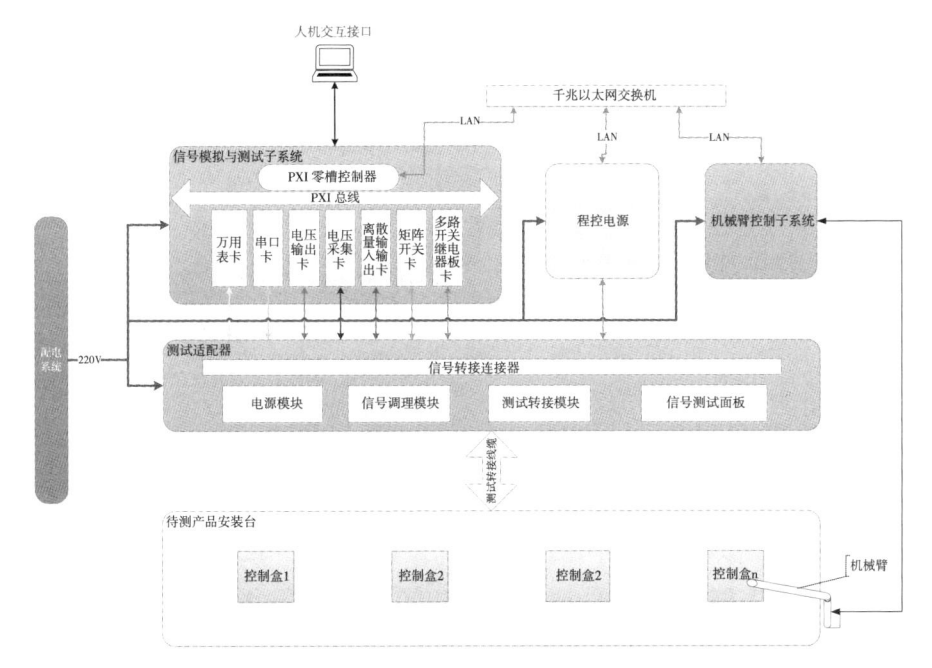

图1 通用自动测试系统架构图

测试所需的功能板卡、电源和信号调理模块、适配转接模块、控制和通信接口和协作机器人控制系统等硬件资源集成在一台38U高的电子机柜内，测试用功能板卡和仪表安装在PXI机箱内，通过千兆以太网交换机和外部程控电源、协作机器人控制子系统进行交联控制。

系统通过使用不同的适配器和转接电缆兼容多类型号控制盒的测试。电源信号和板卡信号通过内部转接电缆连接到测试适配器，实现测试信号调理、供电和其他输出信号控制。测试适配器输出通用测试信号，通过不同的产品转接电缆适配不同的待测产品。测试适配器接口满足VPC9025规范要求，将转接线缆和信号调理模块内置于适配器中，箱体通过导轨和工装直接固定在通用测试平台的测试资源转接箱上。当被测件发生改变时，测试资源不作更改，只需更换对应的适配器即可，方便快捷。

协作机器人子系统主体结构是控制盒安装固定的机械结构，通过网络接口接收主控计算机的控制指令并执行对应操作，配合图像采集结果和其他测试序列完成自动化测试。该系统具备受测试工控机控制和与之通信的功能，通过安装在其上的协作机器人配合专门设计的机械臂末端的工装夹具，实现控制盒上开关的拨动和按压操作。机械臂操作全过程都有设定的运动量程范围和保护力矩，当出现开关卡死或操作位置错误时，立即停止工作，恢复到初始状态，并发出告警，如图2所示。

待测产品专用结构工装和协作机器人固定在外部的操作平台上，操作台面外部设有保护网罩，防止机械臂运行过程中有异物进入，减少危险操作。

自动测试过程中，系统软件按照设定好的测试流程控制硬件资源和协作机器人子系统实现控制盒动作和电信号测试。工业摄像机采集图像，使用对应的图像算法进行处理，实现控制盒各种指示图像识别。

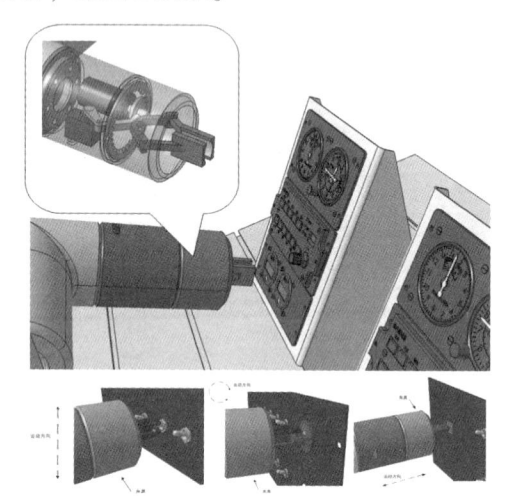

图2 协作机器人工作及操作动作示意图

三、项目优势

测试适配器接口满足VPC9025规范要求，将转接线缆和信号调理模块内置于适配器中，箱体通过导轨和工装直接固定在通用测试平台的测试资源转接箱上。当被测件发生改变时，测试资源不做更改，只需更换对应的适配器即可，方便快捷，如图3所示。

自动测试过程中，系统软件按照设定好的测试流程控制硬件资源和协作机器人子系统实现控制盒动作和电信号测试。工业摄像机采集图像，使用对应的图像算法进行处理，实现控制盒各种指示图像识别。

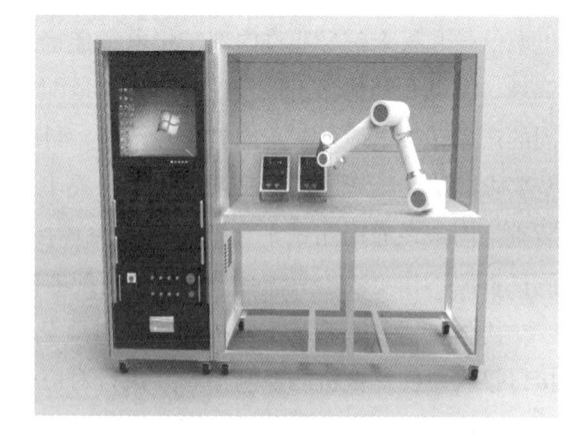

图3 通用自动测试系统外形图

应用磁悬浮透平风机替代水环真空泵节能50%

主创人员：戴乐玉、沈勤森、梁跃明
单位：民丰特种纸股份有限公司
亮点：应用先进的磁悬浮真空泵替代传统的水环真空泵，不但保障了造纸正常生产工艺的需求，而且节电、节水效果明显，同时降低了设备故障率，减少了工人的检修强度，不用密封水的同时现场环境明显改善，几乎没有废水排放，环境噪声显著降低。

一、研发背景

一般造纸机真空设备常用的有水环真空泵、普通透平真空泵等。水环真空泵效率低，易在泵体、叶轮等过流部位产生结垢和腐蚀等现象，日常保养维修量较大，环境噪声较大。普通透平真空泵虽然不需要工作液，一定程度提高了运行效率，但是无法满足和适应纸机动态真空度和抽气量的需求。

二、核心原理

经过与多家供应商技术交流，选择了一条生产线采用磁悬浮透平风机以替代水环真空泵。为确保纸机运行，生产不受影响，未拆除水环真空泵，磁悬浮透平风机与现有管道、阀门连接，并入现有真空系统，互为备用。

三、项目运用

改造后，经统计在各方面均达到甚至超越预期效果。
（1）节电方面。以前真空泵实际运行功率约420kW，使用磁悬浮透平

机后约210kW，对比节能约50%。

（2）节水方面。水环真空泵需要大量循环水、密封水来维持设备运行，更换磁悬浮透平风机后不再需要。磁悬浮透平风机只需要少量冷却用水，接入纸机循环水系统，重复使用。

（3）维修保养方面。除了定期关注磁悬浮透平风机高速叶轮工况，必要时清洗结垢外，一年多来没有发生过故障，也不需要定期维护更换备件耗材。

（4）长期地稳定运行，降低了原有水环真空泵故障时纸机生产中断，减少了产能损失。

（5）环境方面。一方面因没有使用水作为工作介质，现场基本没有泄漏的问题，设备及地面周边很干净；另一方面低频噪声大大降低，有利于实现环保达标排放，也有利于员工的身心健康。

四、项目优势

磁悬浮透平风机的应用达到甚至超越预期效果，在节能降耗、提升效率和保持现场环境方面效果显著。下一步，将对其余生产线进行推广，并进一步将透平风机出口高温气体的热能回收再利用，降低纸机蒸汽使用量，进一步节省生产成本。

研发 PVC 软带打孔机使效率提升至 5 倍

主创人员：赵林林

单位：石家庄市海山实业发展总公司

亮点：为了提高 PVC 软带打孔效率，压缩某型飞机交付周期，提升产品质量，针对性地研发制作了一台 PVC 软带打孔机，该设备采用一体化机械传动装置，实现了 PVC 软带机械自动化打孔作业，加工能力从之前人工手动打孔 0.3m/min 提升至 1.5m/min，效率提升至原先的 5 倍，且加工质量大幅提升。

一、研发背景

在航空装备修理保质增效、压缩飞机交付周期的大背景下，对飞机修理各环节都提出了严格的要求。由于飞机上有许多电缆、线束，会大量用到一种 PVC 软带来对其进行捆扎，而这种 PVC 软带需要人工进行打孔，某型飞机一架需要将近 260m 的 PVC 软带，人需要连续加工 667min 左右，占据了整架飞机装配周期的近 1/13，费时费力。随着精益生产的落实，研发小组针对飞机电缆捆扎用 PVC 软带的加工提出了改进措施，决定研发一款机械设备来取代人工 PVC 软带打孔，满足生产需求，保障航空装备保质保量交付部队。

二、核心原理

研发组成员利用 Auto CAD 软件对 PVC 软带打孔设备进行了 3D 建模，其中应用了新式的花盘间歇传动机构（见图 1）原理，很好地实现了 PVC 软带—打孔—牵引的机械传动，另外将凸轮连杆机构（见图 2）与花轮间歇机构进行同轴联接，一套一体化的自动打孔传动装置就能满足自动化加工 PVC 软带。

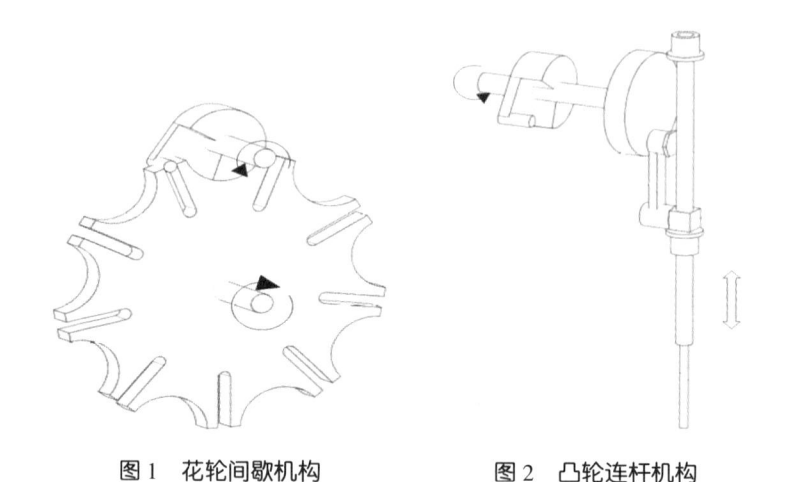

图1 花轮间歇机构　　图2 凸轮连杆机构

确认完传动原理后，研发小组又对其设备内的机构布局及外观等进行设计优化，经过反复的推演，利用3D建模，模拟动态试验，最终完成设备总体设计方案。

三、项目运用

PVC软带打孔设备加工出来的PVC软带可以很好地满足某型飞机上电缆、线束的固定捆扎需求，并且其加工质量也要远远高于人工加工的产品。PVC软带打孔间距要求为10cm，人工加工很难把握PVC软带上孔距的要求，如果要保证孔距那加工效率就会下降，而研发的PVC软带打孔设备则能解决这一问题。由于间歇机构是对称件，它每一段的传动都是等距的，从而能保证PVC软带打的孔是均匀等距的。再加上该设备搭载了一台150转/分的步进电机，使得其加工能力达到150cm/min，加工效率得到了一个很大的提升。该设备还使用了一种中空内锥形的不锈钢刀头，该刀头刚度大，用于切削这种PVC材质的软带十分好用，无黏滞现象，不会因为切削不到位而产生毛刺，大大提高了PVC软带原材料的使用率，减少了原材料的浪费。

四、项目优势

生产出来的PVC软带打孔设备，可应用于各种非金属料带的连续等距打孔作业，代替了人工打孔作业。为企业减少了人工成本和时间成本。同时该设备的精准度高，加工质量好，也能使原材料的利用率得到很大提升（如图3、图4所示）。

图3　设备加工效果　　　　图4　人工加工效果

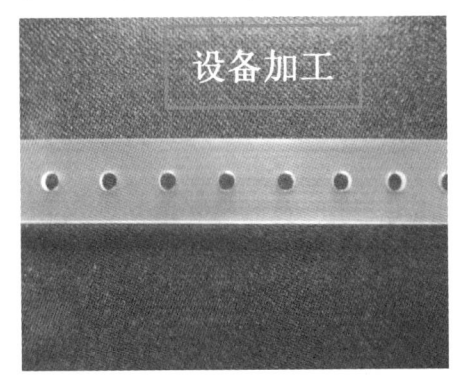

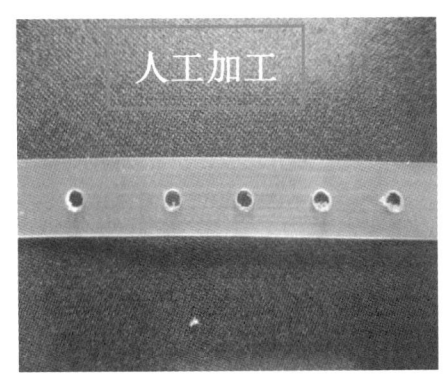

经统计，人工加工1000mPVC软带的报废率为30%，而PVC软带打孔设备（见图5）加工的软带报废率不到1%，加工质量大幅提升。

工厂每年需要维修近50架飞机，需要使用大量的PVC软带来捆扎、固定电缆、线束。按照一年计算，该设备可为工厂节省时间成本约28天，经济成本30万元。此外，PVC软带生产周期短且质量好，在外场维护保障使用中产生了不可估量的经济效益。

图5　PVC软带打孔设备

项目优势总结如下：

(1) 该设备设计精巧、可靠，加工效率及加工合格率高。

(2) 该设备设计人性化，方便使用和维护。

(3) 造价成本低，可大面积推广使用。

在造纸行业率先实施锅炉超低排放改造

主创人员：陶伟强、陈骏良、梁卫峰
单位：民丰特种纸股份有限公司
亮点：本项目不仅符合国家及浙江省的产业政策，体现以热定电、热电联产的原则；而且具有节约能源、改善环境、提高供热质量、增加电力供应等综合效益，有效促进当地经济可持续发展的优点；实现清洁化、高效化、信息化目标；生产工艺具有国内较先进水平，所选用的设备具有国内较高水平；能耗较低，资源消耗及污染物排放指标符合清洁生产要求。

一、研发背景

依照《浙江省地方燃煤热电联产行业综合改造升级行动计划》（浙经信电力〔2015〕371号）提出的清洁化、高效化、信息化目标，公司启动了以锅炉机组升级改造、尾部烟气超低排放改造、外电扩容等为主要内容的热电改造项目，开展热电改造项目工作。

二、核心原理

（1）高效化改造。淘汰2台链条锅炉，4台循环流化床锅炉恢复次高温次高压参数运行；淘汰2台中温中压发电机组，改造2台中温中压发电机组为次高温次高压发电机组（1台抽凝12MW+1台背压6MW）。

（2）清洁化改造。技术路线是锅炉烟气超低排放改造采用（SNCR+SCR）组合法脱硝+布袋除尘（利旧）+高效湿法烟气脱硫+湿式电除尘的处理方案，新上GGH烟气再加热装置和烟囱。

（3）信息化改造。实现生产运行及烟气污染物排放在线检测监控和信号上传监管部门。

三、项目运用

改造后,经统计在各方面均达到甚至超越预期效果。顺利实现了在基准氧含量6%条件下,烟尘排放浓度不大于5mg/m³、二氧化硫排放浓度不大于35mg/m³、氮氧化物排放浓度不大于50mg/m³的限值标准。同时,大大降低了相关方因为烟气排放等方面的环境投诉风险。

四、项目优势

本工程实施后,各项环保措施得以落实,不仅可减少公司每年所缴纳的巨额排污费,而且也减轻了其对周围环境的污染。脱硫、脱硝设施以及高效除尘器等设备的投入,保证了烟气中烟尘、SO_2、NO_X的达标浓度,使区域内的烟尘、SO_2、NO_X的排放总量都大大降低。各项废水处理措施的落实,可使所排放的生产、生活废水大部分综合利用,既减少了污染物的排放,减轻了对地表水环境的不利影响,又可节约大量的水资源。灰渣的综合利用,减少了堆存占地,保护了大量耕地。噪声降噪后能明显减轻对周围居民的影响。

设计电机等配套附件每年节省人力成本78万元

主创人员： 曲春林、尹飞、闫圣利、岳建峰
单位： 万达控股集团有限公司
亮点： 基于工厂现有长期闲置的电机、支架及其配套附件进行资源整合设计，制作一种可移动式吊装轮胎硫化机胶囊卡盘装置，由支架、万向轮、减速电机等组成，解决了轮胎硫化胶囊传统更换方式极为不方便、停机时间长、设备运转率低、生产效率低的问题，降低了更换模具员工的工作强度，极大地提高了工作效率，降低了生产成本，工作效率提高112%，节省人员、人力成本78.60万元/年。

一、研发背景

在轮胎硫化过程中，胶囊不断被加热、冷却、拉伸、折叠，因此，胶囊很容易老化，属于易损耗品，需经常更换。胶囊、上下卡盘重量大约为120kg，传统的更换方式为人工拆螺丝后需借助叉车将硫化胶囊卡盘挑出操作，作业时还需要人工协助，防止脱落，工人的劳动强度高，胶囊更换极为不便，因更换胶囊而造成的停机时间较长，降低了设备运转率，生产效率很低，借助叉车作业存在较大安全隐患，并且叉车作业会产生油料消耗，增加成本。

二、核心原理

针对模具更换作业流程复杂、效率低下、存在安全隐患等问题，基于工厂现有长期闲置的电机、支架及其配套附件进行资源整合，结合现场模具更换流程分析，设计制作一种可移动式吊装轮胎硫化机胶囊卡盘装置，实现模具更换时不需叉车配合，随时随地可移动穿插各机台进行模具

更换。

三、项目运用

（1）提高效率：该装置可随时随地穿插各机台进行模具更换而不需联络叉车等辅助设备，提高生产效率112%。

（2）节省成本：该装置是长期闲置的电机、支架及其配套附件进行资源整合，促使设备资源最大化利用，并且可节省叉车油料费及人工费约78.60万元/年。

四、项目优势

本装置是一套基于轮胎厂硫化机胶囊卡盘拆卸吊装装置，本着安全、快速原则，根据实际操作需要，随时可移动工作场所，适合多机台、多型号的硫化胶囊卡盘吊装，实现安全操作、快速拆卸，节省人员、人力和成本。

TnPM 提升"工装"精细化管理水平

主创人员： 马军涛、杨志芳
单位： 襄阳航泰动力机器厂
亮点： 拓宽 TnPM 管理范围，以 "6S、6H、可视化管理和定置管理" 现场四要素管理为抓手，对"工装"进行定置、点检、索引、定期维保等管理，将 TnPM 管理模式推广至现场"工装"精细化管理，有效提升现场精细化管理水平，改善现场工装摆放杂乱、无序、状态不清、异常损耗严重等实况，提升现场工装管理成熟度。

一、研发背景

工艺装备简称"工装"，是指产品生产过程中所用的各种工具、刃具、夹具、模具、测量工具、工位器具的总称。如果把航修人维修航空发动机看作医生给病人治病，那么工装就犹如医生手中的手术刀，因此工装日常维护管理就显得尤为重要，一旦工装出现问题可能会产生质量问题甚至造成飞行等级事故。

2019 年，工厂为提升精益管理成熟度，加强生产现场全方位全流程规范化管理，导入 TnPM（total normalized productive maintenance）管理工具，即全面规范化生产维护，其中一项重要的改进举措为工装 TnPM 管理应用推广。

二、核心原理

（1）根据使用人员范围、频率、工位，梳理区分共用工装与个人工装，分区分级管理。

（2）可视化与定置管理相结合，对所有工装进行形迹化定置和标识管理全覆盖，增加索引及台账信息化管理。

（3）开展实施工装"三清检"，确保工装去向清晰、状态良好，生产现场及修理产品无多余、漏检等失管失控工装。

（4）组织开展定期点检维护，及时发现异常问题并整改闭环。区分点检时机，保管人每班检查数量、状态，每月进行剩磁检查，重大节假日前后逐个点检，建立个人工装工作日点检表、个人工装剩磁检查记录表、个人工装定期修理点检表等信息档案，有效解决现场工装问题并可追溯。

（5）积极开展工装优化改进，加大工程自动化应用，组织对现场使用不便、效率低下、劳动强度较大工作进行改进，提升工作效率和质量，降低员工劳动强度。

三、项目运用

（1）选用耐酸耐碱耐油、无毒无臭成型效果佳的 PE 材质板材，制作工装形迹化定置模板，按照使用岗位、使用频率、形状大小，对 3 万余件工装进行形迹化定置，实现定置管理全覆盖，做到工装实物、区位、标识三相符，如图 1 所示。

图 1　工装及测具定置

（2）编制工装索引明细，填注工装名称、图号、数量、是否剩磁等信息，将打印、塑封好的索引明细粘贴在工装台架醒目位置，实现索引管理全覆盖，便于工装的查找、拿取及点检管理。

（3）利用电动、快卸、感应等自动化工程理念，组织对现场 300 多项工装进行改进，大幅提升生产维修效率和质量。

（4）充分识别工装规范化管理需求，制作 TnPM 工装管理索引，对班组工夹量具的点检、润滑、退磁、检测等进行规范管理，形成具有指导和推广意义的《班组工装 TnPM 管理指导书》，使得工装实物、记录、索引等相互对应、账物相符、状态清晰，信息资料存储和查阅规范、有序、快捷，实现了工装管理的系统化、规范化。

四、项目优势

（1）采用项目制管理模式，自上至下，领导重视、全员参与，通过设立 TnPM 推进联合体，系统策划项目实施，从计划、组织、指挥、协调、控制和评价全维度进行周密部署，从试点运行到迭代优化，从样板班组到车间乃至全厂推广，高效率、高质量推进工装规范化管理全覆盖。

（2）建立系统完善的工装日常管理机制，通过加强工装索引及台账管理、工装外观点检维护、剩磁检查、监督检查等措施，减少了工装非正常损耗及丢失，工装非正常损耗由 2016 年至 2018 年的年均 150 件降低到 2021 年的 16 件。

（3）有利于航空发动机维修行业外来物（FOD）防控，提高飞机维修质量。通过加强工装点检维护，能使工装保持良好状态，有效避免工装丢失或破损掉块进入飞机发动机，降低发动机维修过程带来的安全隐患。

研发水带卷积器助力消防工作

主创人员：黄伟

单位：永坪分公司延长石油销售有限公司

亮点：为提高消防工作效率，减少消防队员体力劳动，结合消防现场实际工作，研发了一台可以自动卷积水带的设备，能够最大限度地减少消防指战员的体力劳动，节约恢复时间，保障消防工作运行安全。

一、研发背景

永坪分公司延长石油销售有限公司（简称永坪分公司）油库属于一级重大危险危险源，所以配备了专职消防队伍，以保障生产运行安全，同时该消防队还肩负着周边地区的消防工作，每一次训练完毕，消防指战员还要对现场进行恢复，面对充满水的消防带，消防队员们拖着疲惫的身子，还要将其一卷卷地盘好，十分消耗体力。

二、核心原理

为提高工作效率，永坪分公司油库职工结合现场实际，设计研制了消防水带自动卷积器，如图1所示，最大限度地减少了消防员的体力劳动，减轻了消防队员的负担。

为了克服上述现有技术的不足，本实用新型的目的在于降低劳动强度，增加水带卷集速度。此项发明可以一次实现两盘水带的集束，电机转速控制在每分钟100转左右，5分钟内可以完成10盘水带的卷积工作。

图1　消防水袋卷积器

三、项目运用

通过现场应用,可以实现一个人在短时间内卷积数盘水带的成果,极大地节约了后期现场恢复的时间,减轻了消防队员的体力劳动。

四、项目优势

(1)提高消防队员的工作效率。
(2)减少消防后期恢复的时间。
(3)此项目前市面上还没有大面积推广。
(4)使用简单,易于操作。

油气回收装置技改为企业节省新建项目费 500 多万元

主创人员：景一鸣、马虎生、马堡、张生胜、王增文、吕军军、武邦、张永刚、刘胜飞、马国平、杨承达

单位：陕西延长石油（集团）有限责任公司销售公司榆林分公司

亮点：2022 年，为彻底解决发油环节中油气浓度超标的行业"顽疾"，榆林分公司自主实施航煤油气回收技改项目。技术攻坚小组通过多轮技术交流与研讨，制定管线改造方案，用不到 2 万元的改造成本，节省了 500 多万元新建回收设备的高昂费用，实现了航煤装车油气回收，有效改善榆林分公司现场操作人员的工作环境，消除安全环保隐患，助力公司安全生产。

一、研发背景

陕西延长石油（集团）有限责任公司销售公司榆林分公司（简称榆林分公司），坐落于榆林市高新开发区南侧，成立于 2002 年，是一家集石油存储与销售的大型石油存储基地，具备同时销售柴油、汽油、3 号喷气燃料以及公铁路装车能力，属一级防火防爆单位。

榆林分公司作为集团西北地区重要的成品油销售服务商，年均销售成品油 78 万吨左右。铁路栈桥与公路装车常年连续运行，针对航煤发运，按照原有配置的生产条件，其油气浓度控制是一项巨大的挑战，不仅影响现场工作人员身体健康，一旦超标，会引起火灾或爆炸等危险。当前，安装油气回收装置是行业内解决油气超标的主要途径。而对榆林分公司来说，首先需投入大笔资金，其次即使增设该装置，效果也不一定特别理想，管理难度相应也会增加。中转站拥有 2 套油气回收装置（500 m^3/h 汽油公路装车和 1000 m^3/h 汽油铁路装车），其回收的油品均全部打回汽油 4 号罐。因此，即便工艺流程打通，对航煤油气进行回收，但回收装置的油品严重

影响汽油 4 号罐油品质量。既要"有效",又要"省钱",面对这个棘手的挑战,中转站成立油气回收技改攻坚小组,根据《石油库设计规范》(GB 50074—2014)8.1.16 和 8.2.9 要求,攻关团队集思广益、盘活资源,制定油气回收技改实施方案。

二、核心原理及项目运用

根据榆林分公司原有 500m³/h 和 1000m³/h 汽油公、铁路装车两套油气回收装置,但航煤公铁路装车均无配套油气回收装置系统的现状,此次技改结合原有油气回收装置,利用管线改造替代增设油气回收装置,实现航煤油气回收。具体措施为:

(1)航煤装车区油气回收工艺管线接入公路油气回收系统(阀门控制),如图 1 所示。

图 1 工艺管线改造图

(2)封堵汽油 4 号罐底油气回收打油线阀门,如图 2 所示。

图 2 阀门封堵现场操作图

(3)拆除 500m³ 和 1000m³ 油气回收装置外打油管线法兰,去除该段管线（使用冷切割刀头断开 500m³ 油气回收装置打油管线，并在断开口处手动过丝用堵丝封堵），如图 3 所示。

图 3　拆除管线图

（4）另接管线使 500m³ 和 1000m³ 油气装置回收的油品打回混油罐，如图 4 所示。

图 4　新增管线图

（5）实施后现场情况，如图 5 所示。

图 5　改造完成图

三、项目优势

该项目的建成投运,实现了航煤公铁路装车油气回收目标,同时 $500m^3/h$、$1000m^3/h$ 油气回收装置所回收油品全部打回混油 2 号罐,解决油品质量问题,为兄弟单位实施此类项目提供有益的经验和借鉴。

(1)成本方面。减少加装 1 套 $500m^3/h$ 航煤油气回收装置,经初计算,可节约费用约 500 万元,同时提高了原油气回收装置的利用率。

(2)安全方面。符合《石油库设计规范》(GB50074—2014)要求,消除油气,降低现场工作人员油气中毒的风险。

(3)环保方面。达到国家节能减排的目的,助力实现"双碳"战略目标。

利用红外成像检测技术确保电力资产安全运行

主创人员：邹静岩、周维伟、董启鸣、张仕华、张昊
单位：天津市津海天源电力技术有限公司
亮点：绝缘子是电力设备绝缘中不可或缺的一部分，传统绝缘子的检测工作不但劳动强度大、安全性差，而且准确率不高。红外成像法是目前比较先进的检测方法，它利用绝缘子表面的热效应原理进行带电检测，可以远距离检测，安全、准确、效率高。

一、研发背景

绝缘子是各类输变配电系统线路中绝缘的重要主体，其保护作用主要是通过悬挂悬吊导线，并同时使悬挂导线与输电杆塔、大地等保持良好绝缘，对保证输配电系统线路运行的安全和稳定运行发挥着一个极为重要的保护作用。绝缘子产生劣化效应引起的闪络和击穿，已经成为输配电线路安全稳定运行的最大隐患。

目前绝缘子检测最常用的方法是短路叉法，又叫火花间隙法。该方法易于检测零值绝缘子，但是有两个缺点：一是需逐个测量所有绝缘子，费时、费工、效率低、需要登高存在较大安全隐患；二是检测时火花放电声音被电晕声音淹没且距离远，难以准确判断。

二、核心原理

红外成像法利用绝缘子表面的热效应原理进行在线检测。电力设备的红外热辐射发射信号，从而直接获得被测设备的热特征模式及其特征状态图谱，并根据这种热特征模式及其发热反应机制，判断被测设备本身是否已经处于正常发热状态。绝缘子发热原理分为以下三种：一是介质损耗致

热。在高压交流电压的驱动作用下，由于电流和介质的极化效应而产生的能量损耗。二是劣化产生的贯穿性泄漏电流致热。当绝缘子内部绝缘被严重破坏，发生劣化故障形成低值绝缘子时，内部会不断产生一种贯穿性的泄漏大电流，导致绝缘子发热。三是表面泄漏电流致热。当环境潮湿，相对湿度较大，表面受空气污秽腐蚀程度严重的绝缘子会迅速产生大量泄漏电流，在这种情况下，绝缘子发热主要为表面泄漏电流发热为主。

三、项目运用

某 220kV 线路通过红外仪器诊断检测，发现站内进线侧绝缘子串温度异常。检测图谱见图 1 所示。

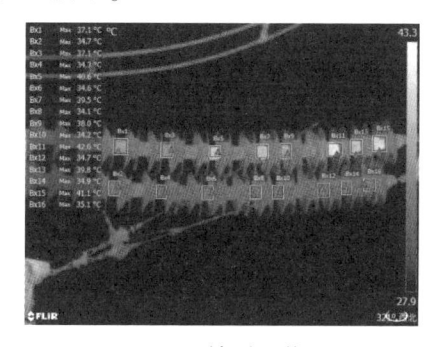

图 1 检测图谱

在相同环境下运行的绝缘子通过红外图可以明显区分上串和下串绝缘子温度的分布情况。检测图谱中温度异常的绝缘子为上串，该绝缘子以铁帽为发热中心的热像特征，比正常绝缘子铁帽温度高。

根据 DL/T 664—2016 规程初步判断上串温度异常的低值绝缘子，属于严重缺陷。

对有异常发热的低值绝缘子进行停电处理，对红外测温异常的绝缘子进行更换，停电更换绝缘子串发现多片绝缘子瓷盘、钢脚和钢帽内部放电腐蚀痕迹明显，钢帽有明显的裂缝，如图 2 所示，初步推断本次隐患发生的原因是绝缘子劣化引起的发热。

对拆除的绝缘子进行绝缘电阻测试，测试结果与红外测温一致，绝缘电阻均低于 300MΩ，属于低值绝缘子，红外热成像检测结果与绝缘电阻检测一致。

图2 瓷盘、钢脚和钢帽内部放电痕迹明显

四、项目优势

红外热成像技术在输配电线路绝缘子状态检测和分析应用的可行性和有效性，为我们输配电线路绝缘子性能检测，特别是零值和低值绝缘子的检测开辟出了一条"安全、准确、方便、高效"的通道。在我国电力系统的日常运行中，绝缘子是电网的重要组成部分，其运行状态直接决定电力系统的安全稳定，所以对绝缘子进行红外检测是电力运维中不可缺少的一项。通过红外热成像技术来检测输配电线路中绝缘子的绝缘情况，经实践证明至少提升80%的工作效率，更重要的是保证了运维人员的人身安全。积极地开展状态检测是保证用电可靠性和电力资产安全的有效手段。

高效节能型磁悬浮风机年均节约电耗量 201 万千瓦·时

主创人员：周会军、邱莲莲、曹祥伟、陈恒峰、陆明
单位：本元智慧科技有限公司
亮点：随着技术的发展，特别是磁悬浮轴承技术的发展，案例采用"磁悬浮轴承技术+高速永磁电机技术"结合高效三元流叶轮技术独立自主创新研发磁悬浮风机，成为替代传统风机（罗茨风机、多级离心风机、单级高速离心风机）改造的一项新的技术路线，可以提高对宽负荷、硫分波动大的适应性，大幅降低系统运行风险，保证机组安全经济运行和带负荷能力，同时极大节约能耗，达到高效节能、集成一体化、智能控制、免维护的效果。

一、研发背景

脱硫吸收塔原氧化风机为两叶罗茨风机，如图 1 所示，风机出口流量为 107.5 m^3/min，出口压力为 80kPa，转速为 980r/min，配套电动机功率为 220kW，电动机额定电压为 380V，电动机转速为 980r/min。在日常运行中，根据机组负荷及烟气二氧化硫浓度，运行人员调整氧化风机运行方式为二用一备或三台全开。由于运行时间长、机型老旧，故障率高，能耗高，噪声超 90dB，超过相关环保规定限值。

二、核心原理

该项目采用的磁悬浮风机主要结合了四大技术：磁悬浮轴承及控制技术、高速永磁同步电机技术、三元流气动技术及智能化控制技术，由高速永磁同步电机和高效三元流叶轮直接驱动连接，无接触、无摩擦、不需润滑，彻底消除了传动损耗，实现风机的高效、经济、环保运行，如图 2 所示。

图 1　改造前罗茨风机　　　　图 2　改造后磁悬浮风机

1. 磁悬浮轴承及控制技术

采用五自由度磁悬浮主动控制轴承，包括两套径向磁轴承、一套轴向磁轴承，以及两组位置传感器、一套控制器，如图 3 所示。磁悬浮轴承保证设备在通电时，通过磁力使转子系统悬浮，完全做到无接触、无摩擦、不需润滑油。每秒钟超过 10000 次的信号采集和实时校正，保证转子运转平稳。磁悬浮轴承采用自平衡技术，可以根据主轴的变化自动调节，保证转子的平稳运转，并且带自发电保护功能和辅助轴承的双重保护，保证外部突然停电，转子仍然能够正常运行。

2. 高速永磁电动机技术

采用高速永磁同步电机，可以实现高转速，体积小、重量轻；与叶轮直连驱动，省去齿轮箱，完全消除传动损失，系统传动效率高，高效节能。电机绝缘等级为准 C 级，工作方式为 S1 连续工作制，可靠性高。电机功率大于设计工况范围内的最大负荷值，在鼓风机整个设计工况范围内，电机效率高达 98.0%。

3. 智能化控制系统

以 DCS 为通信主站、PLC 为辅站，通过各个外部传感器对鼓风机的压力、流量和温度等数据进行采集，经由 I/O 端口处理，传输给 PLC，同时直接采集磁控制器上监控的磁轴承各个方向位置的数据、变频器反馈的实时转速、电压、电流、功率、变频器温度和报警信号，通过逻辑控制和运算，进行自动控制。

(a) 轴向磁轴承 　　　　　　　(b) 径向磁轴承

(c) 磁控制器 　　　　　　　　(d) 辅助轴承

图 3　磁悬浮轴承系统及其控制器

三、项目运用

（1）集成度高。磁悬浮高速电机"机电磁"功能集成度高，同时实现检测、悬浮、旋转等多项精密设计的功能。几何尺寸小，功率密度高，有效节约物理材料和工作空间。

（2）高效节能。磁悬浮高速电机采用同步永磁技术，效率高；叶轮采用全三元流后弯式设计，工况范围宽，效率高；同时电机与叶轮直接相连，省去机械传动变速装置，提高了系统效率和系统可靠性。

（3）低噪声低振动。每秒超过10000次的信号采集和实时校正，精确控制转子轴心位置，轴心偏移控制在微米范围内，采用自平衡技术，振动量比传统轴承小一个量级。

（4）可靠性高。采用轴带冷却叶轮自冷却技术，空气流道设计合理而巧妙，配套设计有电机散热翼翅，温升低，冷却系统简单可靠，免维护。

（5）免维护。磁悬浮轴承无接触，无摩擦，不需润滑，日常作业仅需更换过滤器，基本免维护。

四、项目优势

本项目很好地解决了原脱硫氧化风机噪声大、能耗高的问题，目前磁悬浮风机一用二备即可满足机组运行需求。氧化风机改造前，每台罗茨风机运行电流在330A左右，改造后，磁悬浮氧化风机运行电流在180A左右，依照每台机组平均每年7500h的运行时间计算，改造前，两台氧化风机每年运行电耗量约为280万千瓦·时，改造后，1台磁悬浮氧化风机每年运行电耗量约为79万千瓦·时，因此，初步估计每台机组脱硫氧化风机改为磁悬浮离心鼓风机后，平均每年能节约201万千瓦·时的电耗量，相当于节省644吨标煤，减少碳排放1581吨，节能效益相当可观；而且有效减轻了噪声污染，改造前，罗茨风机本体1米处噪声达到110dB（中高频噪声），而改造后，磁悬浮风机的噪声只有79dB左右，其对社会环境保护的贡献是巨大的，同时也节约了检修维护成本，增加了设备运行的可靠性，为机组安全、稳定、经济运行提供了有力保障。

改造除杂设备产生明显经济效益

主创人员：刘玉民、马骏、孙延钊、赵强、卢俊鹏、赵喆、赵浩东、马洪晶

单位：山东中烟公司济南卷烟厂

亮点：为解决制丝生产线光电除杂设备前物料无法摊薄、影响杂物剔除效率问题，本案例设计了一种均匀布料装置。在除杂设备前的两级输送机之间，加装旋转式均匀布料装置，通过调整其转速，使二级输送机上物料达到最大宽度且均匀分布。采用数值仿真模拟技术，利用EDEM软件对物料经过旋转锥盘后颗粒运动轨迹进行数值仿真，考察了安装匀料装置前后物料分布情况，物料宽度增幅由安装前的103.7%提升至安装后的131.7%。基于仿真结果，进行了均匀布料装置的制作、安装及除杂效果试验。结果表明：安装均匀布料装置后，一是物料分布宽度增加650mm，物料厚度降低55mm，有效提高了片烟暴露率；二是光电除杂装置杂物剔除率由86.67%升至95.56%，误剔率由0.23%降低至0.15%。该技术可为提高制丝杂物剔除率及控制物料均匀分布提供支持。

一、研发背景

烤后烟叶常常混杂麻绳、羽毛、塑料、纸片、金属等异物，在打叶复烤及制丝加工阶段需使用烟草异物剔除系统将其剔除，以免影响产品质量及设备性能。目前，我国烟草行业常用的异物剔除系统包括风分异物剔除设备、光电异物剔除设备、金属异物剔除设备。其中光电除杂设备采取两种方式进行杂物剔除，分别为激光除杂和图像除杂，其原理为利用烟草与异物的颜色差异或对激光选择性反射吸收的差异进行异物剔除。相较于其他两种异物剔除设备，这种光电除杂设备精度较高，但需要对物料摊薄处

理，使其能够准确识别、区分烟草表层异物。现制丝生产过程中，光电除杂设备一般采用带式输送，物料的摊铺密度较高，杂物不可避免地被烟叶夹带，限制了除杂效率的进一步提升。因此，本研究从工业应用角度，研制了一种均匀布料装置，运用EDEM数值仿真软件，考察安装匀料装置前后颗粒分布情况，并进行实际效果验证及应用，以期为提高除杂设备效率，促使其在工业企业的推广应用提供参考。

二、核心原理

根据星辊输送机与供料皮带机布局，设计了一种适用于辊式输送机的烟草均匀布料装置，将来料布宽摊薄，使900mm皮带输送的物料均匀分布于1735mm的星辊输送机上，输送至光电除杂机，提高除杂效率。物料经供料皮带机下落至星辊输送机，无外力作用下仅能垂直下落，无法完全利用星辊输送机两侧空间。研制的旋转式布料装置由旋转布料锥盘、机架、驱动机构、电控系统、安全组件等部分组成。在供料皮带机落料口下方，采用旋转式布料装置，确定合适的设备尺寸、安装位置，将烟草物料均匀摊薄、布宽。为了确保物料均布后铺满整个星辊幅宽，分料盘安装点位置应位于皮带输送方向中线位置，且与供料皮带抛料惯性落料点重合，即物料落在分料盘的顶部，在转动离心力的作用下沿圆周方向布料。

三、项目运用

物料经上方供料带下落至下方输送带，无锥盘时，烟草物料于供料带中宽度为820mm，安装均匀布料装置后，落入输送带宽度显著变宽，达1080mm，物料宽度增幅由安装前的103.7%提升至安装后的131.7%，有效达到了均匀布料装置将物料布宽摊薄的目的。

截至2023年6月该创新发明项目在济南卷烟厂制丝车间三条生产线推广应用。应用后效果：一是解决了上下级设备宽度展开物料不充分的问题，提高了下级设备的工作能效；二是解决了改造前因为落料点物料堆积导致的偶发堵料问题，降低了生产线操作人员的劳动强度，提高了设备运行安全性；三是提高了生产线生产效率，降低了物料消耗。

四、项目优势

该项目设计了一种适用于制丝生产线光电除杂设备的均匀布料装置，由布料锥盘、机架、驱动机构等构成，具有将物料摊薄、布宽的作用。该装置同样适用于不同宽度输送带衔接下，物料的均匀分布、混合。经试验验证，加入此均匀布料装置后，松散回潮后杂物剔除率由86.67%提高至95.56%，误剔率由0.23%降至0.15%，有效提升了制丝生产线杂物剔除效率，年均创造经济效益288.8万元人民币。

创新维修模式六大要点大幅降低设备维修成本

主创人员： 胡中辉

单位： 河南平高电气股份有限公司机械制造事业部

亮点： 为充分发挥河南平高电气股份有限公司机械制造事业部（简称事业部）设备维修资源优势，通过规范团队组织构架，设定专业小组，确保责任清晰；梳理现有维修资源，确认主营业务和发展方向；改变"大锅饭"的粗放维修管理模式，实行维修计件制；建立维修服务承诺机制，健全维修后评价；优化薪酬体系，激发维修活力。流程固化、作业标准化等设备维修管理创新与应用，不仅调动了维修人员工作积极性、主动性和创新性，而且降低了设备维修成本、增加了对外维修收入。

作为国有大型制造型企业，事业部设备管理形势严峻，面临着诸多问题：一是国有企业体制下，重安全与生产，设备维保重视力度不足，生产严重挤压必要维保时间。二是维修体制驱动力不足，绩效工资体系不能体现多劳多得，维修人员主观干劲不足。三是多为精大稀设备，设备维修难度较大，而三、四线城市维修资源匮乏，委外维修不能满足事业部生产需求，因此，推进设备维修管理体制改革，进行适当的设备维修管理创新与应用，探索新的设备维修模式势在必行。

一、规范团队组织构架，设定专业小组，确保责任清晰

设立3个专项工作小组。包括团队管理、保障组，主要负责团队整体运行、年度目标制定、团队制度流程的建立与管理、对外维修业务拓展，负责备件采购、委外维修、后勤保障服务；设备维修业务组，主要负责事业部所有内部维修业务，负责备件进度管控，设备改造，大、项修，对外业务维修，维修人员业务管理；专业保养、保障组，主要负责设备技术状态鉴定，设备精度专业调修，专业检查和保养业务，设备油液更换，设备

接地电阻检测，安全标准化，所有管道、照明灯具、移动工器具维修，配电线路安装，培训。

二、梳理现有维修资源，确认主营业务和发展方向

根据现有维修资源及目前的发展现状，确认包括设备设施维修、专用设备设计改造、备件制造及销售、工程安装、设备技术状态鉴定、专业检查、保养服务和培训服务在内的主营业务，主要承担平高集团内及河南省电力公司内的设备设施维修相关服务，不断拓展业务范围，逐步向设备升级改造、工装卡具改造、设备上电气开关柜设计，以及成套、智能制造设备选型与安装等方向扩展，在社会上寻求战略合作伙伴，搭建综合检修服务平台。最终形成一站式备件、一站式检修服务、一站式设备服务公司。

三、改变“大锅饭”的粗放维修管理模式，实行维修计件制

将事业部所有设备种类按照部位进行标准维修工时定额，明确“多劳多得，劳而知得”的计件工资体系，建立标准工时简表（如图 1 所示），提供设备设施维修、点检、保养培训服务，其他搬迁、设备改造、换油、专业点检保养培训等增量业务以详细报价单的形式一事一报。

	A	B	C	D	E	I	J	K	L	M
1	序号	设备名称	数量（台）	检修内容	具体维修项目	核算后维修计件工资（多人/项）	专业预防检修收费标准（台/元）	技术状态鉴定（台/元）	接地、绝缘电阻检测（台/元）	安全标准化（台/元）
5				机柜冷却单元	机柜冷却风扇，冷却空调，供电	900				
6				NC/PLC单元	系统级报警，PLC报警，备份，重装，更换NC/PLC，数据	1350				
7				伺服电机	更换各轴伺服电机，动力线，反馈	900				
8				传感器	包含各轴限位开关，接近开关，压力检测开关，流量检测开关。	2250				
9				调整精度	各轴的精度由参数优先调整，各轴配合精度，后机械精确调整，参数优化	4260				
10				液压系统	各轴夹紧松开，主轴平旋盘转换，主轴抓刀松刀，附件头加紧松开，各个液压管道及电磁阀，逆流发，阻尼阀，调节阀，流量检测阀，所有压力表，密封圈。滤芯、油管	3600				
11				传动系统	各轴连接部件，轴承，齿轮，轴，丝杠，滑配，套。	3360				
12				主轴箱部分	主轴轴承，润滑，冷却，传动，电机与主轴箱连接。	3600				
13				工作台	电机与工作台传动箱连接，齿轮，丝杠，轴承，套，滑配，销子。	2460				
14				刀库	与各轴几何精度调整，定位，刀库门，电机与卷扎门连接，轴承轴，齿轮	990				
15	1	落地镗	3	冷却	冷却泵，连接管路，管路转换	1680	18000	2400	30	90

图 1　标准工时简表示意图

四、建立维修服务承诺机制，健全维修后评价

建立健全维修服务承诺及维修后评价机制，努力提高服务质量，以客户的需求为导向，全心全意为客户服务。采取的措施主要包括：一是工作日期间，接到报修后1小时内到达现场检修，非工作日期间3小时内到达现场检修，每超出10分钟扣除本项计件金额5%，扣完为止，扣完还未到场，扣除主管业务组长当月整体计件5%。二是在车间按照计划保养检修的前提下，保证重点大型设备可开动率在70%以上。可开动率＝1-（故障停机时间/设备两班应开动时间）。三是故障维修后，按照维修行规保修3个月，3个月内出现同部位同类故障不收取计件费用。四是保证事业部重点设备故障率≤1.5%。五是在设备维修过程中，对恶意修改设备原有线路，人为设置故障的团队人员，一经发现，取消其3个月计件工资，取消评先资格，如再次发生，清理出维修团队，交事业部处理。六是如管理技术人员不作为，消极怠工，一经发现，取消其3个月绩效工资，取消评先资格，再次发生清出维修团队，交公司处理。

五、优化薪酬体系，激发维修活力

内部维修与对外维修均实行计件工资制，计件标准一致，分配原则体现多劳多得。一是维修技能人员计件标准：结合历史数据，维修技能人员实行计件总额分配制。计件部分按当月完成任务数提取计件总额，并按照计件数量和工作分工实行分配。二是管理技术人员绩效工资核算办法：管理技术人员月度绩效工资总额＝管理技术人员按固定部分+绩效工资。其中，月度绩效工资＝年度预算÷12×6%-实际月度维修费用×2%+月度对外维修利润×17%。

六、流程固化、作业标准化

为规范设备报修维修流程，强化设备维修进度管控，设备维修管理创新团队对报修流程进行优化，同时，建立设备故障进度管控表，明确故障报修、现场诊断、备件采购、委外维修等进度节点，由专人维护，进行整

体进度管控。在实行过程中，为了进度管控拟建立移动应用平台，建成设备管理移动微应用，为设备管理提供快速便捷的移动应用服务，全面提升设备管理信息化应用水平和用户体验。

该维修模式已在事业部推行3年，推行效果显著。期间，维修人员积极性发生巨大转变，维修任务下达后争相接单，出谋划策，维修服务满意度得到较大提升。设备维修时间大幅减少，与同期相比，平均故障维修时间减少51.13%。设备故障率同比降低34.22%，目前重点设备故障率为1.07%。推进修旧利废专项活动，将维修工由"换件工"转变为"修理工"，备件采购数量同比减少24.56%，备件采购金额同比下降29.85%，委外维修金额同比下降13.29%，维修费用大幅降低。同时该维修模式可以迅速进行复制，尤其是对委外资源比较匮乏的企业具有较大的借鉴意义。

360吨冶金吊检修综合效率提升工装成功破解该领域技术痛点

主创人员：杨小勇、李友成、王洪、苟刚、伍永刚
单位：攀钢集团西昌钢钒有限公司
亮点：该项目团队计了一套可调节、可拆解、可升降、可移动的防倾倒运载小车，实现了大型桥式起重机车轮组安全、高效、平稳移动更换，目前该装置已全面推广至车轮组更换作业中，作业安全风险大幅降低。该检修方式的创新，彻底颠覆了以往"拖、拉、拽"的危险作业方式，破解了"冶金企业检维修行业"的一个痛点，从根本提升了检修安全的本质化水平，也提升了检修效率，对国内外同行具有较强的借鉴和推广意义。

一、研发背景

大型桥式起重机作为炼钢工序物流系统中的核心设备，主要承担钢水罐的吊运，其高温、重载、高频等工况环境，造成车轮更换频繁。因空间狭窄，在作业时汽车吊无法直接吊装车轮，需用手拉葫芦多次倒运，在对车轮进行拆除、移动、安装的过程中，容易发生倾翻坠落、人员挤压伤害等危险，该作业方式存在时间长、强度大、效率低、安全风险大等危险因素。历史上人员伤害事故时有发生，针对桥式起重机的重要性与检修过程中的痛点、难点，研究如何创新车轮更换的作业方式，达到安全、优质、高效进行车轮更换作业，成为摆在项目团队面前的课题。

二、核心原理

该项目小组以工装设计创新为切入点，设计了一套可调节、可拆解、可升降、可移动的运载小车，将传统的"倒出"方式改为"导出"方式，即不再采用手拉葫芦进行吊装、倒运、拖拽、移出，而是将拆卸后的车轮

组的支撑点由"一条线"变为"两条线构成一个面",以实现车轮组在自由状态和移动过程中的力学平衡,达到安全本质化检修,同时提高作业效率,降低劳动强度,为生产稳定、物流畅通创造了有利条件。

吊车车轮更换的传统作业方式如图1所示。

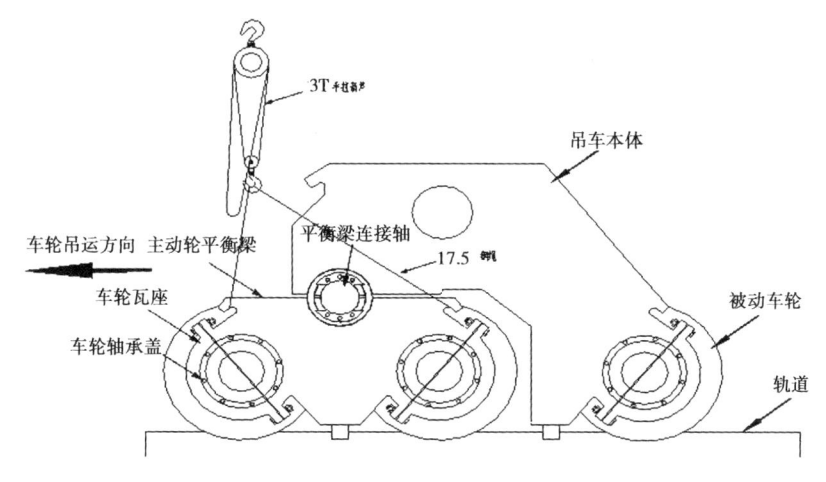

图1 吊车车轮更换的传统作业方式

三、项目运用

目前该工装设计已推广至西昌钢钒炼钢厂11台360吨桥式起重机车轮检修项目中,通过360吨吊车车轮组更换工装的设计、研究及现场实践不断更新迭代,实现了高效稳定安全更换车轮组,自2021年8月创新检修方式以来,车轮更换效率得到明显提升,将以往"拖、拉、拽"的作业方式,优化改造为只需汽车吊、运载小车与人员轻松配合,即可完成车轮的"导向移出",实现了轻松、方便、快捷,也实现了安全本质化的飞跃。

四、项目优势

创新作业方式实施后,作业时间稳定受控,单次车轮更换时间的误差仅为5%,不超过10分钟,单边车轮更换时间由原来的8至10小时缩短至6小时左右,效率提升25%,完全满足生产工序对设备的要求,也实现了产品质量对工序时间的稳定性需求。从2021年至今,未发生一起因车轮更换时间异常而影响生产工序的现象发生,从根本上解决了设备对工艺的瓶颈限制。传统作业方式与创新作业方式对比见表1。

表1 传统作业方式与创新作业方式对比

方式	耗费时间	投入人员	劳动强度	安全风险级别
传统作业方式（单组主动车轮）	5小时	8人	Ⅲ级	中高风险
创新作业方式（单组主动车轮）	4小时	5人	Ⅱ级	中低风险

船舶设备监控数据智能存储设计实现了三个国内首创

主创人员：郭育、王冠、卫宁

单位：中国船舶集团有限公司系统工程研究院

亮点：本创新设计实现了三个国内首创：一是首次在船舶设备设计中采用虚拟机，实现了弹性资源管理，可以根据用户的使用需求自动创建虚拟机并对其进行管理，当物理机出现故障时，虚拟机可以迁移，提高了数据的安全性。二是首次在船舶设备设计中实现了实时虚拟化和非实时虚拟化的融合，解决了传统虚拟化技术实时应用的短板，满足了监控数据的实时性使用要求。三是首次在船舶设备设计中采用超融合存储技术，通过感知系统的实际存储负载状况，自动联动基础存储架构，实现了存储资源的自动映射和资源调度，从而提高了数据的存取效率。

一、研发背景

针对船舶设备监控数据所具有的数据多样化、异构化、分布式等特点，采用虚拟化技术为其提供跨数据源、跨平台的数据集成、管理与整合服务，实现了面向全船所有设备监控数据的软件定义的分布式数据中心基础管理（见图1）；实现了显示资源、存储资源、网络资源的统一调度和管理；达到去中心化解决数据孤岛问题，使每个监控设备均能获取全船数据，为实现大数据辅助监控提供了最基础的保障。

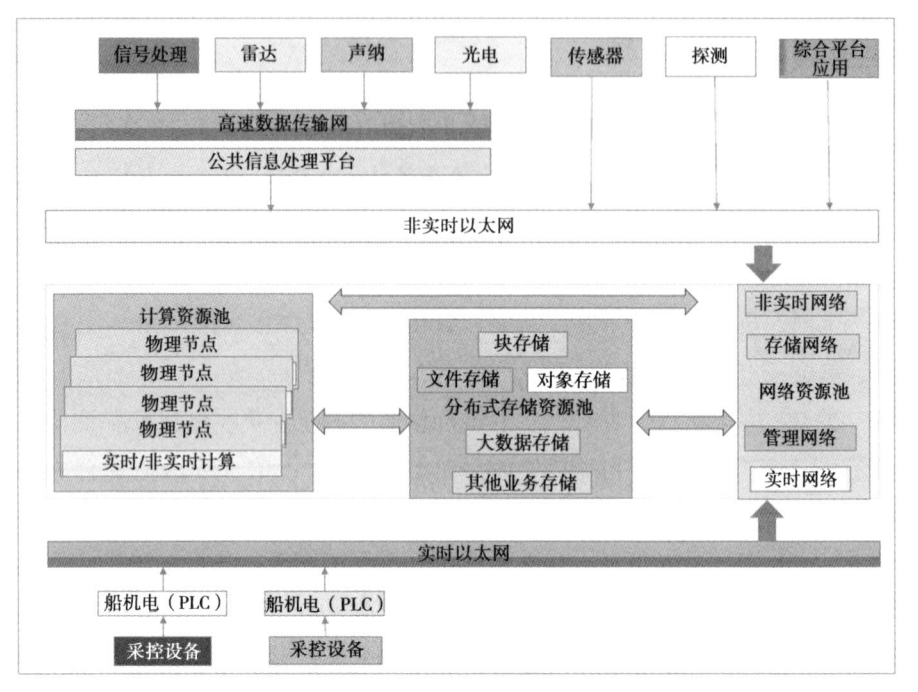

图 1　船舶设备监控数据智能存储设计

二、核心原理及方案

（1）技术原理。利用虚拟化技术进行数据资源管理，包括物理资源管理、虚拟资源管理、虚拟机管理等。在设备的硬件之上开发一套硬件访问控制层，用于控制上层操作系统对硬件的访问。同时，开发一套安全隔离内核，确保硬实时环境在计算、内存、I/O 等资源上与非硬实时环境是安全隔离的，以便实现在一台物理机上同时支持硬实时虚拟化、软实时虚拟化以及非实时虚拟化。

采用超融合数据存储技术，基于"分布存储、集中管理、业务隔离、自助运维"的一体化集成思路，实现数据应用负载和基础存储资源供给额度的自动关联，通过感知设备的实际存储负载状况，自动联动基础存储架构，进行基础存储资源的弹性扩展，实现存储资源的自动映射和资源调度。

（2）技术方案。在设备设计时分为基础设施环境层、虚拟化层、资源池层、运维管理层和服务门户层。基础设施环境层，是指各类物理设备资源，提供船舶设备监控数据；虚拟化层，是指在基础设施之上，通过虚拟化技术实现的，使得CPU、内存、磁盘和I/O等硬件变成在逻辑上可以动态管理的虚拟化资源；资源池层，是指对数据存储和计算资源进行池化，形成资源池层；运维管理层，是指用户进行日常运维管理的平台门户；服务门户层，是指用户对虚拟机进行访问和管理的平台门户。

将设备监控数据分为实时性数据和非实时性数据，在一台物理机上同时支持硬实时、软实时以及非实时虚拟化，通过灵活、简单的配置，用户可以自由决定一台物理机上硬实时/软实时/非实时使用哪些数据资源。利用超融合数据存储技术将数据分散存储在多台独立的物理设备上，通过网络聚合起来，实现模块化的无缝横向扩展，形成统一的存储资源池，以满足大规模存储数据的需要。

三、项目创新及运用

（1）首次在船舶设备设计中采用虚拟机，实现了弹性资源管理，可以根据用户的使用需求自动创建虚拟机并对其进行管理，当物理机出现故障时，虚拟机可以迁移，提高了数据的安全性。

（2）首次在船舶设备设计中实现了实时虚拟化和非实时虚拟化的融合，解决了传统虚拟化技术实时应用的短板，满足了监控数据的实时性使用要求。

（3）首次在船舶设备设计中采用超融合存储技术，通过感知系统的实际存储负载状况，自动联动基础存储架构，实现了存储资源的自动映射和资源调度，从而提高了数据的存取效率。

四、项目优势

（1）专利情况。已获得三项专利：①一种在线修改虚拟机内部配置的方法（专利号：201911193576.3）；②一种针对实时虚拟机实例管理的方法（专利号：201911156785.0）；③一种实时虚拟机部署的方法（专利号：201911156740.3）。

（2）应用价值。目前船舶设备采用集中的存储服务器存放所有数据，使存储设计成为制约设备可靠性的设计瓶颈，不能满足大规模数据存储的需要。虚拟化技术在很大程度上能够提高数据集成的敏捷性和灵活性，例如，用户可以通过单一接入点来访问不同数据源的数据，数据服务面向所有的用户，能够避免数据的物理转移，提高数据使用率。监控数据智能存储设计是一种综合性前沿技术，将其应用于船舶设备，可以大幅提高监控水平。

鉴于船舶设备监控数据对于船舶安全的重要性，船舶设备监控数据智能存储设计在船舶行业具有很高的推广应用价值，其市场前景十分明朗。

船舶探测系统智能决策设计方案创造效益超亿元

主创人员： 郭育、王冠、卫宁

单位： 中国船舶集团有限公司系统工程研究院

亮点： 船舶探测系统智能决策设计方案解决了在传感器有限的情况下，对环境和态势进行准确感知与决策的问题。同时，解决了利用智能体自学习和自适应能力快速完成决策的问题，通过对智能体输出策略的控制，实现了船舶探测系统的智能决策，从而提高了船舶系统的智能化水平。该项目已在20多个船舶型号中得到应用，为船舶智能决策探测装备总装集成单位创造了超过1亿元的经济效益。

一、研发背景

随着AI技术的发展，船舶探测系统面临的任务越发复杂，通常要求系统能够在未知环境中自主完成任务。为解决船舶探测系统在未知环境及不确定性任务方面的决策问题，船舶探测系统必须具备自主地综合各传感器提供的感知信息，并实时与环境进行交互的能力。但是传感器收集到的感知信息是不全面的，其中夹杂着各种噪声，同时，船舶探测系统的决策也具有不可预知性，这种不确定性为智能体的规划和感知带来了很大的挑战。目前的任务决策方法主要适用于解决确定性条件下的静态决策问题，而在实际应用时，由于船舶探测系统的任务环境存在部分可观测性以及可能存在对抗行为，因此决策时所依赖的环境是不确定且动态变化的。

综合考虑任务的不确定性与突发性，船舶探测系统之间的竞争与协作关系，本项目旨在通过训练智能体使船舶探测系统能够以自我为单位，克服环境不确定性与动态性所带来的影响，进而做出整体效果最优的实时决策。

二、核心原理及方案

（1）技术原理。定义智能体的观测空间和动作空间，如果环境是完全可观测的，则观测空间实际上就是智能体的状态空间；如果智能体不能完整并准确地观测到自身所处状态，则决策问题从完全可观测问题转化为部分可观测问题。此时，需要考虑观测函数，用于决定智能体所处状态的观测情况。将智能体用以决定如何采取动作的机制表示为由参数确定的深度神经网络模型，智能体按照策略与环境交互过程中的"产生状态-动作序列"，将智能体获得的累积奖励表示为"状态-价值函数"，将执行动作之后智能体获得的累积奖励表示为"动作-价值函数"。

通过智能体与环境交互产生数据，根据这些数据学习智能体的策略，设计相应的奖惩函数，让训练完成的智能体按照已经学习的策略与环境交互。在进行红、蓝智能体的对抗模拟时，红蓝双方共同感知环境的状态，智能体根据环境状态为红蓝双方决策动作，在模型训练时设定蓝方策略，并根据蓝方策略实现红方智能体模型的训练。依据多次试错所获得的瞬时奖励值选择行为策略，同时考虑环境的不确定性和目标的长远性，当红方智能体训练过程中输出的奖励曲线呈现收敛趋势后，则固定红方智能体，开始训练蓝方智能体，并调整训练的轮数，使蓝方智能体的奖励曲线呈现收敛趋势。

（2）技术方案（见图1）。根据智能体所在位置的经纬度获取当前位置各个方向的探测距离。使用设定的规则策略进行对局。为智能体设定训练程序，如果获取的是重复的状态信息，则不执行动作，直到获取了不同的状态信息为止。由于平台更新状态信息时间并不固定，训练程序间隔固定时间获取的状态无法确定是否为更新后的，因此获取状态信息等待方式以状态是否更改为标准。

在训练中采用自定义模型来控制智能体的动作。将各个点的探测距离数据作为模型训练的特征，进行模型训练。在红方发现蓝方后，预估蓝方位置周围八个点位置各个方向的探测距离的最大值、最小值、平均值，并以此作为特征。设计奖励函数，计算当前实际距离和预估的探测距离，根据距离进行相关的奖励和惩罚。设计边界奖励函数，如果在边界范围（边界范围包括探测深度）内，即使距离边界很近，只要不出边界就不进行惩罚，出了边界，距离越远则惩罚越大，其按照指数递增的方式加大惩罚值。

三、项目创新及运用

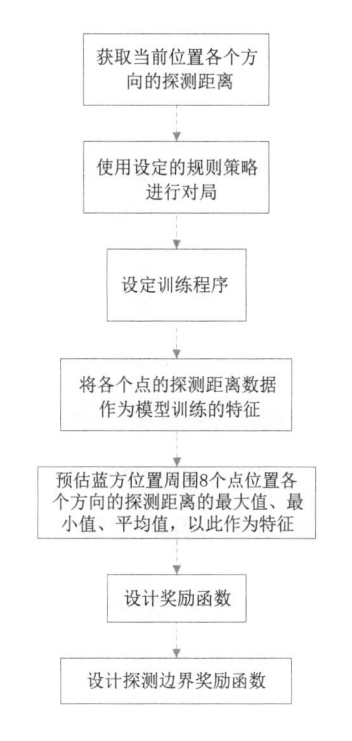

（1）船舶探测系统智能决策设计方案解决了在传感器有限的情况下，对环境和态势进行准确感知与决策的问题。

（2）船舶探测系统智能决策设计方案解决了利用智能体自学习和自适应能力快速完成决策的问题，通过对智能体输出策略的控制来实现船舶探测系统的智能决策，从而提高船舶系统的智能化水平。

四、项目优势

船舶探测系统智能决策设计方案考虑到所处环境具有多样性与复杂性的特点，解决了如何在传感器有限的情况下，对环境和态势进行准确感知与决策的问题；同时，考虑到船舶探测系统所处环境具有高动态性和不确定性的特点，解决了如何利用智能体自学习和自适应能力快速完成决策的问题，通过对智能体输出策略的控制来实现船舶探测系统的智能决策，可以提高船舶系统的智能化水平。

图 1 船舶探测系统智能决策设计方案

该项目已在 20 多个船舶型号中得到应用，为船舶智能决策探测装备总装集成单位创造了超过 1 亿元的经济效益。

创新装备解决阿尔斯通型列车不落转向架更换牵引电机

主创人员：沈豪

单位：申通阿尔斯通（上海）轨道交通车辆有限公司

亮点：该项目的技术创新是不需要落转向架即可更换牵引电机，利用电动液压升降小车作为载体，重新设计了钢制滚轮，并设计了安装微调的转动大托盘，将电机移至中心的移动托盘，并为运输定制了钢轨道。实现了项目可靠性、经济性、舒适性的最优化。

一、研发背景

本项目是针对阿尔斯通型列车牵引电机特殊的安装方式，为快速拆装故障电机，降低劳动强度，提高生产效率，节约架大修资源而专门设计的。该项目实施前，更换牵引电机的过程必须通过解编、故障电机车厢上抬车机、落转向架、更换故障电机、上转向架、连挂、调试等一系列动作，这个过程，最快需要2个工作日。若遇到抬车机上有列车则必须等待，这样势必会延后更换节点，十分不便。为了提升整体效率，节省架大修场段资源，需要研制一种设备以解决该问题。

二、核心原理

在阿尔斯通列车的转向架上，阿尔斯通转向架的结构如图1所示。电机的外形如图2所示。鉴于该电机安装方式的特殊性，在遇到临时紧急更换电机的情况下，利用专用的工装，电机的拆卸方式可分为下述步骤：拆掉4个紧固螺栓；向上抬起电机大约10cm；再将电机平移约15cm；将电机从转向架上托下来；通过轨道将故障电机移出地坑。安装电机时，过程相反。按照上述思路，设计并制作了不落转向架更换电机工装及相应轨道，如图3所示。

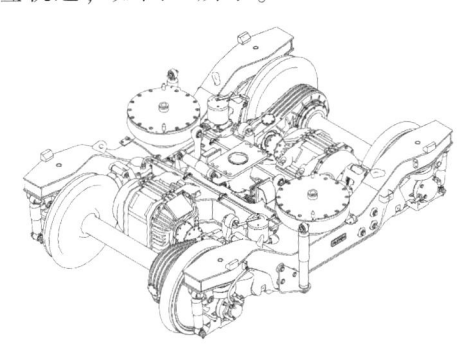

图1 阿尔斯通转向架结构图

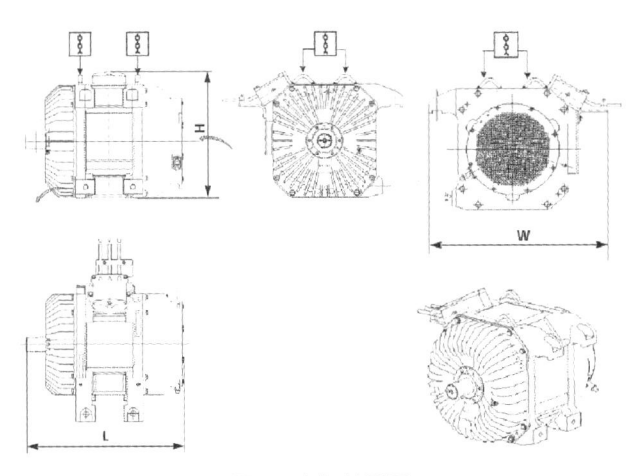

图2 电机外形图

实现本装备设计的过程，如图3中的装置结构示意图所示。可转动的大托盘3是上承移动托盘2及传动机构7、8，下接整个工装移动的载体，液压升降小车4，是本项目中最关键的部件。托盘的转动（见图4）依靠环布一周的若干粒钢珠完成，托盘分上中下三块板组成，下板连接升降小车及安放钢珠，中板限制钢珠，不让其滑出，上板安装移动托盘及传动机构。三块板中间设计了主轴，使机构转动灵活，且保证了整套工装不会倾覆。移动托盘2通过四个小型钢制滚轮在位于上板上部的两根小钢轨上移动。托盘的底部中间设有固定的T型螺母，传动机构7、8的T型螺杆穿过T型螺母，摇动手柄转动T型螺杆时，因螺杆是固定不会移动的，所以T型螺母会随着螺杆的转动而左右移动，并带动移动托盘实现在转动托盘上的左右移动（详见图5）。因受空间限制，升降小车的左右两旁都是列车轨道的支撑水泥柱，所以传动机构利用一对扇形齿轮实现了90°直角传递。因牵引电机的重量在600千克左右，加上工装自身的重量，满载重量在1.5吨左右，靠人力很难保证在直线上平稳推行，所以设计了专用轨道。

现场实施过程包括如下步骤：故障列车驶入临修道；工人师傅卸掉电机的四个紧固螺栓；将工装推至故障电机的下方；抬升液压升降小车的工作台面；顶起电机并沿轨道方向移动一定距离；降下液压升降小车工作台面；转动传动机构将电机移至小车的中心位置；将小车推至临修道的末端；吊出故障电机。至此，故障电机的拆卸过程结束。在安装新的电机时，过程相反。但安装电机时，因车下无起吊设备，在电机与列车存在角度问题而无法安装时，就要利用可转动的大托盘进行角度微调。必须注意的是，大托盘除了在微调状态下，其余状态必须锁紧，以免工装自行转动发生危险，锁紧装置详见图6。

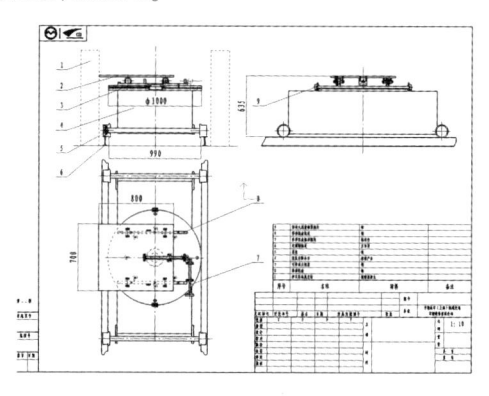

图3 装备结构示意图

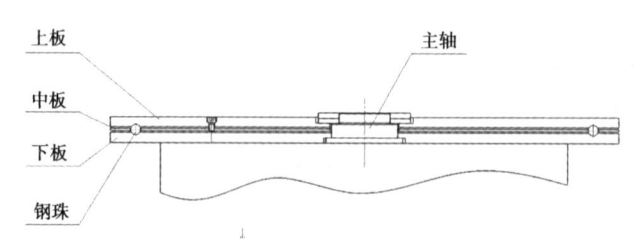

图4 可转动的托盘示意图

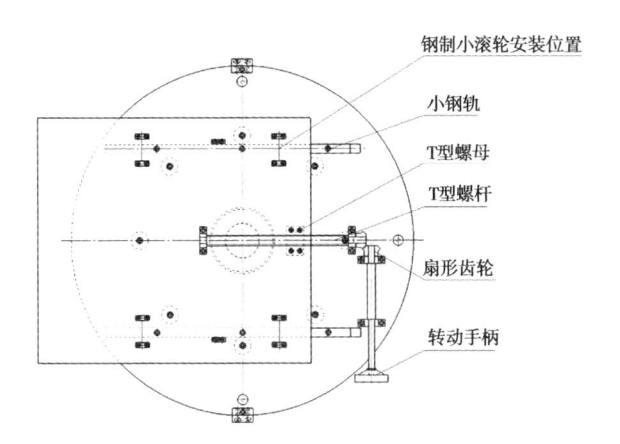

图5 移动托盘及传动机构示意图

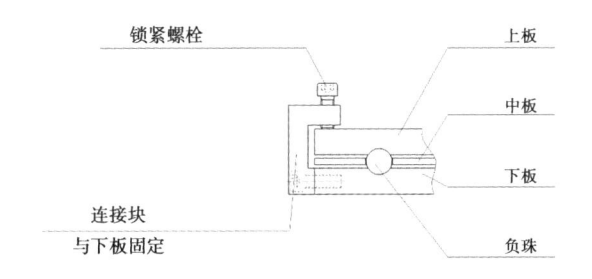

图6 转动托盘锁紧机构示意图

三、项目运用

目前,该装备已应用于上海地铁所有配属阿尔斯通型列车的基地,在列车电机发生故障时,可以不占用架大修场地抬车机股道资源,而是直接在停车股道进行电机更换。关于列车不落转向架更换电机装备的应用现场,可见图7所示。

图7 列车不落转向架更换电机装备应用现场

四、项目优势

该装备的应用取得了良好的经济效益和社会效益。

从经济性角度而言,节约了工时和设备成本。

(1) 工时节约(一天更换 4 台电机)。

原有工时:12(人)×8(小时)= 96(小时)。

现有工时:4(人)×8(小时)= 32(小时)。

工时优化:96-32=64(小时)。

用工成本:360 元/小时。

因此,每更换 4 台电机,一天可以节约用工成本:64×360=23040(元)。

(2) 设备成本节约。

架车机:4805 元/天。

调机车:1973 元/天。

10 吨天车:542 元/天。

小计:7320 元/天。

因此,每更换 4 台电机,一天可节约费用 30360 元。

阿尔斯通型列车每年平均临修更换电机 48 台左右,故每年可节约费用约 364320 元。

项目优势包括如下几方面。

(1) 提高了工作效率。

(2) 节约了宝贵的架大修资源。

(3) 可推广至其他车型或类似部件。

(4) 保证了列车运营数量的充足性。

动静环无接触轴承隔离器显著提高环保性能

主创人员：刘瑶、程龙、夏伟志、刘国强、李琳
单位：大庆油田有限责任公司储运销售分公司
亮点：为了提高生产效率和产品质量，需要对机械设备进行改进和升级，故而本项目针对使用润滑油的轴承箱在泵轴与轴承箱端面挡板连接处安装了轴承隔离器。进行动静环无接触轴承隔离器的研制，可以提高机械的工作效率和精度，从而更好地满足生产需求，提高其可靠性和稳定性，减少故障和维修成本；降低机械的能耗和排放，提高环保性能，符合环保和可持续发展的要求；促进了技术创新。

一、研发背景

轴承隔离器（轴承保护器）包含一个动环和一个静环，动、静环结合成一体，在运行中两者不会分离。一般来讲，动环随轴转动，静环安装部分被压装进轴承箱端盖，通过动、静环协同作用，阻止外界污染物进入轴承箱，并防止润滑介质泄漏。在机泵维修保养的过程中，发现原有轴承隔离器的两个密封环之间的O型橡胶密封圈在泵运转时非常容易破损，造成润滑油的渗漏，维修保养时经多次拆卸易造成轴承隔离器的损坏。针对原轴承隔离器使用寿命短、漏失量大、内部结构设计存在缺陷等问题，进行了动静环无接触轴承隔离器的研制。

二、核心原理

轴承隔离器由静环和动环两个多层环形结构组合而成，静环内壁上沿与动环内壁下沿两者间采用凹凸卡槽设计。即把两个带槽的内台阶通过过盈安装的方式镶嵌在一起达到连接效果，使动环在静环内发生径向转动不能轴向分离。

静环外壁固定在端盖上，保持静止。动环内壁固定在轴上，靠驱动环随轴转动。虽然动环一直在静环内高速转动，但是动环和轴是相对静止的。动环和静环构成复杂的迷宫路径，静环有回油孔，防止润滑剂泄漏，进而通过非接触密封方式达到密封的作用，阻挡外界污染物进入轴承箱。

三、项目运用

动静环无接触轴承隔离器的研制能大幅提高轴承隔离器的使用寿命，减少润滑油渗漏，目前已在我单位具有代表性的输油泵上进行了应用试验，且效果良好。经我公司专业部门安全技术评估，适用于输油泵的升级改造，具有推广价值。

四、项目优势

动静环无接触轴承隔离器投入使用以来，通过对以往运行数据进行分析比对（见表1），轴承隔离器使用时间已累计超过10000小时（达到输油泵三级保养时间），极大地改善了漏油和发热现象。该新型轴承隔离器的结构简单，设计合理，主要部件全部为金属材质，抗磨能力佳，安全可靠，实用性强，降低了故障停机和维修周期，减轻了劳动强度和环境污染，提高了员工的工作效率和设备的运行时率，降低了维护成本，增长了经济效益，提高了环保性能，其应用效果十分显著。

表1 新型轴承隔离器使用前后情况统计表

日期	1#输油泵未使用 运行时间（小时）	更换（台）	2#输油泵使用 运行时间（小时）	更换（台）
2022/1/6	0	1	0	1
2022/6/15	3182	1	3190	0
2022/10/15	3010	1	3018	0
2023/3/15	3296	1	3306	0
2023/9/8	3327	1	3335	0
合计	12815	5	12849	1

期间导卤泵站箱体技改实现设备能耗下降13.56%

主创人员：万漾然、李波、张亭东、尹章海、李强

单位：国投新疆罗布泊钾盐有限责任公司

亮点：期间导卤泵站是由500LSY立式混流泵组成的成品盐池进卤的重要枢纽泵站，设备的稳定运行直接影响到盐田系统的正常运行。本项目通过现场测量、计算后对设备结构的合理技改，解决了泵站泵组就位安装、驱动电机散热、水位上涨后带来的散热孔进水等一系列的问题，在设备运行稳定得到保障的同时，更重要的是设备能耗同比下降了13.56%，实现了降本增效，同时确保了设备的稳定运行。

一、研发背景

泵站共有13台500LSY立式混流泵，设计扬程为7.5m，泵组额定电流310A；年导卤量约7477.45万立方米；运行时间约41541.4h。泵组安装的示意图详见图1所示。由于泵组输送导卤介质为老卤，卤水含有大量Na离子以及其他重金属元素，受外界因素影响，卤水结盐速度快，水底盐层约以4mm/天速度增长，盐层增长后卤水水位也会随之上涨，因此产生了以下几点问题。其一，结盐使前池水位涨幅过快，因此每年需对前池清盐3~4次，停机清盐严重影响了正常生产。其二，因500LSY立式混流泵箱体高3000mm，水位过深存在卤水灌入电机散热孔淹没电机的风险。其三，浸在卤水中的平台钢结构由于结盐严重，导致泵组在清盐结束安装时放入泵坑非常困难。加之罗布泊地区夏季高温，仲夏时节低温高达80℃以上，日气温最高时段可达42℃，由于箱体包裹着电机，严重影响了160kw电机的散热，经测平均运行温度达68.6℃，同比使设备运转能耗受到高负荷的影响也会同步增加。

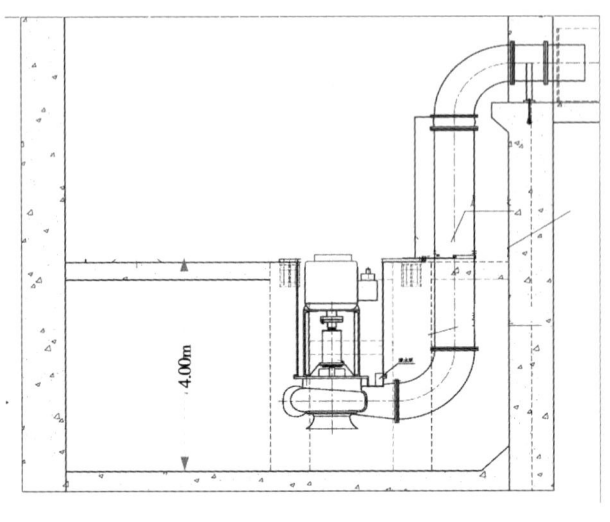

图1 泵组安装示意图

二、核心原理

（1）技改方向。①缩短箱体长度，使电机外露，利于电机散热，同时缩短后浸入露水中的箱体可以实现上移，有利于减少前池清盐的次数，同时箱体上提后可以避开钢结构上的结盐部位，安装方便。②泵组的立管使用废旧立管与现有立管进行组合利用，有效降低泵组出水扬尘，较少扬程，有效降低设备能耗。③箱体上电机散热孔进行封堵焊接，杜绝由于水位过高而进入箱体的风险。

（2）具体实施。①将原来3000mm的箱体从中间切除1000mm，切除后再进行对接焊接，使箱体总高度改成2000mm。②对泵组出水立管通过现场实际测量，利用一期泻利盐泵站报废ND500立式混流泵的立管与现有立管组合，将立管高度减少1000mm，降低出水扬程；保证运行人员在清盐作业时便于拆装弯头。③原电机散热孔用10mm厚钢板根据实际尺寸进行封堵。

其中，技改后的现场安装对比情况，可见图2所示。

(a) 改善前　　　　　　　　　(b) 改善后

图 2　技改后现场安装对比

三、项目运用

针对泵站运行中出现的问题，为了保证导卤生产任务，我们改善的主要方向包括降低劳动强度，减少能耗及提高生产效率，为此，我们提出"分项解决，综合处理"的原则，决定通过设备箱体的技改来满足生产的需求。

在项目开始时，我们利用水准仪勘测技术精准测量了泵站水位与钢平台的数据，通过数据分析摸清二者关系，为下一步技改方案的编制提供了依据。在问题的解决上，我们通过头脑风暴有针对性地提出方法，再通过现场反复调查来确定方案，在项目整体实施前每个步骤都按照 PDCA 循环的管理方法去验证，确保了项目一次成功。

四、项目优势

（1）成本优势。①通过改造，清盐频率得到了减少，从原来的每年对前池清盐 3~4 次降低到现在的 1~2 次左右，大大减低了员工劳动强度。②泵组清盐电流从原来的 290A 降低到现在的 260A，使泵组不再长时间高负荷运行，有效提高了设备的能效，同时电机温度从原来的 68℃（平均最高温度）降低到 38.07℃（平均最高温度），设备运行稳定性得到了保障。③设备能耗同比下降 13.56%。（从前年平均电单耗 780kWh/万立方米，技改后平均电单耗 674kWh/万立方米，）平均电单耗节约了 106kWh/万立方米。往年期间导卤泵站计划导卤量为 7500 万立方米左右，平均每年节约用电

795000kW·h，按 0.5 元/kW·h 费用计算，每年可节约 397500 元。在改造中我们利用了 13 根 DN500mm×5000mm 的废旧钢丝交管，材料费用大约为 20 万元。

（2）其他优势。车间共有 54 台类似设备，分布在 4 个泵站上，为其他泵站出现问题后的技改提供了经验和依据。此次技改的成功实现了企业降本增效的目的，为今后在泵站操作模式、设备润滑保养等方面的技改打下了坚实的基础。

能源管理平台实现园区能源智慧运营

主创人员：钟兴、林琪琪、张志新、张启飞、陈海镇

单位：珠海凌达压缩机有限公司

亮点：园区级能源数字化使能源管理平台可实现园区能源设备统一接入、统一管理、统一运营。本项目通过源网荷储一体化智能调度，打通能源设备管理孤岛，降低用能成本，提升用能效率，实现了园区能源智慧运营。

一、研发背景

珠海凌达压缩机有限公司作为珠海市重点耗能企业，已逐步建立起能源管理机制。原有管理模式主要采取人工抄表、手动统计的方式进行。一方面，计量范围有限，难以详细掌握能源使用情况；另一方面，由于数字化程度低、数据分析工具缺乏，无法实现多维度、多层次能耗数据分析及有效 KPI 管理，因此迫切需要完善能源计量范围，进一步提高能源管理水平，建设生产线全范围数字化能源管控中心。

二、核心原理

根据分类能耗（电、水等能源类型）数据采集和分项计量建立该能耗在线监测及分析管理平台，对企业的能源供给、能源转换以及能源消耗的全过程实施动态平衡管理，及时发现存在的能源浪费和能源利用效率偏低的问题，依据详尽而准确的能耗数据帮助用户掌握详细的能耗分布状况和能效水平，实现主动型、精细型的能源管理，以便建立长期、可持续化的能源管理体系，最终实现节能增效的目标。

三、项目运用

（1）建立能源管理系统，为后期实现生产线全范围数字化能源管控功能做好基础化准备。

（2）按照《用能单位能源计量器具配备和管理通则》要求，配备能源计量器具，提高设备能耗在线监测率。

（3）建设能源管理专用网络，接入能源计量器具。

（4）定制能源管理系统，并部署服务器及工作站，实现能源管理系统初步统计功能。

（5）依托能源管理系统，建立完善能源管理体系，发挥能源管控中心作用。

四、项目优势

在数字化、智能化技术全面推进的当下，应将数字化和智能化转型作为节能降碳的重要抓手。能源管理云平台的引入可以帮助管理者实现源、网、荷、储各类能源设备的数据监控和全生命周期的精细化管理，保障能源系统的高效低碳运行，推动绿色能源革命，助力我国达成"双碳"目标。

热轧工艺中快速标定侧导装置
每年可增加效益数千万元

主创人员：乔伟

单位：山西太钢不锈钢股份有限公司

亮点：本创新设计通过拨环直接拨动量尺方式进行开口测量和对中测量，无须配合卷尺使用，可优化测量方式，节省标定时间，有效提高侧导标定效率，方便快捷，提高生产效率。同时，通过标定块和量尺配合校零，量尺测量位置固定不变，可提高标定侧导的测量准确度，解决了现场因测量人员不同和测量位置不同造成的测量误差，进而提高了侧导测量精度。按每天标定约9~12次，每次标定可节约2分钟，每天节约生产时间约18~24分钟，每年可节约109.5~146小时。每年可增加效益1779.38万~2372.5万元。

一、研发背景

侧导是轴对称设备，由两个部件组成，对称轴是轧制中心线。侧导标定结果的好坏直接影响产品的卷形质量。侧导标定分为两点：一是两个部件相对于轧制中心线的距离偏差≤2mm，称为对中精度；二是两个部件间的带钢入口间距与带钢出口间距的偏差≤2mm，且入口间距<出口间距，称为开口精度。

作为大型热轧生产线，每天轧制钢材品种较多，需根据钢材的特性更换不同侧导来保证产品成材率和延长侧导使用寿命，每天标定侧导作业频次高，约9~12次/天，每次标定侧导需4分钟，原侧导标定技术需标定块与卷尺搭配使用，测量时会因不同人员的测量位置、测量方法、测量工具（不同）等原因，造成测量准确度降低，无法保证侧导的标定精度，尤其在测量开口精度时，有时能出现5~10mm的误差。若对中精度和开口精度不符合规定要求，会造成钢卷头塔、出边、层错等卷形质量事故，必须产线停机，重新标定侧导。

为解决上述技术问题，设计了一种采用带测量装置的标定块，优化测量方式，避免因测量工具和作业人员操作手法不同而造成测量误差，可实现快速准确的测量侧导精度，提高作业效率。

二、核心原理及操作步骤

这种侧导对中精度的测量装置，测量时可直接拨动两面拨环使量尺在滑道内前后滑动，与侧导贴合后直接读取测量尺寸，达到快速标定侧导精度的目的。

作业前校零：检查量尺500mm处与标定块上的校零线是否重合。

（1）操作工将侧导由快开打至1500mm，将标定块放入定位孔，同时拨动两面拨环使量尺与侧导两侧贴合。

（2）读数，同时打开对讲机给操作工反馈数据，操作工进行调整（对中测量完成）。

（3）操作工重新将侧导快开打到某一设定值，再次拨动两面拨环使量尺与侧导两侧贴合，两侧读数相加再加标定尺（1000mm），对讲机联系操作工。

三、项目运用

下面，结合图1对本实用新型进一步描述其具体实施方式。

如图1所示，一种侧导对中精度的测量装置包含标定块、量尺一、量尺二、拨环和滑道，装置整体选用铝合金材质制作，标定块中心处标注校零线，标定块前后两侧均设滑道，前侧滑道内安装量尺一，后侧滑道内安装量尺二，标定块全长1000mm，量尺一和量尺二全长均为800mm，量尺一和量尺二上均印制标准刻度，量尺一和量尺二上由外向内500mm处标注校零线，量尺一和量尺二末端安装拨环；测量时可直接拨动两面拨环使量尺在滑道内前后滑动，与侧导贴合后直接读取测量尺寸；通过拨环直接拨动量尺方式进行开口测量和对中测量，无须配合卷尺使用，可优化测量方式，节省标定时间，有效提高测定标定效率；通过标定块和量尺配合校零，量尺测量位置固定不变，可提高标定侧导的测量准确度。

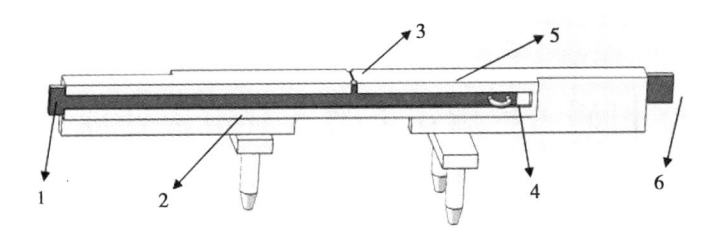

1. 量尺一；2. 滑道；3. 校零线；4. 拨环；5. 标定块；6. 量尺二

图1　带测量装置标定块示意图

四、项目优势

第一，与现有技术相比，本创新设计取得了以下有益效果。

（1）通过拨环直接拨动量尺方式进行开口测量和对中测量，无须配合卷尺使用，可优化测量方式，节省标定时间，有效提高侧导标定效率，方便快捷，提高生产效率。

（2）通过标定块和量尺配合校零，量尺测量位置固定不变，可提高标定侧导的测量准确度，解决了现场因测量人员不同和测量位置不同造成的测量误差，进而提高了侧导测量精度。

第二，本创新设计取得了良好的经济效益。

按每天标定约9~12次，每次标定可节约2分钟，每天节约生产时间约18~24分钟，每年就可节约109.5~146小时。每年可增加效益1779.38万~2372.5万元（以太钢热连轧厂效益为依据）。

扫码入库解决方案实现故障处理耗时降低 300% 以上

主创人员：吴伯刚、赵志浩、陶培胜、姜永愿、杨立言、王林、刀荣贵

单位：红塔烟草（集团）有限责任公司物流中心

亮点：本项目针对卷烟流水线生产入库扫码效率不足的问题进行深入分析，从扫码模式改变和扫码器设置优化两方面双管齐下进行技术创新，提出一种件烟箱扫码系统及扫码方法的解决方案，实现件烟流水线上的精准快速扫码，对提升扫码效率和精度具有显著效果，故障处理耗时同比降低 325.65%。

一、研发背景

由于卷烟生产入库流水线运转速度快，对扫码水平要求较高，新开发的入库扫码系统适应困难，故障频发，造成机械手码垛中断、人工剔除零烟过多等问题，严重降低了生产车间的满意度。项目组针对上述问题进行分析，发现扫码信号传输速度慢和扫码器识别效率低是制约卷烟流水线生产入库扫码效率的主要原因。

二、核心原理

一方面，上位软件扫码的信号传递路径较长，且容易出现信号延迟、丢包等问题，而 PLC 扫码可以通过电信号直接将信号传递到机械手，从而提升信号传递效率；另一方面，多次实验研究发现扫码器在不同扫描高度、扫描角度、扫描范围上有着不同的表现，对扫码成功率有着显著影响。核心原理的示意情况，详见图 1 所示。

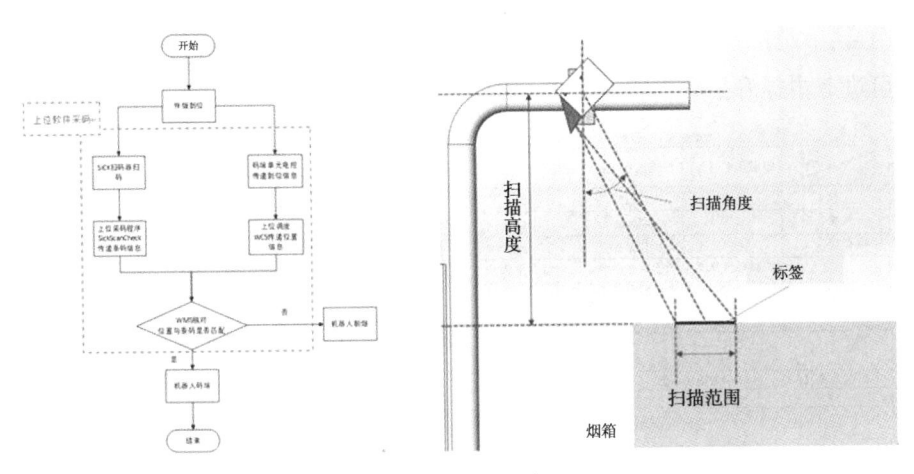

图1　核心原理示意图

三、项目运用

首先，新增一台扫码PLC，通过PLC程序编写调试，将扫码模式由上位软件扫码更换为PLC扫码，扫码完成后由PLC进行条码核对，判断件烟实物与条码标签是否匹配，从而决定机械手的下一步动作（见图2）。扫码模式的改变大幅缩短了扫码信息传输流程，提高了扫码效率。

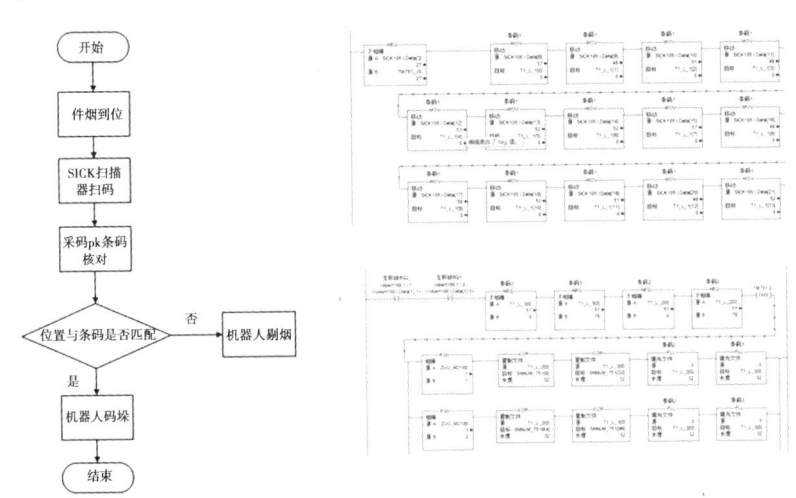

图2　PLC扫码流程及程序编写代码

其次，将扫码器的扫描高度、扫描角度、扫描范围三个扫码参数相互组合，设置恰当的位级，通过正交试验寻找最优扫码参数配置（见图3），可进一步提升扫码精度。

位级因素表

位级 \ 因素	扫描角度（A）	扫描范围（B）	扫描高度（C）
位级1	30°	30mm	100mm
位级2	45°	40mm	150mm
位级3	60°	50mm	200mm
位级来源	以扫码器推荐设置参数为参考，同时结合原因分析部分各因素单独影响情况下的采码失败情况选择扫描角度（30°-60°）、扫描范围（30mm-50mm）、扫描高度（100mm-200mm）		

因素最优组合表

扫描角度（A）	扫描范围（B）	扫描高度（C）
45°	50mm	150mm

正交试验表

序号	扫描角度（A）	扫描范围（B）	扫描高度（C）	空列（D）	失效次数
1	1（30°）	1（30mm）	3（200mm）	2	31
2	2（45°）	1	1（100mm）	1	27
3	3（60°）	1	2（150mm）	3	26
4	1	2（40mm）	2	3	22
5	2	2	3	2	23
6	3	2	1	1	25
7	1	3（50mm）	1	1	20
8	2	3	2	2	17
9	3	3	3	3	21
S1	73	84	72	72	I+II+III=212
S2	67	70	65	71	
S3	72	58	75	69	
K1	0.333	4	0	24	-
K2	-1.333	-0.333	-2	23.667	-
K3	1	-3.667	2	23	-
R	2.333	7.667	4	-	-

图3　扫码参数正交试验数据图

四、项目优势

本项目实现了件烟在流水线上的精准快速扫码，在多个方面具有较为明显的优势。第一，项目改造便捷，成本较低，只需新增一台PLC设备，同时根据流水线情况设定扫码器参数即可实施改造。第二，项目改造效益显著，故障处理耗时同比降低325.65%，每年人工费用节约44.6万元。第三，项目改造提高了卷烟生产物流质量，为行业工商整托盘联运打下了坚实的基础。

四大优化措施提高排送机 PLC 控制系统可靠性

主创人员：周小东、韦忠俊
单位：广西华银铝业有限公司
亮点：本项目通过建立电子产品防腐蚀体系，分散过程控制系统风险，采用科学合理的设备控制方式，避开生产现场电磁干扰等措施，低成本、低投入提高设备 PLC 控制系统的可靠性，为腐蚀性气体、粉尘、复杂电磁环境下故障频发的过程控制系统、电气设备、精密仪器的防护工作提供了借鉴经验。

一、研发背景

本公司在氧化铝生产最后一道工序使用排送机对煤气进行加压，输送至焙烧炉，对氢氧化铝进行焙烧。近年来，排送机因 PLC 系统故障多次跳停，造成氢氧化铝焙烧生产流程中断，其主要原因有以下四点。

（1）PLC 系统运行环境差。煤气生产区域存在 SO_x、H_2S 等腐蚀性气体，导致 PLC 系统硬件故障率高。

（2）风险集中。联锁信号集中于 PLC 系统同一模块，单个模块故障会导致多台设备跳停。

（3）控制方式不合理。润滑油泵采用长信号控制方式，需要 PLC 系统保持高电平信号才能平稳运行。一旦信号受到干扰，或出现 PLC 模块故障、电缆接触不良等情况，油泵就会跳停，进而触发设备安全联锁保护，导致排送机跳停。

（4）信号抗干扰能力差。由于现场桥架电缆复杂、大功率设备运行、变频设备运行等因素导致信号受干扰现象时有发生，联锁信号波动引发排送机联锁停机。

二、核心原理

PLC 控制系统应在确保人员、设备、生产安全的基础上尽可能保证设备稳定运行，尽可能考虑生产现场各种因素对系统的影响。在腐蚀性环境中，利用微正压方式隔离腐蚀性气体构建电气产品防腐体系，可提高设备寿命和稳定性。优化控制方式，提高信号抗干扰能力，重新设计 PLC 控制系统部署方案，可把各类风险尽量最大化分散。

三、项目运用

第一，建立防腐体系。从空压站引来干净的压缩空气通入机柜和防腐蚀柜内，利用正压效应阻止腐蚀性气体进入，避免其与 PLC 控制系统元件接触，达到防腐蚀目的。布管方案如图 1 所示。

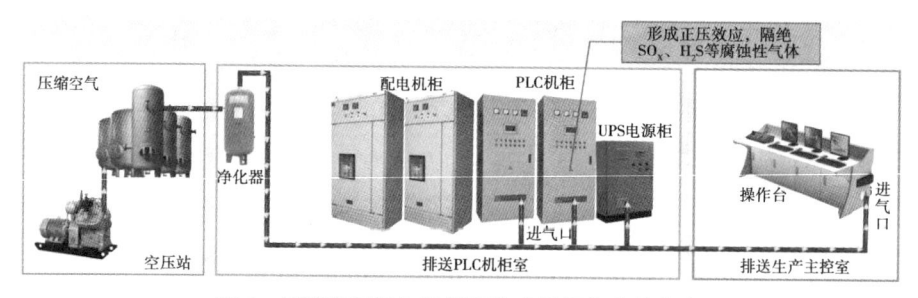

图 1　压缩空气通入机柜和防腐蚀柜的布管方案

第二，分散风险。将重要设备的控制信号、相关联锁信号分散到不同的机架和不同的模块，避免单个设备故障导致设备大面积跳停，从而达到风险分散的目的。部署方案如图 2 所示。

第三，优化控制方式。将油泵长信号控制方式改为脉冲控制方式，油泵现场自保持运行，信号干扰、PLC 信号模块故障、电缆接触不良等情况不影响润滑油泵正常运行。

第四，提高联锁保护信号的抗干扰能力。新增模拟量信号隔离器，增加抗干扰能力，并在联锁程序里增加相应的延时功能。

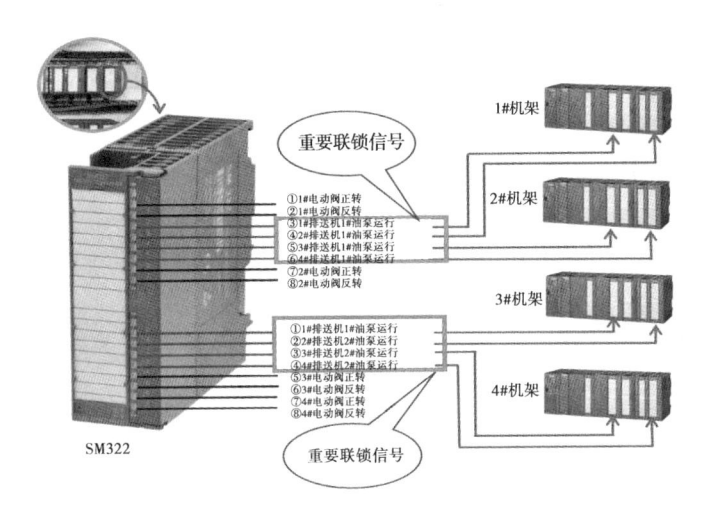

图2　原来集中在一个模块上的重要联锁信点号分散到各个机架、各个模块

四、项目优势

改造前，2019—2020年排送机因PLC系统故障共跳停5次，因腐蚀导致PLC硬件故障共损坏47块硬件、15台上位机。2020年底改造完成，投用以来，显著提高了PLC控制系统的稳定性，未再出现因PLC系统故障导致的跳停。本项目自主施工，采购模拟量信号隔离器、继电器、镀锌管等备件和材料的投入约为1万元。根据改造前后两年的统计数据，每年节约备件费用约30万元，减少非正常停车造成的生产损失、能源浪费、人力浪费约50万元，经济效益显著。

腾讯云无界未来市场规模将达10亿级

主创人员：王军、薛笛、梁定安、郑海清、林飞宇、吴树生、刘连响、毛峻岭、白松灵、杨成立、张川川、曹家盛

单位：深圳市腾讯计算机系统有限公司

亮点：腾讯云5G远程操控产品是标准化软件产品，以被集成的方式提供给客户。一方面，可以后装方式，提供给矿山、港口无人驾驶解决方案集成商；另一方面，也可以前装方式，直接提供给挖掘机、装载机、岸桥场桥、抓料机、车厂等主机商。整个市场处于发展初期，当前市场规模为近亿级，未来会增长到十亿级。腾讯云目前已服务数十个客户并商用化落地，预计市场份额已领先国内其他同行。

一、研发背景

腾讯5G远程实时操控产品——腾讯云无界，基于腾讯多年音视频技术上的深度积累，并和5G网络深度融合，可为行业自动驾驶辅助、高危/恶劣环境远程作业提供基于5G网络的低时延远程操控能力，具备业内领先的超低时延、抗弱网和高安全等特性，可应用于矿山、港口、物流、网联无人机、L3/L4乘用车等诸多应用场景。

二、核心原理及创新

腾讯云5G远程实时操控产品基于已有20多年技术积累的腾讯云音视频大平台，针对工业远程操控场景需求，进行了专门的架构创新和性能优化，实现了超低时延、抗弱网和高安全等特性，其核心指标业界领先。

第一，总体方案。为了实现领先的性能，让远控应用从"样板间"变为"商品房"并规模落地，腾讯云在方案架构和关键技术上进行了多项创

新,如下图 1 所示。

图 1　方案架构与关键技术创新

第二,架构创新。(1) CS 和 P2P 双架构融合支持:腾讯云无界突破性地采用了双架构融合支持的模式,以达到极致的远控低时延性能,并适应各类复杂多样的工业场景的网络部署和应用需求,可实现现场开箱即用。(2) 多样化数据连接融合支持:将音视频、控制、传感等多种数据融合并通过相同的连接进行传输,用户可以安全一致地在多个机械和车辆间进行操控,实现一对多的操控,大幅提升生产效率,并在数据连接的管理中创新地加入多传输队列调度和联合拥塞控制等机制,可有效保证各类数据的传输优先级和 QoS 保障要求。(3) 多网络路径融合:考虑到在实际环境中不可避免地存在单一网络不可靠的问题,腾讯云无界创新支持了多网络路径融合技术,数据可以动态分配在多个网络上进行聚合传输,当单一网络速率不足或者出现问题时,远控系统仍然能够正常工作。

第三,性能优化。针对远程驾驶中视频并发路数多、延迟要求低、卡顿要求低的特点,腾讯云无界进行了低延迟跨帧编码、帧协调传输、多路分层交织纠删码和混合重传技术创新,实现端到端画面时延极致可达约 100ms,支持"抗 30%+丢包"和"30ms+网络抖动",卡顿率仍低于 1%。

第四,其他技术融合创新。腾讯云无界还与边缘计算、AI 及裸眼 3D 技术进行跨界融合,提升了远控能力。

167

三、项目运用

目前，腾讯云无界已在多个港口和矿山落地。如腾讯与三一在鄂尔多斯合作打造的智能矿场，实现了安全员下车；与飞步科技在宁波港打造的智慧港口，首次实现了港口集卡无人驾驶编队的常态化运营；此外，腾讯云也同期携手合作伙伴推进挖掘机、电铲、轮胎吊等行业设备的远程操控改造，让一线作业人员离开现场，提升了一线作业安全和体验，提高了作业效率，助力行业少人化和无人化的实际落地与规模商用。

远程操控这种新的作业模式在高危/恶劣环境作业、自动驾驶接管等场景，相比传统的现场作业，具备以下三大优势。

（1）远离现场，提高作业安全性。

（2）一对多复用，提升人员效率。

（3）集中化办公，提升舒适性和便捷性。

由于远控作业的上述优势，此前产业内远程操控也有一些尝试，主要基于视频监控技术实现，存在时延大、互动体验不好等问题，时延往往在500ms以上，且在弱网环境中表现进一步恶化，很难实现安全流畅的操作体验，无法用于实际生产运营。

对此，腾讯云无界通过上述的架构和技术创新，聚焦提升超低时延、抗弱网和高安全三方面的核心能力，使其在生产运营中具备接近真实的操控体验和安全要求，推动了远程作业方式真正的规模化商用。这三大核心能力，包括下述具体内容。

（1）实现超低画面时延，为远程实时操控商用化奠定基础。

（2）提供抗弱网能力，是远程实时操控落地常态化的保障。

（3）构建高安全机制，满足作业安全性要求。

四、项目优势

第一，专利和标准情况。腾讯云无界相关核心技术申请了多项发明专利，曾获中国专利金奖，并在CCSA、3GGP、5GAA等国内外标准组织牵头立项。申请的相关专利有：（1）一种数据传输方法、系统以及相关设备，专利号ZL201510543206.3（中国专利金奖）；（2）视频流的处理方法、装置、设备及计算机可读存储介质，专利号 ZL202110802637.2；（3）视频编码方法、装置、计算机可读介质及电子设备，申请号 2021108830157；（4）视频编码方法和装置、存储介质及电子设备，申请号 2021113305366；（5）一种拥塞控制方法、装置及设备，申请号 2021111667625；（6）一种数据传输方法及相关装置，申请号 202110902563X；（7）直播视频流的播放方法、装置、设备及存储介质，申请号 202011613210X；（8）视频渲染方法、装置、设备及存储介质，申请号 2021108931478；（9）网络延时的探测方法、装置和存储介质，申请号 2019108884588。

第二，商业价值。腾讯云 5G 远程操控产品是标准化软件产品，以被集成的方式提供给客户：一方面，可以后装方式，提供给矿山、港口无人驾驶解决方案集成商；另一方面，也可以前装方式，直接提供给挖掘机、装载机、岸桥场桥、抓料机、车厂等主机商。整个市场处于发展初期，当前市场规模为近亿级，未来会增长到十亿级。腾讯云目前已服务数十个客户并商用化落地，预计市场份额已领先国内其他同行。

选矿破碎车间二次抛废工艺改造年均创收 1000 万元

主创人员：陈汉广、胡文峰、彭超
单位：山东金玺泰矿业有限公司
亮点：通过破碎车间二次抛废工艺改造，可极大缓解浓密机工作负载问题，解决水质问题，从而增加产能，保证各项指标的稳定，降低生产成本。同时，实现了年均抛出废石创收近 1000 万元，年均增加精粉产量可达 30000 多吨的良好经济效益。

一、研发背景

山东金玺泰矿业有限公司三选厂破碎采用传统的"三段—闭路"工艺，矿石经粗碎（鄂式破碎机），后经中碎、细碎，又经圆振动筛，筛出粒度为 12mm 的入磨料。磨选采用"阶段磨矿—阶段选别"、单一粗选流程，采用一段磨机 3660#，二段磨机 3254#，一、二段磁选机等设备。

二、核心原理

自 2021 年 10 月启用高压辊磨机以来，增产约 20%，尾矿处理量同时也增加了 20%，超出目前 53# 浓密机处理能力。为此，厂部为改变目前状况，特对破碎车间二次抛废工艺改造进行了有效论证。

三、项目运用

破碎车间二次抛废工艺改造论证过程：启用高压辊磨机后，圆振动筛筛孔从 12mm 改至 22mm，这样原矿中 22mm 以下的岩石没有经过 5# 干抛磁滑轮进行二次抛废，而是直接通过高压辊磨机全部入磨，然后尾砂尾泥排至尾矿，造成 53# 浓密机超出额定处理量，最终因多处理没有抛出的这部分废石（22mm以下的废石），造成循环水质较浑浊，从而影响了精粉产量和其他各项指标。从节省成本角度考虑，多抛少磨，如果把这部分废石在入辊磨机前抛出，每吨废石抛出可节省磨选成本10余元。

四、项目优势

经厂部多次论证实验，在6#皮带加装磁滑轮对22mm以下的废石进行二次抛废，测算出每吨抛出约4%废石，按入磨量600吨/小时计算，每天可抛出废石500多吨（即，按600×4%×24 = 576计算），目前抛出废石的市场价格为50余元/吨，年均可创收近1000万元；预计每天增加精粉产量大约100余吨，年均增加精粉产量可达30000余吨，在降低磨选成本的同时实现了巨大的效益创收。

由此可见，通过破碎车间二次抛废工艺改造，可极大缓解浓密机工作负载问题，解决水质问题，从而增加产能，保证各项指标的稳定，并降低生产成本。

余热回收再利用技术年创收近1000万元

主创人员：吕孔宾、衣雪冬、牟海涛、王永浩

单位：山东鲁花集团有限公司

亮点：本项目经自主研发、设计的回收系统，实现了对食用植物油加工过程中榨油车间部分热能的回收和利用，即在不改变锅炉控制程序、利用现有除氧水泵、不增加循环水泵的情况下，实现了蒸汽余热在除氧及供暖的合理分配，在保证除氧器正常运行的前提下，可最大程度地保证供暖需求。同时，系统设计还具有在利用余热供暖能力不足时使用蒸汽补充加热的能力，在充分利用余热的前提下保证了厂区供暖的可靠性。目前，该技术已在多家生产工厂进行推广实施，节能、减排、降耗效果显著，每年可创造经济效益近1000万元。

一、研发背景

低温余热利用技术是深入节能的重要领域，合理利用低温余热在节能、降耗、减排等方面能产生非常可观的经济效益、社会效益。在食用植物油加工行业，食用植物油压榨工艺流程中就潜藏着非常可观的低温余热热能，如榨油车间耗热量约占整个压榨生产过程中全部耗热量的一半，而其中大部分热能以蒸锅乏汽的形式排放到环境中，排放温度大约在95℃左右，这其中就潜藏着巨大的热能，属于低温余热范畴。如何经济、合理、可行地利用此部分低温余热就显得尤为重要，目前对低温余热回收利用的方式主要有两种，即升级利用和同级利用。对于食用植物油加工工厂而言，同级利用是低温余热利用的最好的、最可行的途径和技术。

目前，制约此部分低温余热回收利用的三个最主要的因素是：一是没有成熟的可行性技术可以借鉴；二是投资成本因素，第三方给出的投资方

案相对而言花费较高，但回报率比较低，造成工厂积极性不高；三是热能收集后的去向问题。同级利用途径中用于给水加热是一条非常经济的途径，其原因主要包括以下几点：一是锅炉用水需求量比较大；二是可满足冬季供暖需求，相对而言对热能的需求量是非常巨大的，经济效益也非常容易评价，最容易被接受。这就解决了热能去处的问题，三个因素也就解决了其中之一。用于给水加热最常用的核心设备是换热器。因为余热相对富裕，所以对换热器的换热效率没有特别严苛的要求。之所以余热难以被利用最主要的原因是榨油余热废气的成分相对较复杂，例如含颗粒物、油，其湿度也较高，换热后产生的冷凝水需要进行妥善处理，否则将对工厂的污水站造成较大的冲击，可能会导致污水站生化系统遭到破坏，造成出水水质不能稳定达标等不良后果。对此部分冷凝水进行反复分析和处理试验后，最终设计出了一套可行的、运行费用较低的预处理方案，通过隔油、气浮等处理单元成功地解决了这一难点。此部分冷凝水单独收集后进行除油、除杂、破乳等预处理后，使其可以在含油率、COD、颗粒物等关键指标都能满足污水站进水要求后进入污水处理站调节池。

二、核心原理

根据榨油车间工艺废气的特点结合前期的调研数据和试验数据，本项目自主研发、制造了一套带有自洁功能的换热器，大大攻克了由于污染因素导致的换热器换热效率降低的难点，同时也大大降低了投资预算，使该项目取得了实质性突破，已经可以非常经济地用于生产。

具体工艺流程如下：通过对蒸锅乏汽排放管路进行合并，使所有蒸锅乏汽的排放集中到一路，然后通过汽水换热器与来自水处理软化水箱的RO水进行换热，换热后的水一部分进入除氧器，另一部分通过水水换热器进行换热，为空调提供供暖用水换热后的废气再经过榨油车间的废气处理设施进行集中处理，满足环保要求后达标排放。在不改变锅炉控制程序、利用现有除氧水泵、不增加循环水泵的情况下，完美实现了蒸汽余热在除氧及供暖的合理分配，在保证除氧器正常运行的前提下，最大程度地保证了供暖需求。同时，系统设计还具有在利用余热供暖能力不足时使用蒸汽补充加热的能力，在充分利用余热的前提下保证了厂区供暖的可靠性。

三、项目运用

具体改造情况如下。

以日加工花生米1000吨的工厂为例，首先将五台蒸锅的排放筒进行合并，并在末端安装了引风机，合并后，五台蒸锅的乏汽仅通过一根主管路进行集中排放。在主管路的下游，楼顶主管路旁边安装了三台自行设计制造的换热器，每台换热器的换热面积为60㎡，三台共计180㎡，蒸锅乏汽通过主管路依次进入换热器同来自锅炉房软化水罐的室温水依次进行换热，通过三级换热后，水温可由30℃提高至80℃左右，换热效果非常理想。运行期间，根据现场仪表显示榨油换热器供回水温度，供水温度为42℃，回水温度为80℃，供暖换热器出口温度为46.5℃。设备运行情况良好，达到了预期设计指标。

蒸汽余热利用技术具有节能、减排和可再生等突出优点，随着节能减排技术的不断发展，对能源的利用率不断提高，对余热的回收利用也同样会得到重点关注和深度挖掘。现阶段虽然对余热回收系统的能量回收技术研究还不够深入，利用条件有限，但随着我国未来节能技术的快速发展以及国家节能减排政策的逐步实施，对余热、潜热领域的利用将会得到更大、更快的发展。

四、项目优势

第一，经济效益分析。根据除氧水泵流量（50m³/h）、换热器供回水温度，计算余热回收量：

$$Q = cm\Delta t = cm(t_1-t_2)$$
$$= 1kcal/(kg \cdot ℃) \times 50t/h \times 1000kg/t \times (80-42)℃$$
$$= 1900000 (kcal/h)（折蒸汽3.16t/h）$$

按吨蒸汽耗天然气76Nm³，天然气现在价格5.23元/Nm³计，每天可创造经济效益：3.16×24×76×5.23=30144.88（元/天）。

减少碳排放量：3.16×24×76×2.2=12.68（吨/天）。

每年按生产200天计算：创造的经济效益为600余万元，减少碳排放

2400吨。

余热回收利用是一个很值得研究的课题,同时也是节约能源的一种有效途径。通过上述事例,我们可以清楚地得到下述结论:仅1000吨的加工体量的工厂每年都可减少碳排放2400吨,鉴于全国千万吨的压榨体量,减排数据将非常庞大。今后,本项目组将更加深入地研究余热的回收技术并拓展余热的用途,为进一步节能、减排、降耗作出积极贡献。

第二,应用效果。目前,该技术已在多家生产工厂进行推广实施,节能、减排、降耗效果显著。按天然气现在价格5.23元/Nm^3计算,每年可创造经济效益近1000万元。

运用钉钉打卡进行设备管理
实现无纸化高效管理

主创人员：崔一舟、王伟、金亮、沈洪洲、王亮
单位：上海建工五建集团有限公司机械工程公司
亮点：通过钉钉考勤打卡在设备管理中的有效运用，全过程地对施工现场人员及设备作业情况进行实时监控，督促施工人员主动、自动地遵守劳动纪律，按时考勤。相较于传统考勤机制，钉钉打卡的查看和导出更加直观、方便、可靠，并可通过网络查看、审批和存储，真正实现无纸化高效管理，是设备管理模式的重要创新。

一、项目背景

随着上海建工五建集团的快速发展、全国化发展，为响应集团全国化战略，外地项目施工规模持续扩张，塔机、施工升降机数量递增，为了及时核察异地驾驶员、施工和管理人员的考勤是否按时，到岗是否及时，让公司掌握真实考勤到岗情况，规避作假、敷衍等情形，我们采用了钉钉考勤打卡，以信息化管理手段，规范操作人员的考勤管理，进而提高对操作人员的管理力度，确保设备施工的安全生产。

二、核心原理

钉钉是由阿里巴巴官方推出的一款专为企业量身打造的统一办公通信平台。通过钉钉软件可以在很大程度上提升企业和团队的工作效率。该软件可帮助中国企业通过系统化的解决方案，提升企业沟通和协同的效率。钉钉考勤打卡应用作为面向企业组织的移动办公应用之一，由企业授权管理员选择开通、设置、管理和使用。

钉钉考勤打卡提供了固定制、排班制、自由工时三种不同的考勤方

式。通过设置班次来配置上下班时间、午休时间及各种人性化设置。考勤打卡可通过地理定位和连接 WiFi 两种方式识别定位,并可设置 5~3000 米的精度要求,或人脸特征比对完成被选人员的在线考勤和打卡。随时可查看团队当日、当月出勤情况;员工请假、加班、出差外出等审批数据自动同步,可实时查看考勤统计。考勤数据自动统计,月底一键导出;仅需一小时即可统计数百名员工的考勤。

三、项目运用

通过对所有在建项目管理人员钉钉考勤打卡管理,并将钉钉系统的考勤记录作为人工费结算的主要参考依据,使考勤管理的效率得到了显著提升。总体而言,有以下几个方面的特点。

一是有效提高了施工现场的设备质量管理。该系统可以让我们第一时间掌握施工现场施工人员的到岗、到位情况,加强现场人员和设备管理。该系统的应用还可以使施工人员在工作过程中做到尽职尽守、不懈怠,自觉地遵守劳动纪律,按时考勤,更好地为项目的施工带来优质服务。

二是提高了设备质量的管理效率。该系统可以通过设备驾驶员的考勤工作统计间接地了解每台设备的使用工作频率,从而在第一时间掌握施工现场施工人员的到岗情况,监控施工现场的操作人员和设备的实时动态情况。

三是降低管理成本。随着该系统的使用,节约了考勤设备和考勤监管人员,由原来被动的考勤监管模式转为主动自我考勤上传模式,大大节约了管理成本。

四是使管理工作更现代化、更具科技性。钉钉考勤打卡系统对于先前传统的人员和设备管理模式而言是一种提高,更是一种创新。该系统结合时下正在飞速发展的计算机及互联网技术,实现了管理的远程化与实时性,加强了人员和设备管理工作的科学性、真实性。

四、项目优势

通过钉钉考勤打卡在设备管理中的有效运用,相对于传统的人员和设备监管模式有了质的飞跃。通过该系统,可以从各方面、全过程地对施工现场人员及设备作业情况进行实时监控,这就好比在现场多了一双"无形的眼睛",时时刻刻注意着施工人员的一举一动。久而久之,施工人员就能主动、自动地遵守劳动纪律,按时考勤。而且,与传统考勤机制相比较,钉钉考勤系统的查看和导出更加直观、方便、可靠,并可通过网络查看、审批和存储,进而真正实现了无纸化高效管理。

钉钉考勤打卡作为一种科学、高效的工程管理手段,对于加强设备质量的管理力度、提高设备质量的管理效能、提升设备管理工作的科技含量等方面都具有明显的成效,实现了设备管理模式的创新。

耙吸挖泥船施工燃油消耗数学模型
提高成本预算准确性

主创人员：孙奉阁、王志、闻长生、马忠贤、丁海明、符毅、杨舒

单位：中交上海航道局有限公司

亮点：目前对于耙吸挖泥船施工燃油消耗预测，主要依靠经验判断，如果在稳定、固定的施工条件下，对燃油的预测数据也可以达到较准确的水平，但是每个工程的环境不同，一旦施工条件发生变化，根据经验判断预测数据和实际数据就会发生较大偏差。本项目利用科学的大数据理论及回归分析法，总结出严谨的数字模型，预测和实际值最大误差在5%以内，为耙吸挖泥船施工成本预算探索了一条很好的道路，同时也对疏浚行业船舶燃油管理具有较大的指导意义。

一、研究背景

中交上海航道局有限公司是中交集团下属的一家大型国有企业，主要经营范围之一是港口与航道建设工程，旗下拥有20艘大中型耙吸挖泥船，耙吸挖泥船总舱容达15万立方米，工程遍及国内、外各沿海港口与航道施工、围海造田等项目。船舶的燃油消耗成本在船舶成本中占比最大，且受外界不稳定因素影响变化较大，目前很难预测，但是在工程投标成本预算、船舶施工的成本预算阶段需要相对准确的数值。基于以上情况，需要一种相对准确的预算方法。

二、研究成果

第一，回归分析法是预测分析的主要方法，在较多领域得到了广泛使用，因此可以利用此方法建立耙吸挖泥船船舶燃油消耗预测数学模型。为了简化模型计算，这里仅列出两个自变量，一个自变量是主机运转时间，

另外一个自变量是施工时间利用率,即满额施工时间与主机运转时间的比值。关于水流、风向等因素,在船舶循环施工航行中可以相互抵消,因此不作考虑。

第二,建立耙吸挖泥船油耗预测模型的方法包括如下几方面。

(1) 对公司大型船舶"新海凤"轮耙吸挖泥船近三年施工的每月运转时间、时间利用率和油耗数据进行清理和抽样。因为本模型是为了预测船舶施工期间的油耗数据,所以数据抽样没有考虑船舶在计划修理和抛锚期间的油耗数据,只考虑在施工期间的数据。抽样结果如表1所示。

表1 抽样数据表

运转小时 (h)	时间利用率 (r)	燃油(吨) (y)	油耗率
336.00	0.90	697	2.07
458.50	0.94	997	2.17
664.00	0.93	1551	2.34
665.00	0.98	1693	2.55
550.00	0.87	1359	2.47
654.50	0.96	1680	2.57
650.00	0.96	1564	2.41
405.50	0.95	1015	2.50
668.00	0.90	1686	2.52
312.00	0.95	725	2.32
579.00	0.97	1412	2.44

(2) 根据以上抽样数据建立油耗数据非线性回归模型,其中 ε 为调节常数:

$$y = \beta_1 h + \beta_2 r + \beta_3 hr + \beta_4 h^2 + \beta_5 r^2 + \varepsilon$$

令 $x_1 = h$,$x_2 = r$,$x_3 = h \times r$,$x_4 = h^2$,$x_5 = r^2$

于是得到 y 关于 x_1,x_2,$\cdots$,x_5 的线性表达式:

$$y = \beta_1 x_1 + \beta_2 x_2 + \beta_3 x_3 + \beta_4 x_4 + \beta_5 x_5 + \varepsilon$$

这样将二元二次多项式回归,在线性化后变为五元一次线性回归,即由两个自变量变成五个自变量，其数据格式如表2所示。

表2 线性化后的数据格式

运转小时（h）	时间利用率（r）	h×r	h^2	r^2	燃油（吨）（y）	油耗率
336.00	0.90	302.50	112896.00	0.81	697	2.07
458.50	0.94	430.00	210222.25	0.88	997	2.17
664.00	0.93	619.00	440896.00	0.87	1551	2.34
665.00	0.98	651.00	442225.00	0.96	1693	2.55
550.00	0.87	477.00	302500.00	0.75	1359	2.47
654.50	0.96	627.00	428370.25	0.92	1680	2.57
650.00	0.96	621.00	422500.00	0.91	1564	2.41
405.50	0.95	387.06	164430.25	0.91	1015	2.50
668.00	0.90	601.20	446224.00	0.81	1686	2.52
312.00	0.95	296.40	97344.00	0.90	725	2.32
579.00	0.97	561.63	335241.00	0.94	1412	2.44

（3）通过回归方差分析，F值为95.72，显著水平0.0000584（<0.05），说明存在真实的五元一次线性方程。表3为五元一次线性回归方程回归系数的检验表。

表3 五元一次线性回归方程回归系数的检验

系数	值	标准误差	T值	显著性
Intercept	32665.82129	15424.166	2.117833827	0.087746129
X Variable 1	8.835963458	4.8540357	1.820333424	0.128354096
X Variable 2	−75355.39413	33665.25	−2.238373234	0.075368383
X Variable 3	−8.581362534	5.2287177	−1.641198283	0.161679738
X Variable 4	0.001811041	0.0015938	1.136306755	0.307339121
X Variable 5	43531.20528	18652.076	2.333853072	0.066889725

得到船舶正常施工燃油月度消耗的预测方程如下：

$$Y = 8.8359635h - 75355.39413r - 8.58136253hr + 0.00181104h^2 + 43531.20528r^2 + 32665.8213$$

其中：y为燃油耗数量，h为运转小时，r为时间利用率。

（4）表4为此回归方程的残差分析表，将通过此回归方程预测出的油耗数据与抽样数据对比，最大偏差数值为74，不超过5%，表明此模型的预测数据达到既定要求。

表4 残差分析表

观测值	预测 Y	残差
1	684.6205976	12.37940236
2	1024.152373	-27.15237259
3	1601.867506	-50.86750619
4	1704.798707	-11.79870656
5	1368.970598	-9.970597754
6	1605.011237	74.98876256
7	1585.484488	-21.48448792
8	958.4977398	56.50226016
9	1657.681108	28.31889198
10	754.7083189	-29.70831892
11	1433.207327	-21.20732713

三、应用效果

经过"新海凤"实船测试，施工期间的实际燃油消耗量与公式预测值相差不到5%，说明数字模型建立有效。其他耙吸挖泥船可以用同样的方法建立燃油数学模型，为工程图标预算和施工成本预算提供数据支撑。

自适应永磁直驱皮带运输系统
实现生产单耗降低 61% 以上

主创人员：晋纪岩、杨志刚

单位：冀中能源峰峰集团有限公司新屯矿

亮点：带式输送机通过新型永磁同步电动滚筒直接驱动，较传统驱动方式而言，在空载条件下单耗降低 84.77%~85.39%，重载情况下单耗降低 61.71%。通过带式输送机改造前后测试数据对比，空载节电率可达 65%，重载节电率可达 32%，节电效果很明显，尤其是在空载状态下的节电效率更加突出。通过电机云系统使设备一直处于良好的运行状态，大幅降低了设备故障率，减少了非计划停机时间，保证了生产，降低了维修成本。

一、研发背景

中国是世界第一产煤大国，煤炭在能源结构中居于主体地位，煤的运输是一个重要问题。带式输送机具有运输量大、连续作业效率高和运行可靠等优点，已成为煤矿企业使用最多的运输方式。在煤矿运输系统中，带式输送机在设计时由于要考虑生产过程中出现的过载情况，因而在选择驱动电机时通常都会保留足够的功率裕量，而在实际生产中，带式输送机大多数情况下很难达到满载状态，这就容易出现"大马拉小车"的现象。此外，煤矿井下皮带运输系统存在噪音大、皮带跑偏和水煤等现象，影响人员健康安全与皮带运输安全。为了防止这些危害，对井下皮带运输系统进行改进和完善的工作迫在眉睫。

经过前期大量的调研，发现目前井下皮带运输动力系统大部分采用传统的"异步电机+液力耦合器+减速机"，由于减速机和液力偶合器的存在，传动系统效率较低且设备维护烦琐；在皮带运输安全方面，防范措施不够完善，存在噪音大、皮带跑偏、水煤等危害。为了解决上述问题，本项目开发了可以确保其安全、可靠、节能、高效运行的皮带运输系统。

二、核心原理及创新

本系统采用永磁电滚筒代替传统的三相异步电动机带式输送机的驱动方式，研发自清煤滚筒，自动清理带式输送机机尾黏煤。技术人员分别对永磁电滚筒皮带运输系统、智能调速、自清煤滚筒、水煤识别与处理装置和云技术进行了研发。

水煤识别与处理装置，可以识别水煤、处理水煤，防止水煤危害。基于图像处理与图像识别技术，开发的调速系统可随着皮带上煤量变化调节带速，避免空载高速运行的现象。最后，本项目组还将研发的设备与云技术结合起来，检测其运行状态，通过分析运行数据，预测带式输送机故障，减少了非计划停车的情况。本系统在峰峰集团新屯矿的井下实现了应用，并取得了成功。

三、项目运用

第一，在带式输送机空载运行情况下，采用永磁电动滚筒直驱方式，其单位时间内空载电耗为普通驱动方式的 14.61%～15.23%。

第二，重载情况下，永磁电动滚筒的电耗为普通驱动方式电耗的 38.29%，节能效果明显。其节能效果源于以下方面：一是永磁电动滚筒为直驱，传动效率高；二是永磁电动滚筒自身的电能转换效率高。

第三，改造后皮带集中控制可实现节能功能，具有智能化操作模式。通过现有变频调速控制装置具有的功能，与皮带集中控制系统通过逻辑功能，为实现根据载荷改变转速，实现"重载高速，轻载低速，无载停车"的功能。实现后，具有智能化操作，可根据生产情况自动调整速度，最终达到节能的目标，实现节能10%～35%，充分发挥变频调速现有的功能。

第四，自清煤滚筒装置与水煤处理系统安全可靠、安装方便、互换简单，能够实现机尾处自动清煤，以及皮带上水煤的及时处理，改变了旧式人工作业，提高了生产效率，减少了安全事故，减少了人工维修次数，降低了劳动强度，每年可节约维修费10万元，人工成本费60万/年。

第五，云系统保证设备一直处于良好的运行状态，大幅降低了设备故障概率，延长了设备使用寿命。提高了每台设备的运转效率，降低了能耗。减少了非计划停机时间，保证了生产效率，降低了维修成本。

四、项目优势

新型永磁同步电动滚筒直接驱动的带式输送机相较于传统驱动方式的带式输送机在空载条件下单耗可降低 84.77%~85.39%，重载情况下单耗可降低 61.71%。通过自清煤滚筒和水煤处理装置可使设备的清煤工作强度下降，滚筒维修、调试次数减少，事故率降低，安全系数提高，系统运行稳定，自动化程度高。通过电机云系统使设备一直处于良好的运行状态，可大幅降低设备故障率，延长设备使用寿命，减少非计划停机时间，降低维修成本。

使用带式输送机"依载调速"技术后，通过带式输送机改造前后测试数据的对比，空载节电率可达 65%，重载节电率可达 32%，节电效果很明显，尤其是在空载状态下的节电效率更加突出。采用永磁电机后，从电网吸收的能量几乎全部用于有功，整个过程中的功率因数超过 0.9，节约了大量电能。其维护量低，设备运转可靠。使用永磁防爆电动滚筒后，由于设备的构成较为简单，日常维护时仅需对设备及时注油，并在使用过程中注意设备的冷却即可，极大地减少了设备的维护量，降低了维护工的日常工作量，减轻了工作人员的劳动强度，达到了运行可靠、高效的目的。

超低成本整改列车速度传感器消除信号毛刺故障

主创人员：甘波

单位：申通阿尔斯通（上海）轨道交通车辆有限公司

亮点：列车速度传感器出现信号毛刺故障，会影响列车的正常运行。工程技术人员通过对列车速度传感器信号毛刺故障进行模拟复现，找到了解决故障的方法。通过对速度传感器进行整改，解决速度传感器毛刺问题，将提高列车运营的可靠性。

一、研发背景

轨道交通地铁列车速度传感器是用来测量列车运行速度的传感器，一般安装于列车转向架的轮对上，其作用是为列车提供轴速信号。列车上的电磁环境相对比较复杂，传感器的信号传输电缆一般会选用带屏蔽功能的电缆，同时，电缆的屏蔽层需要接入列车保护接地点，以便防止信号传输受到外部电磁干扰。

二、核心原理

以 SKF 公司生产的型号为 AV1639721-38 的列车轴端速度传感器为例，其信号传输电缆使用的是两根单独的信号导线，无屏蔽层保护。该型号速度传感器安装在上海地铁 9 号线 09A02 型列车上，传感器信号传输电缆无屏蔽保护，传感器金属探头与车体未实现接地保护。在列车运行过程中会产生速度信号毛刺，触发列车速度传感器故障，导致列车频繁下线，影响列车运行质量。在对该异常速度传感器故障进行复现时，发现传感器在工作时受到某种外部信号的干扰，导致其出现异常毛刺信号。通过对该型号速度传感器信号传输电缆增加屏蔽接地保护措施，可以防止速度传感器信号受外部干扰，同时增加传感器金属探头与车体接地点相连，可以有效解决传感器信号容易受到外部干扰而输出异常速度信号毛刺的问题，对于轨道交通地铁列车的安全运行有着一定的参考意义。

三、项目运用

根据故障调查的结果，制定速度传感器整改措施，使用带屏蔽功能的导线替换原速度传感器的信号传输导线，同时将新导线屏蔽层的一端连接到传感器探头的外壳上，另一端连接到传感器信号传输连接器插针上，实现传感器探头外壳与车体保护接地点相连。通过对该型号速度传感器进行整改，使传感器信号传输电缆具备了信号屏蔽保护功能，同时传感器探头外壳与列车保护接地点相连，可以解决传感器信号出现异常毛刺的问题。

截至2022年底，该整改方案已经应用于上海地铁9号线09A02车型的41列车上，有效地消除了列车速度传感器信号的异常毛刺，提高了列车运营的可靠性。该速度传感器整改装置的应用场景，见图1所示。

四、项目优势

通过采购新的速度传感器也可以解决此问题，但是成本非常高。如果仅对速度传感器进行整改，方案较为简单，材料成本也比较低。通过上述方法对型号为AV1639721-38的速度传感器进行整改，增加了速度传感器信号传输屏蔽保护接地功能，解决了原有传感器容易受外部干扰导致信号输出异常的问题。提升了列车运营的可靠性。同时，累计节约备件采购费用超800万元。

项目优势总结如下：

（1）提高列车运营安全，降低速度传感器故障率。

（2）减少备件采购费用，节约经济成本。

（3）整改安装快捷方便，易于推广。

图1 速度传感器整改装置应用现场

城市轨道交通轨道专业数据中台涵盖超过 30 项检测项目

主创人员：张斌

单位：上海地铁维护保障有限公司工务分公司

亮点：运用大型检测装备对全路网的钢轨进行周期性检测，涵盖了钢轨伤损检测、钢轨几何型位检测等超过 30 项检测项目，可通过后期数据分析形成检测数据报告的轨道专业数据中台。

一、研发背景

为了能够监控庞大的轨道交通网络轨道设备使用安全，上海地铁维护保障有限公司工务分公司于 2013 年设立专业部门，负责运用全球最高端精确的大型检测装备对全路网的钢轨进行周期性检测，涵盖了钢轨伤损检测、钢轨几何型位检测等超过 30 项检测项目，通过后期数据分析形成检测数据报告，供公司高层进行采纳和决策。

二、核心原理

强大的数据采集前端能够在第一时间发现伤损和病害，形成三级伤损病害消缺机制。与此同时，全球领先的数据采集前端也带来了海量的数据，这些数据中隐藏着对钢轨伤损和病害生成及发展的规律，而工务分公司缺乏的正是一套能够对数据进行提炼、寻找其中规律、方便观察数据可视化趋势、能够提供专家系统辅助决策的全方位数据管理平台。

三、项目运用

工务分公司轨道数据平台数据的展示部分，全部使用大数据图表进行展示。建立了基于钢轨伤损为中心的履历档案制，并且将履历和档案进一步细分为流转事件（关注伤损的具体流转信息），伤损事件（关注伤损本身信息收集），复核情况（关注对于伤损周期性检测记录信息），探伤周期（关注伤损周期性检测记录）。

四、项目优势

工务分公司轨道数据平台是由该分公司按日常生产需求自主研发数据分析及使用逻辑，由开发小组对公司内部预计将使用平台的部门进行调查后，确定了最适用于现场的单据，进而确定的最能够展示现场维护和钢轨伤损或病害发展趋势的可视化手段，以集中展示、细致分布为原则，确定了大数据可视化的界面，完全匹配工务分公司关于钢轨伤损和病害流转的全部流程。该轨道专业数据中台的流程情况，详见图 1 所示。

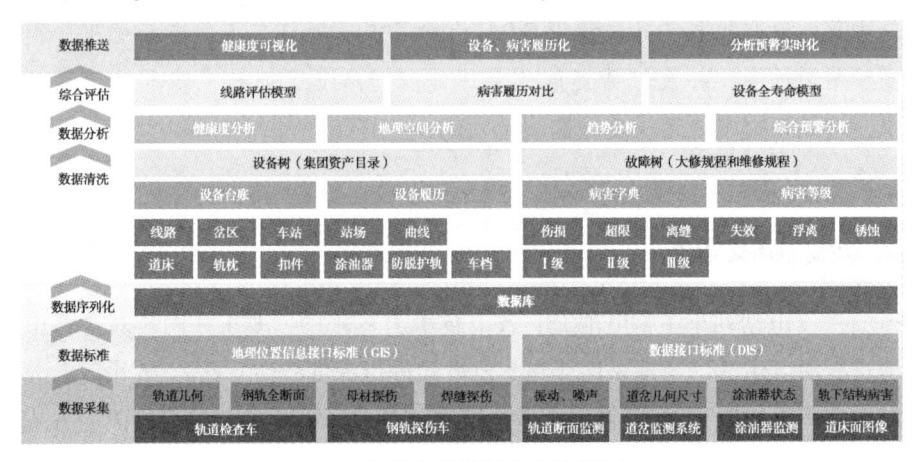

图 1 轨道专业数据中台流程图

电动列车主蓄电池充放电实时监测设备显著提高运行质量

主创人员： 盛忠明

单位： 上海地铁维护保障有限公司车辆分公司

亮点： 该项目旨在解决在列车主蓄电池深度激活过程中采用传统的万用表定时测量电池单体电压工作产生的各类误差，以及克服测量过程中由于受充放电过程中有毒气雾对人体产生危害等弊端。项目研制了"电动列车主蓄电池充放电实时监测设备"，大幅降低了检修工人的劳动强度，提高了测量进度，并及时捕捉电池单体故障，降低了列车主蓄电池的故障率，确保了列车的运能及质量。

一、研发背景

在《电动列车主蓄电池充、放电技术工艺》中，要求每两年对主蓄电池进行深度激活。常规采用2充2放方式进行深度激活，共需26小时。充放电期间，需要每30分钟记下各电池单体的电压。上述传统检修测量方式存在以下弊端：

（1）劳动强度大。

（2）长时间重复测量，容易造成接触、视觉、疲劳等多种累积误差。且无法及时捕捉单体故障发生的具体时间，容易产生电路寄生故障。

（3）在蓄电池充、放电过程中，由于电解液的电解作用，有毒气雾不断从补液口冒出，吸入人体后，容易对工作人员的身体造成危害。

二、核心原理

该设备通过使用电位差的电压测量方法，对每个电池单体电压及总电压进行取样，将取样电压一一对应地通过控制电缆传送到"蓄电池充放电监控柜"面板上的电压表内,进行实时监测,并利用报警功能输出,及时捕捉电池异常。

三、项目运用

项目通过监控每个电池单体电压及电池箱总电压在 26 小时 2 充 2 放过程中的变化,使检修人员直观地监控并记录每节单体电池的电压数值及总电压,以便及时发现并排除在充放电过程中电压发生异常变化的电池单体,并采取相关检修措施,确保整个电池组性能良好。

四、项目优势

电动列车主蓄电池充放电实时监测设备不再采用传统的万用表测量电池单体电压工作,消除了各类误差,以及测量过程中由于受充、放电过程中有毒气雾对人体产生危害等弊端。并能及时捕捉电池单体故障,降低了列车主蓄电池的故障率,提高了列车主蓄电池的运用质量。

轨道交通三层检修平台对射安全防护装置有效率达 100%

主创人员：许学平

单位：上海地铁维护保障有限公司车辆分公司

亮点：本装置能检测人员入侵危险区域，一旦有人员靠近危险区域，系统则立刻触发声光报警，提醒人员立即撤离，有效率达 100%。

一、研发背景

地铁列车车顶设备需定期维护，检修作业时需登上检修道三层平台。在触网未完成断电并挂设接地棒前，平台及车顶区域为危险区域，严禁人员进入。基地检修平台采用集中布置的方式，相邻检修道共用同一个作业平台。作业人员存在由于疏忽而通过共用平台进入非作业列车车顶的安全隐患。

二、核心原理

安全防护装置主要由电源模块、红外对射探测器发射端和接收端、控制装置、声光报警装置组成，可以检测人员侵入危险区域。一旦有人员靠近危险区域，系统则立刻触发声光报警，提醒人员立即撤离，起到了辅助安全作用。

三、项目运用

该装置于 2016 年在上海地铁 11 号线开始使用，运行至今安全可靠。在预防人员误入三层平台危险区域、防止造成人身伤害事故发生方面取得了令人满意的效果。

四、项目优势

三层检修平台对射安全防护本装置（见图1）能减少通过共用平台进入非作业列车车顶的安全隐患；提高了现场作业人员的工作效率。本装置制作安装快捷方便，易于推广。

图1 三层检修平台对射安全防护装置

集中式屏蔽门信号安全控制监测系统填补国内空白

主创人员：陆鑫源
单位：上海地铁维护保障有限公司通号分公司
亮点：本项目旨在实现屏蔽门系统检测与监测设备的一体化、检测结果可视化，并对检测数据进行定量分析。项目组对不同屏蔽门控制信号进行了调查，研制了继电器状态检测装置、专用检测平台、摄像头检测模块以及屏蔽门后台监测系统，填补了国内地铁不同屏蔽门系统的联合监测系统空白。

一、研发背景

上海地铁2号线东西延伸段集中式屏蔽门由两家不同的供应商提供。因国内地铁缺乏不同屏蔽门系统的联合监测系统，故而设备实时状态监测提供技术手段有所欠缺。

二、核心原理

本项目采用非接触式检测手段对屏蔽门控制系统的各个继电器是否正常动作进行识别、监测，同时利用漏电流检测传感器和卡斯柯信号有限公司的继电器电压检测装置分别对继电器的电流、电压进行实时监测，给出系统屏蔽门工作状况，如果有异常，则可以实现报警和预警。整个系统由摄像头检测模块、电流传感器检测模块、卡斯柯电压传感器检测模块和后台监测系统组成。具体研究内容如下：

（1）屏蔽门信号检测装置。整个系统由摄像头检测模块、电流传感器检测模块、卡斯柯电压传感器检测模块组成。本系统利用索尼公司的OV5640摄像头模组对继电器的触点动作状态进行实时监控，并将触点动作发送至检测平台,同时利用直流漏电流传感器检测各个继电器的线圈电流、触点电流,直流漏电流传感器将电流状态转换为电压值,电流检测电路板对传感器输出的电压值进行采样、计算,得到实时电流值,并通过485传输方式发送至检测平台,检测平台对各个继电器的采样结果进行分析处理,将采样结果显示到自带的屏幕上,同时通过网络传输方式发送至服务器,服务器进行存储、判断、预警和报警。

(2)后台监测系统。采用B/S结构编写后台监测系统,采用网络传输方式与检测平台通信,实现主从结构的信号采集处理功能,可以实现每个检测装置数据的采集,数据判读、显示、运算以及故障预警和报警功能。

地铁屏蔽门信号安全控制监测系统主要包括四个部分:检测平台;摄像头检测模块;电流传感器检测模块;卡斯柯电压传感器检测模块。后台监测系统主要包括计算机、后台操作界面。

三、项目运用

该系统的使用,为地铁屏蔽门系统维护提供了有力保障,为屏蔽门设备实时状态监测提供了技术手段,提高了调试效率,减少了正线调试时间和人工检测次数。可利用该系统发现并处理潜在故障和对已有故障进行分析,大大缩短了故障分析和定位的时间。不但可以增加故障处理的准确性,而且还能提高维护效率,减少检测人员,从而节约维护成本。

四、项目优势

该平台的研发为设备运营提供了系统的维护及预警手段。实现了屏蔽门系统检测与监测设备的一体化、检测结果可视化,具有检测数据定量分析功能。本项目中的电流检测装置为非接触式的电流检测,无须接入设备,对原系统影响较小,研发的微电流直流电流传感器为小电流直流检测,可以检测多种量程的电流信号,其检测精度较高,实时性较好。该安全控制监测诊断装置实物详见图1所示。

项目优势总结如下:

(1)无须接入设备,对原系统影响较小。

(2)检测精度较高,实时性较好。

（3）提高维护效率，减少检测人员，从而节约维护成本。

（4）大大缩短了故障分析时间，增加了故障处理的准确性。

图1 安全控制监测诊断装置实物图

利用首创技术彻底解决 ZYJ7 液压转辙机故障问题

主创人员： 徐建军

单位： 上海地铁维护保障有限公司通号分公司

亮点： 为解决 ZYJ7 液压转辙机因外锁闭装置机械卡阻所造成的故障，本项目对部件进行了技术创新，现场使用后成效显著，提高了设备的可靠性。

一、研发背景

针对上海地铁运营密度增加后 ZYJ7 液压转辙机会出现因外锁闭装置机械卡阻而造成道岔设备故障的问题，严重影响了上海地铁的正常运行，急需对外锁闭装置做出改进。

二、核心原理

首创外锁闭装置改进型轴承，采用内外双球的结构，利用球面滑动的原理，实现自动调整轴心。确保轴承与销轴共轴，锁钩和锁闭铁为面接触，大大减少了部件之间的磨损，解决了传统结构中因锁钩翻转、道岔不方正、尖轨转换过程中的摆动所造成的机械卡阻问题。

首创自润滑锁闭框，在锁闭框底部镶嵌固体润滑材料，利用其高承载、耐磨损、自润滑等优点，解决了传统锁闭框在磨损严重后会造成锁闭杆、锁钩倾斜，引发转辙机故障的问题。同时，延长了人工检修维护周期，大幅降低了加油润滑频次。

改进了表示拉杆和接头部位连接的方式，由原来的竖穿结构螺栓销更改为横穿结构，并在连接部位增加了新型材料的弹性防震垫片，可以吸收振动能量。解决了传统结构在列车通过时，表式杆缺口窜动严重的问题，同时降低了对转辙设备的冲击，提高了整体系统的可靠性、稳定性。

三、项目运用

该项目成果在上海地铁全路网推广应用后，各项参数符合技术标准，其性能稳定可靠，根据监测设备数据，电机启动功率降低，功率曲线平滑，转换时间缩短，各部件表面均有磨亮，磨屑少，验证了设备效果良好，彻底解决了外锁闭装置机械卡阻所引发的故障，助力上海地铁转辙机安全运行。改进后的ZYJ7液压转辙机外锁闭装置实物，详见图1所示。

四、项目优势

本项目具有以下优势：

（1）提高了液压转辙机外锁闭装置的可靠性。

（2）彻底解决了外锁闭装置机械卡阻所引发的故障。

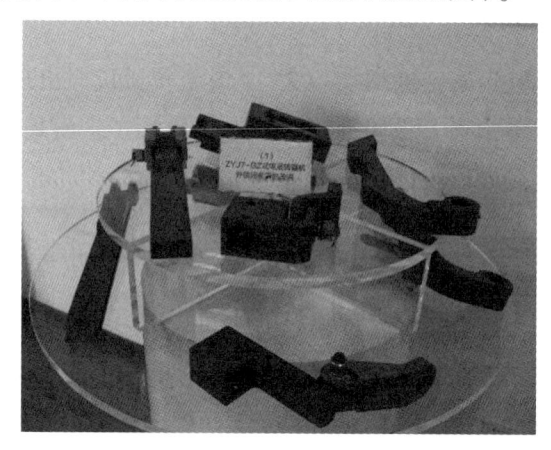

图1　改进后的ZYJ7液压转辙机外锁闭装置

全寿命周期智能运维新模式提升列车可用率至 97%

主创人员：傅嘉俊

单位：上海地铁维护保障有限公司车辆分公司

亮点：本项目首次建立了基于"RCM+APS"城轨车辆全寿命周期运维体系与生产模式，覆盖了 20 条线、34 个基地的车辆运维工作，打造了车辆运维专业的统一生态圈。列车平均无运营故障间隔里程从 6.4 万公里提升至 20 万公里，列车可用率从 93% 提升至 97%，检修人车比下降了 38%，推动上海地铁车辆转型升级到按需维修，全面提升了车辆运维的可靠性及可用率。

一、研发背景

随着上海地铁覆盖范围的扩大，乘客对于乘坐准点率、舒适性、灵活性等需求的日益提高与服务水平增长之间的矛盾也日益凸显。传统的列车检修模式存在检修效率低、响应速度慢等问题，难以应对上海地铁网络化运营下的新挑战。

二、核心原理

通过引入不断发展的物联网、人工智能、机器视觉、大数据等先进互联网技术，车辆分公司建设了车辆智能运维平台，形成了基于智能运维的列车全寿命周期维护新模式。通过平台整合方式，重新定义了城市轨道交通车辆全寿命周期，构建出一套包含"规程-计划-执行-交付/监控"全业务场景的车辆全寿命周期智能运维模式，并通过打造统一的运维平台（RISE），打通各业务环节信息壁垒，形成了囊括车辆从运行、检测到维修全过程、立体化的城轨车辆智能运维新模式，实现了轨道车辆由传统的计划修和故障修向状态修的转变。

三、项目运用

将平台与地铁列车检修业务高度结合，囊括列车的规程制定、生产排程、检修执行、交付运营全过程。

在列车规程制定方面，运维新模式以规程科学性为核心，以可靠性为中心的维修体系（reliability centered maintenance，RCM）为理论指导，根据列车设备本身的属性，合理制定维护任务及周期，避免因不同等级修程所导致的过修欠修。

在维护计划编制方面，运维新模式以统筹优化为核心思想，形成了自动化的高级计划排程系统（advanced planning and scheduling，APS）。该系统以全寿命周期规程为核心，以智能运维平台采集到的场地、工器具、人员、窗口时间等数据为基础，自动编排检修计划，使其贴近规程要求。

在检修执行方面，运维新模式将以保证执行为核心，通过移动点巡检、鹰眼、工器具管理等系统，保障检修过程执行到位，并且实现了列车运维过程中人工检查环节的运维信息采集。

当列车完成检修交付运营后，运维新模式将以应急处置与信息收集为核心，通过物联网技术完成列车运行状态的实时监控及应急处置。

四、项目优势

基于运维新模式中各个列车运维环节收集到的海量列车状态数据、故障数据及检修数据，运维专家可以系统地通过设备异常状态检测、故障诊断和推理、轨道车辆状态评估和预测、部件剩余寿命预测这四个方面的算法服务作为引擎，实现列车部件可靠性分析、列车服务能力评估、列车故障诊断等功能，进而不断提升规程的科学性、合理性。

车联网系统 IOR 实现远程故障告警准确率达 95% 以上

主创人员：傅嘉俊

单位：上海地铁维护保障有限公司车辆分公司

亮点：本项目首次研发并应用了超大规模复杂制式下高并发轨道车辆联网技术，建立轨道交通车联网系统 IOR，针对车辆多车型、多制式的场景，研发应用车联网云边协同计算、多协议信号融合以及全自主化 IOTDB 时序数据库技术，解决了多元异构超大规模数据采集、并发接入、海量数据存储的难题。实现上海地铁 49 种车型制式，7460 辆车同时并发接入，每秒百万级的数据点同时读写水平。实现日常维修中提前对故障的预警，远程故障告警准确率达 95% 以上，正线运营故障率降低了 15% 以上。

一、研发背景

在车辆分公司传统的维修模式中，列车在交付运营后对检修人员来说始终处于黑盒状态，列车的运行状态和故障情况只能通过司机的故障反馈进行了解，难以实时把握，该系统就解决了这一痛点。

二、核心原理

车联网系统（Internet of rolling stock，IOR）是将城轨车辆整车、车辆各子系统以及车辆关键部件通过安装传感器进行智能化升级，将车辆状态数据化，通过 4G、WiFi 等各种无线网络连接车辆与地面智能运维平台。系统可以实时监控入网列车基本运行状态、各系统状态以及主要部件的状态，监控状态页面显示与线路列车驾驶室显示屏的显示保持一致。

三、项目运用

车联网系统 IOR 采用 Netty、Kafka、Spark Streaming 等大数据技术实现了列车状态的实时监控及超大规模的数据收集。新模式下,其取代了传统的故障只能依靠入库后手动下载离线数据查看列车故障状态的方式。新模式将涵盖列车速度、线网电压、车门开关状态、电机转速、轮轨接触状态等一系列核心信号,使列车 95% 的子系统实现了远程故障监控。

车联网系统在实际使用过程中可实现如下实时监控功能:

(1) 在运营数据管理时,检修人员通过平台可直接查询列车公里数、能耗、空压机运转时间运转率、车门开关次数、继电器工作次数等基本信息,减少检修人员上车查看数据的时间。

(2) 检修人员通过故障查询了解故障情况,通过平台故障字典,第一时间处理故障。同时将故障信息及时推送给相关人员,让相关人员了解故障情况,进行及时响应。

(3) 设置平台预警逻辑,对车况进行提前预警,提前介入,避免故障发生。

(4) 通过历史状态查询,随时查询列车故障,去除以前上车下载故障的形式,通过平台导入所需信号,直接进行故障分析,处理故障。

列车应急处置是列车运营中重要的一环,以往的列车应急处置主要依靠各车型的应急处置手册,在列车发生正线故障后,司机根据应急手册的操作说明,一步一步执行应急操作。在执行的过程中,由于处置现场混乱、人员情绪紧张等问题,往往导致应急处置失败,需要列车救援。在车联网系统得到运用后,当列车发生故障时,可通过列车实时故障监测和状态数据,让计算机选择合适的应急操作预案,并在执行预案的过程中实时获取列车当前状态,由系统判断执行是否成功,并提示下一步应该如何操作,进而提升处置成功率。

四、项目优势

车联网系统 IOR 还可基于运营经验设置的预警条件,根据报警的相关变量而进行快速分析,定位故障原因,提供预定义的故障处置指导。同时，该系统能够结合运营经验、易产生故障的工况，在大数据积累的过程中设置模式条件及报警内容，进而实现对列车预警信息的灵活性配置功能，当配置完成后，可以提前预判故障的发生，并发出提示，以提醒地面监控人员重点关注。

该系统不仅在实时监控方面发挥着作用，而且还是智能运维平台内的重要数据源，可以为专家系统、自动排程等系统提供数据支持。

车载单元制动机拆装起重及精确对位工具提升效率75%

主创人员： 盛忠明

单位： 上海地铁维护保障有限公司车辆分公司

亮点： 地铁列车采用踏面制动方式的单元制动机，对"原更换单元制动机工序"进行车载拆装，在起重工序及对位工序操作过程中，不仅存在诸多安全风险，同时也存在费时、劳动强度高的问题。本项目通过设计"车载单元制动机拆装起重及精确对位工具"，并配合使用，很好地解决了检修工艺、安全、高强度劳动等问题。

一、研发背景

上海地铁车辆03A01型列车采用踏面制动方式，原气电转换点为18km/h，造成列车单元制动机故障多发，在更换故障单元制动机过程中，如采用维护手册要求的工艺，须将转向架与车体分离落下后进行操作，这些操作费时、费力。如现场拆装，由于单个单元制动机外形特殊，无可靠的吊装点，会造成吊起后重心倾斜与安装孔对位不准，且周边空间狭窄，固定螺丝只能盲对，造成对位困难。

二、核心原理

对位工具分为拆装起重装置和精确对位装置两部分。通过使用拆装起重装置，能轻松地将单元制动机在构架内提升与降落，并定位锁闭。通过使用精确对位装置，可确保在安装单元制动机时，使单元制动机平稳地坐落在定位装置上，进而利用装置的适当调整，确保对位快速成功。

三、项目运用

项目部件直接安装固定在转向架构架及钢轨上，通过制作精确对位装置工具，利用工具的上下、左右、前后的适当调整，可保证安装对位一次成功。通过拆装起重装置工具，消除了在拉升与降落单元制动机过程中坠落的风险及难以定位的安装问题。

四、项目优势

整个拆装过程从6人工作2小时，缩减为3人工作0.5小时，降低了劳动强度，提高了工作效率。

串口服务器解决西门子保护远程录波难题

主创人员： 陆善余

单位： 上海地铁维护保障有限公司供电分公司

亮点： 为加快电力系统故障录波的调取、便于快速分析判断故障原因、提升抢修效率，本项目提出了远程调取故障波形的方案，取代传统依靠检修人员到达现场才能调取波形的维修模式，解决了西门子保护串口远程录波的难题，该方案同样适用于其他串口通信保护。

一、背景现状

变电站微机继电保护装置的故障录波功能是在发生故障时自动存储记录故障发生前、后一段时间内电流、电压、频率等各种电量和超温、瓦斯等非电量的变化过程，调取这些信息对于故障的分析、诊断和处理具有重要的指导作用。传统方式是当故障发生后由专业检修人员赶往现场下载读取保护故障波形，整个过程时间受限于距离、路况等各种因素，用时一般在 30~60 分钟不等。地铁供电分公司管辖 1100 多座变电站，并且散布在城市的各个地方，传统方式已不能完全满足快速响应的要求，因此，提出了故障录波远程调取和分析的设想。

二、方案制定

利用供电内部综合通道千兆网络，将现场变电站内的保护装置接入综合通道网络，并统一规划分配 IP 地址，远方调度指挥中心终端安装对应保护装置配套软件来实现远程访问该保护装置并能够调取故障波形。该方案不需要开发专用软件，成本小、可靠性高。方案对保护装置的要求是具备用于录波的以太网通信端口。但目前供电设备中仍有不少录波通信口使用的是 RS 485 串口通信，不具备接入以太网的条件。以西门子 7SJ62 过流、7SD61 差动保护为例，保护背板后端口 C 口为 RS 485 接口。西门子保护远程录波通信拓扑图，详见图 1 所示。

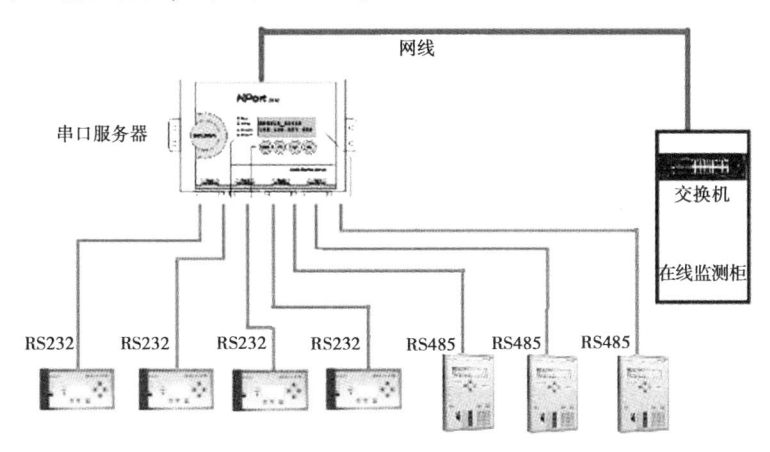

图 1　西门子保护远程录波通信拓扑图

针对实现西门子保护远程录波这一问题，本项目设计了保护通过使用串口服务器接入以太网网络至调度指挥中心的方案解决。本方案中串口服务器使用的是 MOXA NPort 系列，包括下述操作步骤：(1) 通道搭建，将保护的录波用串行接口连接至串口服务器 RS 485 接口，西门子 7SJ 和 7SD 系列保护后背板的录波通信接口是 C 口；(2) 配置西门子保护的通信设置，通信地址、波特率、奇偶校验等设置；(3) 配置保护端口 C 的功能，7SJ/7SD 通过保护软件配置端口 C 的协议为 DIGSI；(4) 串口服务器配置，设置 IP 地址、网关，将串口模式设置为 Real COM 模式；(5) 以太网接入，将串口服务器接入综合通道网络；(6) 在调度中心安装 NPORT 软件将远方设备串行端口映射至本地计算机；(7) 利用保护软件连接现场设备，调取波形。

三、运用和优势

该方案已在上海地铁 17 号线 35kV 开关柜、1500V 直流开关柜继电保护上安装实施。其应用效果显著。通过 35kV、1500V 故障录波数据远程采集，实现故障后 10 分钟内完成远程故障录波的调取及故障诊断分析。比起传统故障模式下检修人员赶往现场调取约30~60分钟的时长，极大地提升了应急抢修的处置效率，弥补了数据采集与监视控制系统（supervisory control and data acquisition，SCADA）只能查阅到故障遥信，而无法得知故障数据波形、无法诊断故障的缺失。

通过以太网将现场的西门子保护接入远在千里的调度指挥中心实现远程录波，能快速帮助供电专业人员远程调取设备保护装置波形，完成故障诊断、分析，为后续的事故应急处置工作提供了前期支撑，为故障抢修现场提供了实时的波形数据及波形分析，缩短了故障处置的时间，保证了故障处置的装备，以及备件准备工作的准确和有效性。该方法同样适合其他具有串口录波的保护。项目后期将探索开放一定权限，用于保护装置数据、远程维护程序。

电缆防侵限装置降低电缆侵限率100%

主创人员：吉敏

单位：上海地铁维护保障有限公司供电分公司

亮点：为了降低区间电力电缆侵限故障率，不影响地铁列车运营安全，电缆班组现场调研区间内现场环境、支架种类，针对性地研发了一款适用于上海地铁轨道交通行业的电缆防侵限装置。装置安装后，降低电缆侵限率100%，降低电缆损伤故障率90%，彻底解决了电缆掉落侵限隐患。

一、研发背景

随着地铁线路运能不断提升，对既有线路电缆进行增能改造，部分线路增能改造新敷设电缆数量已超出原本支架设计的承载量，经常出现区间电缆掉落损伤故障现象。目前，上海地铁全路网的电缆敷设长度已达5万公里。高架段区间电缆伴随着列车运行震动和气候变化等原因容易产生移位掉落，存在严重侵限隐患。电缆出现掉落侵限的同时，角钢支架直角部位犹如刀刃般锋利，对电缆造成严重损伤，久而久之电缆受潮绝缘降低，最后导致电缆击穿故障的发生。原先我们使用扎带对电缆进行固定，但由于扎带老化断裂严重，电缆又会再次出现掉落侵限故障。为满足地铁线路安全运行要求，必须对这一普遍故障现象进行专项整治。

二、核心原理

为更有效地防止电缆侵限和损伤的发生，同时节省人力和物力成本，提高施工效率，经过电缆班组及工作室成员集体讨论，并按照PDCA循环管理模式开展攻关活动，我们设计了电缆防侵限装置，针对防止区间电缆侵限掉落和损伤的方法进行了优化。电缆防侵限装置为圆柱空心结构，材质为 A3 钢，装置整体采用无棱角圆弧设计，具有较强的机械强度，提高电缆托臂极限承载力；在确保不对电缆造成二次伤害的同时又可达到防止电缆掉落的目的，针对现有电缆桥架容易造成电缆掉落设计了专用圆形 L 型托臂以防止电缆滑落，降低电缆侵限隐患；保护器使用圆帽螺丝固定，防止防侵限器掉落，圆帽螺丝可避免对电缆造成二次伤害。经过多次排摸和现场整改，耗费大量时间精力收集相关资料并对其进行后续的数据分析，完成了电缆防侵限器的设计，同时参考各类支架宽度、孔径，按标准尺寸制作防侵限器，完成了成品的制作。在城市轨道交通的应用中，电缆防侵限装置的研发解决了电缆大面积掉落整治的难点，提高电缆在支架上安全运行的稳定性。对于轨道交通电力电缆的安全运行有着一定的参考意义，具有重大的发展前景和显著的社会效益。

三、项目运用

班组根据最终定稿方案图纸设计制作了电缆防侵限器成品，在上海地铁八号线二期（高架段）芦恒路—江月路区间进行现场验证。通过在此区段内试用电缆防侵限器，一年后我们对区间电缆掉落情况进行观测，原先掉落的电缆都很稳定地固定在电缆支架上，电缆也均无损伤情况发生，装置有效地防止了电缆掉落侵限故障及电缆损伤故障的发生，提高了供电安全运营的可靠性，满足了地铁列车的供电需要。

2018 年 11 月，一号线北延伸区间电缆进行增能改造施工的同时，对部分电缆掉落严重区间应用了电缆防侵限装置。安装了电缆防侵限装置的区间内电缆排列规整，无侵限隐患，装置有效解决了由于增能导致电缆过多造成的侵限隐患。

截至 2022 年底，电缆防侵限装置已实际使用于 1 号线、3 号线、5 号线、8 号线、9 号线，以及新线建设中（如图 1 所示），把电缆侵限故障隐患消灭在源头。

四、项目优势

使用电缆防侵限装置可有效防止电缆侵限故障的发生。以八号线芦恒路-江月路区间为例，区间上下行里程数约 8.5 公里，随着列车震动和气候变化等多种外部因素的影响，导致电缆大面积掉落地面。据统计，在8.5公里长的区间内，电缆掉落长度约为2.78公里，电缆掉落率占区间总长的31.7%，掉落产生的电缆破损共8处，严重电缆故障共计3次。采用电缆防侵限装置后，有效地防止了电缆大面积掉落侵限的故障发生，在该8.5公里长的区间内，未再发现电缆破损，降低电缆侵限率100%，降低电缆损伤故障率90%。

电缆防侵限装置为金属结构，相比于传统扎带固定方式更稳定，能更有效防止电缆侵限故障的发生，且后期无须任何维护，一劳永逸。通过电缆防侵限装置的安装，在降低电缆侵限故障发生的同时，节省运维人员人力、物力成本，每年可为公司节省700余万元。

项目优势总结如下：

（1）提高电缆运营安全，降低电缆侵限故障率。

（2）降低电缆运维人力支出及耗材花费，节约经济成本。

（3）制作安装快捷方便，易于推广。

图1　电缆防侵限装置应用现场

电液转辙设备高性能机械及液压系统关键技术节约成本66%

主创人员：徐建军、颜韵飞、戴洋竞
单位：上海地铁维护保障有限公司通号分公司
亮点：为提升电液转辙设备的可靠性、稳定性、易维护性，对相关部件进行了一系列关键技术创新。现场推广应用后，彻底消除了相关运营晚点故障，人工维护成本节约66%，成效显著。

一、研发背景

本项目属于轨道交通高性能电液转辙设备研发领域，主要涉及机械、液压系统的研究及应用。本项目以提升电液转辙设备的可靠性、稳定性、易维护性为目的，对相关部件进行了一系列关键技术创新。

二、核心原理

（1）发明了自适应锁钩与自润滑锁闭框。针对工务工况不良下道岔转换易引发机械卡阻故障，影响转换稳定性的难题，本项目通过发明自适应锁钩、自润滑锁闭框提高设备稳定性、可靠性。此项技术使道岔最大转换阻力降低约38%，检修加油频次延长100%，提升了外锁闭装置整体结构的稳定性。

（2）发明了无隐患惯性轮快速拆装技术与可调节惯性轮。针对惯性轮弹簧和电机轴之间压力不可调易发生惯性轮反转故障，本项目通过发明无隐患惯性轮快速拆装法及配套专用工具，实现了惯性轮的快速、安全拆装。此项技术使惯性轮拆装效率提升了67%，弹簧调节精度达到0.1N。

（3）发明了液压曲线拟合方法。针对电液转辙设备监测手段单一、难以全面评估设备状态的问题，通过发明液压曲线拟合方法，实现了设备电液耦合过程的状态量化。此项技术采样频率最高可达5ms/次，拟合精度达

到1%，符合实时监测的要求。同时解决了早期设备空间有限、无法加装监测硬件的难题。

三、项目运用

本项创新成果从2017年起分阶段在上海地铁推广应用以来，彻底消除了电液转辙设备所引发的运营晚点故障，人工维护成本节约66%，设备成本平均每年节约700多万元，成效显著。现场用户评价惯性轮快速拆装技术效果显著，大大提高作业效率。供应商研究决定将此项创新技术作为电液转辙设备的标配技术。

四、项目优势

本项目具有以下优势：

（1）提高了电液转辙设备的稳定性及易维护。

（2）解决了工务工况问题所引发的机械卡阻故障。

（3）惯性轮拆装法及专用工具提高了现场作业效率。

定量加黄油装置实现应用精度 98% 以上

主创人员：许学平

单位：上海地铁维护保障有限公司车辆分公司

亮点：定量加黄油装置能满足定量加油，精度达到 98% 以上，电机加油效率提高了 78%，保障了地铁列车的安全运营。

一、研发背景

为确保地铁列车牵引电机能够持续安全平稳地工作，需定期对电机轴承加注润滑油脂。电机轴承对油脂量的要求非常高，加多或者加少，都会影响轴承润滑，从而影响电机寿命。传统加注润滑油脂的方法是采用黄油枪人工手动添加，无法定量控制，加油过程中存在工时占用较多、油脂浪费等缺点。

二、核心原理

定量黄油加油装置主要由气动泵、空压机、储油桶、数显及定量控制5个部件组成；空压机采用 24V 蓄电池作为动力，为气动泵提供动力；定量阀控制技术可以满足定量加油；同时显示蓄电池电压、电流等多个参数，帮助检修人员实时监控设备状态；采用定量阀和数显技术的科技手段实现对加油量的精准控制。

三、项目运用

把所有部件一体化安装在可移动设备上，在列车检修道这类非常规环境下，能够做到自由灵活移动；机器替代人工加油，操作简便；单次储油准备能满足4列车的加油总量；可以有效提升加油精确度，提高作业效率，减轻作业人员负担，防止油污溢出污染作业环境；采用脚踏板加油动作的控制，可解放检修人员双手，使操作和记录的两道工序同时完成。

四、项目优势

（1）单台牵引电机轴承加油的作业工时从原先8分钟下降到2分钟，检修人员数量由原先3人降低到2人，工作效率提升了78%。

（2）采用定量阀控制，加油量精度达到98%以上。

（3）每台电机在加油作业中减少油脂浪费10kg。

（4）实现了移动作业无拖线情况，保障了作业环境安全。

拱桥旧吊杆带应力拆卸装置运用于国内首次轨道交通拱桥吊杆不停运更换工程

主创人员：朱毅

单位：上海地铁维护保障有限公司工务分公司

亮点：一种拱桥旧吊杆带应力拆卸装置运用于国内首次轨道交通拱桥吊杆不停运更换工程中，施工过程维持线路正常通勤功能，保证市民出行需求，对社会日常运转的影响降到了最低，可供国内类似工程借鉴。

一、研发背景

上海地铁维护保障有限公司工务分公司开展了国内首次轨道交通拱桥吊杆不停运更换工程。为顺利开展该项目，扫清技术障碍，分公司开展了断索对结构、行车影响的研究，鞍吊托换系统及断索期间梁体线形控制的研究，旧吊杆切断工艺的研究和水射流排障方法的研究，确保更换过程中的结构受力状态合理，各项工艺适应夜间施工无须中断白天正常运营。其中，在旧吊杆的切断工艺研究中，一种带应力拆卸的保护装置成为重点。旧吊杆在切断前会先被释放一定的张紧力，但无法释放到零，其内部始终存在一定的残余应力。为防止吊杆在切断过程中突然崩断，有必要研制一种保护装置。

二、核心原理

本装置在吊杆的索体切割位置的两端，分别通过安装一组抱箍圈来约束固定；每一组的2个抱箍圈设有相对的弧形段包围着吊杆，并在弧形段两侧分别通过平板段连接（如图1所示）。每个抱箍圈与至少1个抱箍加劲肋固定连接；在索体切割位置两端的抱箍圈之间，还设置了沿吊杆长度方向布置的若干连接条。配合本装置，对吊杆的钢丝沿截面分批次对称拆卸（如图2所示），并设置必要的施工监控措施监测桥梁的结构应力状态，可以有效降低吊杆在拆卸过程中崩断事故的风险。

三、项目运用

针对在日常检查中发现吊杆下锚头钢丝墩头锈蚀，可能造成截面缩小墩头脱落的险情，同时在国内轨道交通桥梁中没有更换吊杆的先例可循，我们开展了在不停运条件下更换吊杆的研究，形成了一套关键技术，并成功应用于3号线漕溪路桥W8吊杆更换工程（W8为吊杆编号，含义为西侧第8根）和3号线苏州河桥8根吊杆更换工程中。

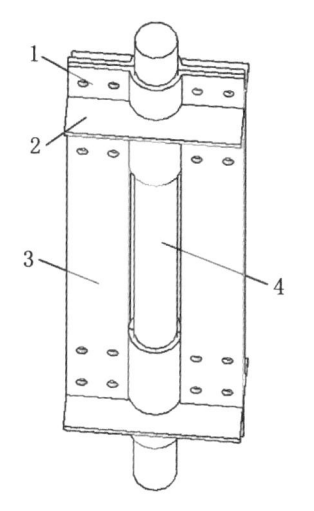

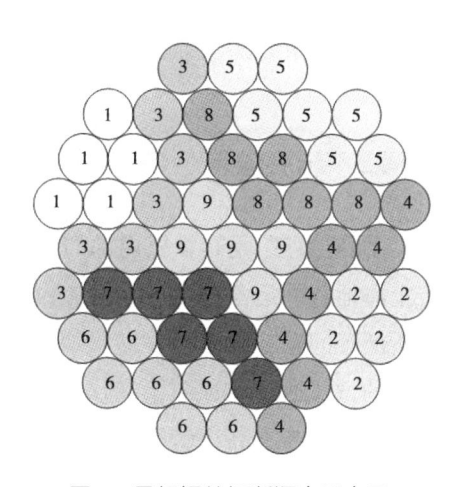

1. 抱箍圈；2. 抱箍加劲肋；3. 连接条；4. 吊杆

图1　装置示意图

图2　吊杆钢丝切断顺序示意图

四、项目优势

本技术成果使得轨道交通拱桥吊杆不停运更换得以实现。在更换过程中不停运，可维持3号线正常通勤功能，保证了广大市民的出行需求，对社会日常运转的影响降到了最低。

本技术成果是国内轨道交通领域首次关于拱桥吊杆更换方向的技术成果，可供国内类似工程借鉴。

轨道交通转辙机动静接点组
多项首创改进成效显著

主创人员：徐建军、颜韵飞、戴洋竞、柳笑卫
单位：上海地铁维护保障有限公司通号分公司
亮点：为提升转辙机动静接点组的使用寿命，对部件进行了技术创新，现场使用后成效显著，大幅节省了设备资源及维护成本。

一、研发背景

动静接点组是转辙机内部的重要部件，用来表示道岔开通的位置。随着上海地铁的运营密度不断增加，出现静接点片磨耗严重、压力变小、销轴折断等问题，容易引发转辙机故障，严重影响了上海地铁的正常运行。传统的方式通过增加更换频次来处理解决，造成了设备资源的严重浪费，维护成本不断提高，亟须对动静接点组进行改进。

二、核心原理

首创刻度平垫片防偏移结构，在3个固定立柱上增加刻度平垫片，实现了动接点环在固定立柱上，只能上下转动，不发生其他角度的偏移。解决了无刻度平垫片固定结构中，动接点环容易发生偏移，静接点片打入后受力不均匀，造成压力衰减过快等问题。

首创动接点组表面滚花工艺，对动接点环内部的固定立柱表面采用滚花工艺，使用模具一次热压成型，贴合性好。大幅降低了动接点环的转动摩擦阻力，实现了环外侧360度整体磨耗均匀的特点。解决了原动接点组中，动接点环与固定立柱之间摩擦阻力大、静接点片与动接点环的两侧接触点固定、磨损情况严重等问题。

改进了卡簧定位销，将卡簧套在固定立柱安装孔中心后，定位销端头

露出固定立柱通孔 2mm，增加卡簧折弯处的半径，实现了卡簧定位销端头与卡簧折弯处双向受力、双孔定位，动接点环接触面积增大。解决了普通卡簧定位销受力不均匀、易折断等问题。

三、项目运用

本项技术成果在上海地铁全网推广应用后，各项参数符合技术标准，性能稳定可靠，使用寿命大幅提升，且静接点组动作压力衰减小，各静接点片和动接点环表面均有磨亮，磨屑少，无线接触磨损。同时，无一起销轴折断的故障。大幅提升了动静接点组的使用寿命，节省了设备资源及维护成本，同时提高了动静接点组的可靠性，助力上海地铁转辙机安全运行。

四、项目优势

本项目具有以下优势：

（1）提高了动静接点组的可靠性。

（2）大幅提升了动静接点组的使用寿命。

（3）节省了设备资源及维护成本。

图 1 为改进后的动静接点组实物。

图 1 改进后的动静接点组实物

快速吊装驳接小车实现少人工高效率搬运

主创人员：盛忠明

单位：上海地铁维护保障有限公司车辆分公司

亮点：为提高工作效率，实现快速安全地将列车的逆变模块在地沟与地面之间搬运，结合现场实际情况，研制了"快速吊装驳接小车"，大幅减少了在更换逆变模块过程中各类检修工种人员的参与，并在保障检修安全与检修质量的同时，使检修效率得到了大幅提高。

一、研发背景

上海地铁（ALSTOM 牵引系统）列车牵引系统内牵引、制动模块故障多发。而该模块位置处于车底的牵引箱内（单个重达 235kg），如检修更换，需在相关检修道车顶进行接触网断电、挂设接地棒后，先将模块从牵引箱内拆下后放置于专用液压车上，通过液压车将模块在车底地沟内运输到车头前方处，再通过车顶上方的悬臂吊将模块从地沟内吊到地面。涉及工种多、人员多、流程复杂。

二、核心原理

快速吊装驳接小车可在平地移动，也可在 2 个钢轨上移动，采用快卸接口固定模块，在不动用悬臂吊及不挂接地棒的情况下，在普通检修道，就能快捷地将 235kg 的模块从平交道运入检修道地沟内的液压平台车上，并运到车底相关检修位置。

三、项目运用

此项目可以在轨道交通地铁车辆检修基地内，任意检修道或停车道上的停放列车股道的地沟到地面或地面到地沟，搬运逆变模块时使用。

四、项目优势

使用此小车更换模块，解决了原来的工种、人员、流程问题，使整个检修流程从 6 人工作 2 小时，缩减为 3 人工作 0.5 小时。

图 1 至图 3 为快速吊装驳接小车的设计图和现场图。

图 1　设计图　　　　图 2　现场（一）　　　　图 3　现场（二）

上海地铁 16 号线 PIS 显示终端实现自主维修降低功耗 56%

主创人员：王赐航、戚永华、吴亮

单位：上海地铁维护保障有限公司通号分公司

亮点：实现 16 号线车站 PIS 终端设备的自主维修，提升了修复速度，避免了因备件不足而出现开天窗的情况。设备改良后，整机功耗降低 56%，亮度提升 11%。目前，该改进方法已开始推广并获得 2 项实用新型专利。

一、研发背景

PIS 显示终端是地铁系统实现以人为本、提高服务质量、加快各种信息公告传递的重要设施。随着 PIS 显示终端使用的时长增加，设备的故障率也不断上升，并且内部结构复杂，委外维修周期长，导致现场备件紧缺。

二、核心原理

16 号线 PIS 显示终端是以 CCFL 光源作为背光，一旦老化损坏，则直接会导致黑屏、闪屏故障的发生，还会间接导致主控板、屏幕驱动电路板的损坏，造成花屏故障。通过对设备的电路原理分析，采用以 LED 光源（如图 1 所示）替换原有 CCFL 光源的方案来解决主要故障，并且运用 3D 打印技术设计和制造支撑背光部件、研制专用安装光源工具提升设备维修速度，完成显示终端的修复。

图 1　LED 光源实物

三、运用效果

通过对 16 号线车站 PIS 终端设备的自主维修，及时地在上海进博会开始前补充现场备件数量，避免出现开天窗的情况。改良设备在满亮度显示条件下，整机的运行功耗从 260W 降至 114W，降低 56.51%；亮度也从 180LUX 升至 200LUX，提升 11.11%（如表 1 所示），不仅使设备节能减排，还提升了显示效果。目前，该改进方法已经获得 2 项实用新型专利。

表 1　设备改良前后数据对比

测试指标	改良前	改良后
亮度 100%整机运行功率	260W	114W
亮度 100%显示亮度	180LUX	200LUX

数据可视化大幅提升企业生产管理效率

主创人员： 严浩

单位： 上海地铁维护保障有限公司通号分公司

亮点： 对上海地铁维保及通号分公司辖内既有核心管理信息系统进行调研，整合各系统关键管理类信息，进行通号全专业设备台账、设备故障率、施工考核指标、备品备件物资储备、故障应急抢险实时视频等大数据分析并展示。

一、研发背景

维保辖内信息系统种类繁多，如施工管理平台、移动点巡检系统、维保故障管理系统、无线单兵系统、EAM系统、项目合同管理平台等。各系统所承载的业务繁多、功能复杂，与通号分公司集约化办公及生产管理各类资源的统一调配产生矛盾。同时各平台输出的生产管理核心数据报表维度不统一，不便于直观化、可视化地把控各系统关键管理信息。

二、核心原理

本项目目标为构建一个通号分公司可视化管理类系统集中展示平台，长远地满足各种管理类数据处理需求；同时帮助相关业务人员借助可视化平台的交互能力，透视通号分公司数据的每一块内容，查看其关心的各种故障、施工、设备、物资、合同、单兵等数据，获取相关信息，查询实时状态。降低了信息查询和浏览的难度以及人员学习成本，使通号分公司相关管理人员能够大幅提升操控效率。

本项目所采用的核心技术为数据可视化技术。该技术能够把不同业务系统的业务基础数据及统计结论变为直观的、可视的图形图像信息表示，随时间和空间变化的物理量呈现在管理者面前，使他们能够直观地对业务整体情况进行全局性的把控（如图1所示）。

信息可视化分为一维信息、二维信息、三维信息、多维信息、层次信息、网络信息以及时序信息可视化。面向大数据主流应用的信息可视化对象主要是文本可视化、网络（图）可视化、时空数据可视化、多维数据可视化。可视化的数据展现形式主要有3种风格，即图、表以及图与表结合。展示图的类型丰富多样，包括二维平面图、三维立体图以及多维立体图等；展示的表主要包含一般列表、交叉列表、分组列表、主从列表等。通过图表的结合，能够从不同角度反映、表达大数据包含的深层次、高价值的信息。

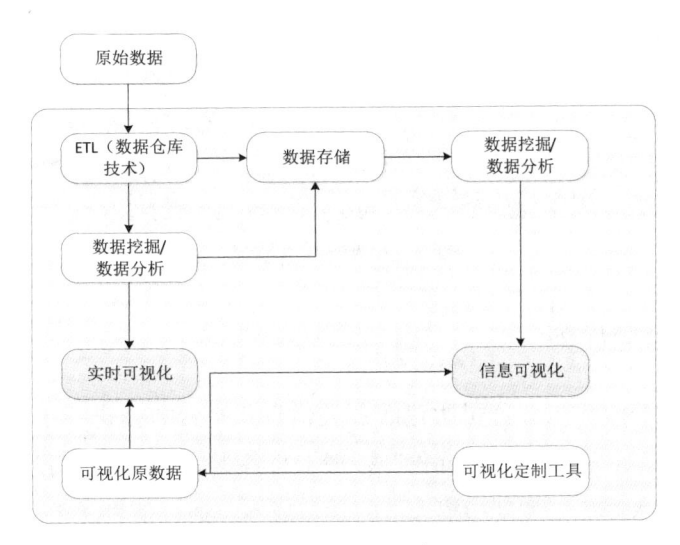

图1　数据可视化技术原理

三、项目运用

项目竣工后，分公司已构建完成了一套符合分公司生产管理实际的大数据展示系统（如图2所示）。在该系统中，分公司调度指挥人员可通过"施工管理模块"实时了解各维护部施工作业合规率、完成率等核心指标；通过"合同管理模块"了解近几年大修更新改造类项目的开展情况；通过"故障管理模块"了解实时的通信、信号类故障发生情况；通过"点巡检模块"了解实时的巡检人员作业情况；通过"设备模块"了解全路网各专业设备数量及具体分布情况；通过"物资管理模块"了解分公司库存设备的分布及数量；通过"单兵模块"实时进行故障抢修及施工现场图像查询。

以往需要在7、8个平台界面中查询获知的"结构化数据"，通过本平台可以直观的、以图形化的形式进行展现，大大节省了运营调度人员对于故障响应、设备及物资调拨、现场工作指挥的时间，切实达到了通过信息化手段、数据可视化手段提高工作效率这一目标。

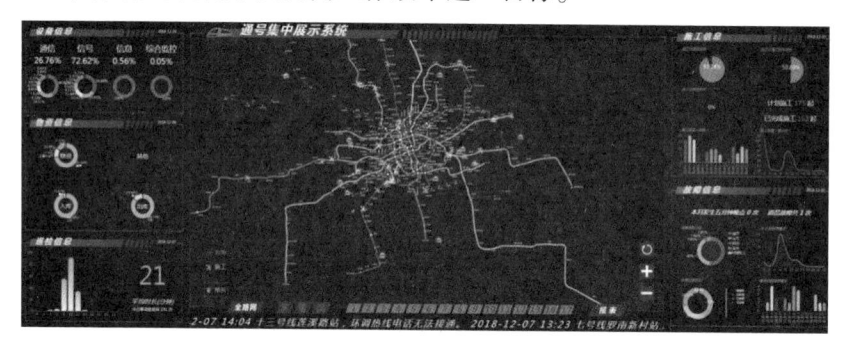

图2 大数据展示系统

四、项目优势

本项目将多年来分公司所建的各类信息化平台数据进行了清洗整合，如同"车同轨，书同文，形同伦"一般，将各类信息平台进行了数据识别大统一，大大降低了调度指挥人员的学习成本，通过信息化手段提升了分公司业务管理水平与效率。

新型可移动式牵引电机轴承加油装置提高效率50%

主创人员：许学平

单位：上海地铁维护保障有限公司车辆分公司

亮点：新型可移动式牵引电机轴承加油装置能为牵引电机轴承自动、定量、动态加油，保证均匀润滑整个轴承，加油效率提高了50%，保障了地铁列车的安全运营。

一、研发背景

地铁列车牵引电机为列车前进提供动力，列车运行30万公里后，牵引电机故障会明显上升，主要原因是牵引电机轴承故障，每3年多就要更换电机轴承。传统牵引电机保养加油方法是在电机静止状态下，采用黄油枪手动添加油脂。存在加油工时占用较多、加油量不精确、难以均匀润滑整个轴承、油脂浪费等缺点。

二、核心原理

新型可移动式牵引电机轴承加油装置的定量加油机能定量加油控制，自动检测加油量；外置式步进电机驱动设备能驱动牵引电机转动，加油速度与电机速度相匹配，保证轴承加油的均匀性；拐弯形自锁型黄油枪嘴连接到牵引电机黄油嘴上，解决了牵引电机黄油嘴空间狭窄的问题。该装置以电机不解体添加油脂为主，采用定量、动态的加油方法。

三、项目运用

设定牵引电机的加油量；把自锁型黄油枪嘴连接到牵引电机黄油嘴上；利用抬车机把列车抬起高度10~20mm；安装步进电机的橡胶轮紧贴列

车车轮；根据列车车轮直径选择步进电机转速，启动步进电机；转速稳定后，启动气动加油机；加油完成后自动停止。该装置不仅功能达到预期目标，且设备运用场景能够完全适用于地铁列车独特的作业环境。

四、项目优势

该装置能为牵引电机自动、定量、动态加油，大大降低牵引电机的轴承故障率，避免了每3年多就要更换电机轴承；1列车电机加油时间从6小时缩短为3小时，加油操作由4人加油减少为2人；该装置操作简单，在同类型牵引电机上均可运用；投入使用至今，电机故障持续为0。

移动式列车车头端面三层检修平台小车提高检修效率 50% 以上

主创人员： 盛忠明
单位： 上海地铁维护保障有限公司车辆分公司
亮点： 为提高工作效率，实现快速安全地检修列车前端面设备，结合现场实际情况，研制了"移动式列车车头端面三层检修平台小车"，在保障检修安全、确保检修质量、提高列车投运率的同时，使检修效率得到了大幅提高。

一、研发背景

在轨道交通列车维修基地，各车型列车车头端面部件安装高度最高的离开轨道表面达 2.5 米以上，常规的基本 1.7 米以上，且安装位置也分左、中、右布局。每次检修列车车头端面设备时，需将列车动车到车头端面位置处于车库的平交道地面上方进行检修（特别是在检修库末端轨道上存在安全止挡时，需后方空出股道将列车退出到平交道位置再检修），流程复杂、操作麻烦、安全风险较大。

二、核心原理

根据车库内的地面情况，以及列车前端面安装的设备位置和检修工人的日常作业习惯，主材料采用轻型的型材设计。此平台小车能满足各类列车端面的不同高度的检修场合，并能根据不同高度不同位置自行调整；方便移动、拼装，在确保安全的同时，也确保了高效、快速检修，同时也保证了检修质量。

三、项目运用

此项目可以在轨道交通地铁车辆检修基地内，任意检修道或停车道上停放的列车的前端面设备检修时使用。

四、项目优势

根据统计，采用原工艺检修工作每次检修 1 个车头端面设备需要 3 人 1 小时（包括登记、司机动车等工作），利用平台小车后仅需 1 人 0.5 小时。

平台小车检修示意图见图 1。

图 1 平台小车检修示意图

应用 DCS 系统 AP 无线网络大数据软件分析平台故障率下降 50%

主创人员：吴晓冬

单位：上海地铁维护保障有限公司通号分公司

亮点：为降低 AP 故障率，实现 AP 风险可视化管理，经过现场调研，开发了 DCS 系统 AP 无线网络大数据软件分析平台，能够直观准确地显示 AP \ SA 状态，为检修提供准确数据，节省大量物力、人力，保障列车安全运营，使 AP \ SA 故障率下降 50%。

一、研发背景

以上海地铁 9 号线为例，2018 年全年的列车 SA 与轨旁 AP 通信丢失次数达到上万次，单日通信丢失次数最高可达上千次，虽然个别通信丢失为瞬间通信中断，未造成运营上的晚点及清客影响，但对整体的运营质量造成了潜在风险。通过大数据分析与软件技术对该问题进行 NMS 数据分析，展开周期性分析、归纳，有助于降低运营维护的故障以及进行成本控制。

二、核心原理

AP 无线网络大数据软件分析平台，针对 CBTC（无线通信列车控制系统）下的重要子系统 DCS（数据通信系统）的无线网络通信设备侧实现数据采集、建模、分析和管理监控。

AP 无线网络数据分析平台实现数据驱动三步曲：采集数据、数据接入与存储、可视化查询与分析。覆盖从数据采集到决策落地整个流程。

平台分为以下 4 个层次：

（1）数据接入层：开放的数据接入协议，可扩展实现接入任意数据源的数据。

（2）数据存储层：提供了基于全量数据的计算能力，用于文本挖掘、搜索优化、数据计算、AP 和 SA 信息查询功能。

（3）应用层：开放查询接口，灵活扩展已有的分析功能，从大数据分析的角度出发提供可视化的分析结果。

（4）BI：提供可视化界面，对 DCS 系统相关日志信息进行管理，针对不同业务部门和合作单位使用，对 AP 和 SA 热启动数、设备冷启动、AP 关联次数自定义阈值，进行监控告警。

三、项目运用

1. 关联次数趋势汇总

平台选择单个设备时，可以对一定周期的设备关联次数进行柱状图显示（如图 1 所示），方便维护人员了解一定周期内的设备状态。

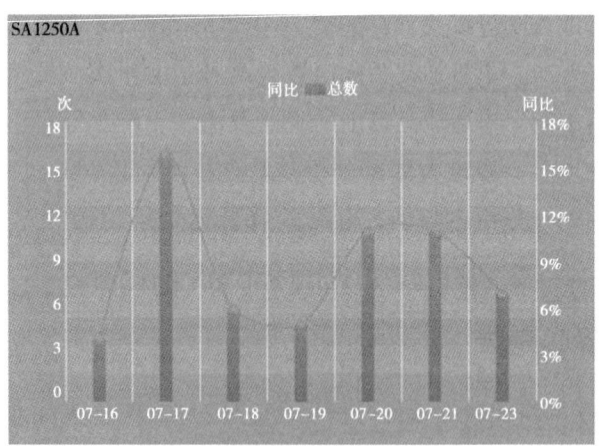

图 1　设备关联次数柱状图

2. 单一信息综合趋势

平台选择单一报警信息项目，可以对一周的某一信息的整体趋势有一个较为直观的趋势显示（如图 2 所示）。

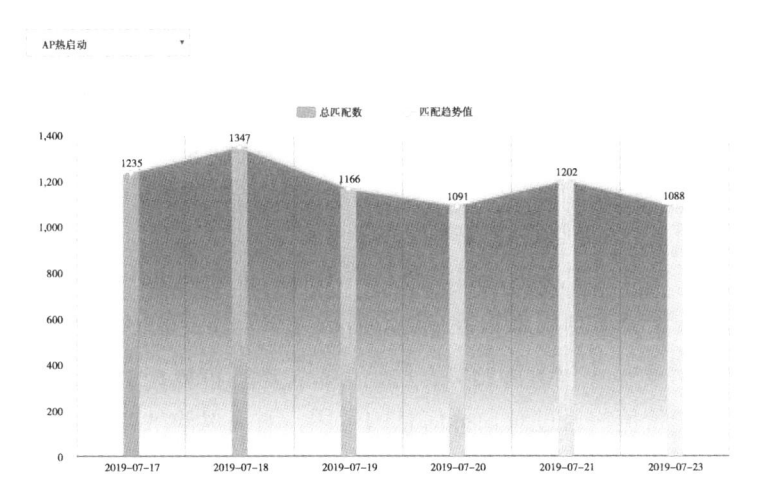

图 2　某一信息一周的整体趋势

3. 数据自动排序功能

平台的子菜单内，可以对单一报警信息进行升序、降序的排列，同时数据的统计周期可以是一天、一周以及自定义选项，方便快速识别问题设备。详见图 3。

图 3　数据自动排序功能

4. AP 管理功能

维护人员可以根据自身 AP 的更替情况对 AP 列表进行相应的调整。根据各线路提供的 AP 数据库进行录入，目的是根据数据库 MAC 信息在 ROMING 中对车站信息进行匹配，以及在分时功能模块中对未匹配的 AP 进行检索，也为维护人员提供了一个数据库检索平台。

四、项目优势

该数据平台自使用以来，通过对数据进行图形界面分析，特别是对高风险设备形成预警信息用来指导 AP 设备的维修保养，解决了当前 AP 和 SA 维护数据分析成本巨大的问题，产生了如下两大价值：

（1）生产价值。通过对预警信息的运用，对高风险 AP 设备进行重点维护保养，AP 报警数量级下降 50%左右，对地铁运营有良好的效果。

（2）经济价值。在经济价值方面，为故障控制形成了良好的警告预警机制，为提前预判故障提供了有力的数据支持。该数据分析平台针对单日数据分析节省时间数小时，提高了数据分析效率，降低了 AP 维护检修的成本。

创新堆浸场数据自动化采集使工作效率提高了 200%

主创人员：郭庆、滕杰、帅成斌、高蒙普、马忠祥
单位：新疆金川矿业有限公司
亮点：由于公司堆场面积比较大，高度较高，边坡比较陡峭，员工需记录实时管道流量和压力无流量，来回存在极大的安全隐患。通过增加现场数据采集箱、流量计、压力变送器，进行现场数据收集，每个数据采集箱负责采集本区域的管道压力和流量；经过协议转换，用光缆传输到氰冶车间中控室自动化系统，在上位机上进行数据的监测和记录，使工作效率提高了 200%。

一、研发背景

公司堆浸场为监测管道流量和压力，共设置 15 台流量计及 18 台压力变送器，分别有 6 名员工负责记录实时流量和压力，需要每 2 小时记录 1 次，由于堆场面积比较大，高度较高，边坡比较陡峭，一人往返要 40 分钟左右，特别是冬天部分区域有积雪，存在极大的安全隐患，容易在工作中发生误操作和误判，同时也影响工作效率。

二、核心原理

为提高工作效率，实现管道的流量与压力状态的可视化，确保能直观准确地获得管道的流量与压力程度，减少人为判断失误，保障堆浸场管道管理安全运行。

对堆场 15 台数据箱数据进行采集；对堆场传输到中控的传输线路进行汇总；对中控室上位机数据进行传输；中控自动化控制设备，对中控室上位机系统进行画面新增。

三、项目运用

通过对管道的流量与压力状态显示装置的研制设计和现场应用，现场作业人员和巡检人员无论是白天还是晚上，均能够一目了然地看到管道的流量与压力，从而实现快速有效判断各管道状态，提高了工作效率，满足了生产现场管理中管道状态可视化的需求。

四、项目优势

增加现场自动化数据采集设备，对每个管道的流量与压力进行数据采集，压力信号为4-20MA信号，流量计通过增加信号卡转换为MODBUS信号，再经过数据采集模块，经过光缆传输到中控设备。增加中控自动化控制设备，对堆场传输到中控的传输线路进行汇总，对中控室上位机系统进行新增，对数据库、网络构架进行更新，依据现场实际工艺对上位机画面进行增加，能够一目了然地看到管道的流量与压力，从而实现快速有效判断各管道状态，提高了工作效率，满足了生产现场管理中管道状态可视化的需求。

改造成品油库区排水系统
预防火灾等安全事故发生

作者：付悦、张水、王勇刚、刘英
单位：延长石油集团三原销售有限公司
亮点：随着石油化工工业的迅速发展和国家石油战略储备的兴起，油品罐区的跑、冒油现象，含油污水和含油雨水的排放污染问题已不容忽视。这些问题不但给国家的财产造成了极大损失，还给整个系统的操作安全带来了隐患，而且给环境带来了越来越严重的污染。三原销售公司中心油库总库容50万立方米，罐区排水问题不仅是防汛问题，更是防止油气互窜的安全问题，案例通过水封井、隔油池改造，有效预防火灾和爆炸类等安全事故发生。

一、研发背景

三原销售公司中心油库共有三个罐区——罐组一、罐组二、罐组三，其中罐组一、罐组二为一级重大危险源，罐组三为三级重大危险源。罐区内设置有闸板阀，罐区外围设有雨污两条管线，可实现含油污水、清洁雨水分别排放。含油污水管线中设有水封井，可防止油气互窜，含油污水管线排入隔油池，可对含油废水进行隔油处理。但是在运行过程中发现，水封井不能有效防止油气互窜，甚至出现含油污水回流的现象，隔油池溢油管设计过高，不能有效溢出，导致水封井溢出。

二、核心原理

水封井依环境有多种设置方式，但其原理以及安全技术条件大致相同，以储油罐区排水系统水封井为例加以说明。当罐区的污水排入水封井内，随着水量增多，水位高度不断增加。当水封井内液位高于水封井出水管线高度时，井内的水就排出水封井，井内水量减少时，水封井的液位也下降；当水封井内液位高度低于水封井出水管线高度时，井内的积水就停止排出水封井。由于油品的密度低于水，所以其始终处于液面上方，只要保持水封井出水口高度，就能把气体滞留于井内，而不会沿排水管流出。这样，水封井既实现了正常的排水功能，又避免了油品沿管沟排出。隔油池实际上是利用油水的密度差对油和水进行分离，再通过底部溢流管将分离出的水排出，将油品隔离在隔油池中，通过含油污水处理设备进行处理。

三、项目运用

三原公司职工结合生产实际需要，对水封井、隔油池加以改造，并进行现场验证（见图1）。

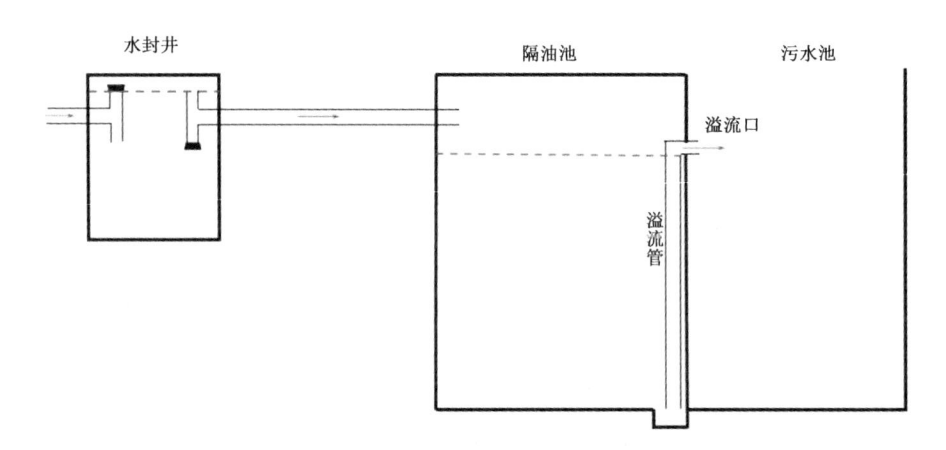

图1 库区排水系统改造示意图

（1）流入水封井内介质为水或含极少量浮油的水时，由于浮体的密度小于水的密度，所以浮体浮起，通道打开，水被排放出去。

（2）当流入隔油池内介质为油时，由于油的密度小于浮体的密度，即使水封井内注满油，也不能使浮体浮起，通道不开，所以油不能流出。

（3）在水封井内为水和油情况下，当水将要把浮体浸没时，浮体浮起，管道打开，开始排水。当水面下降到一定高度时，浮力小于浮体自重，浮体下落，管道封闭，所以油不能流出。且水封井内水位总保持一定高度。

（4）当水封井内无介质时，由于装置内保持一定的水位，装置内浮体处于常浮状态，使油品罐区内的水能随时正常排出。水封井内保持一定的水位，能保证通道的正常开通，可确保区域安全。

（5）对隔油池的溢油管线进行改造，将溢油口降低到水封井排出高度以下，这样就解决了隔油池不能溢流的问题，避免了油品回流。

四、项目优势

通过此次改造达到了事故跑、冒油时关闭通道，下雨时排水的正常功能。此次改造系统全面、有一定技术含量、投资小、实用性好；不需要能源，可自行运作，解决了排水管道的排水与隔油问题，化解了油品罐区阻隔油品外泄和雨水排放之间的矛盾；避免了人工操作，节约了能源。隔油池对成品油库产生的含油废水进行隔油处理，可以净化水质，保护生态环境，实现经济效益、生态效益和社会效益的和谐统一。

矿山调度中心及综合监控平台为管理增效

主创人员：郭庆、滕杰、高超、马忠祥、马凌峰
单位：新疆金川矿业有限公司
亮点：公司各车间的网络独立，选矿车间、氰冶车间和待建调度中心之间未建设网络，目前这两个中控室分开显示，不便于矿上生产安全的统一调度；没有统一的机房，使数据、视频、信息无法统一汇聚，无法满足调度中心的物理网络传输，不利于对现有调度生产及为即将迎来的智能化矿山建设的部署做到有序承接。现打通选矿车间、氰冶车间与调度中心的网络通道，将各车间工艺流程、自动化系统及重点视频监控进行整合，通过平台工业互联网采集模块，实现对数据采集并建立矿级数据存储中心，实现设备运行参数及状态、生产安全数据、重点视频统一存储管理。构建生产自动化控制综合监控体系，打造精准、实时、高效的数据采集体系，支持多源异构数据协议，全面接入生产系统、监控、设备工况数据等，实现对公司生产安全的实时监控与掌握。

一、研发背景

公司各生产子系统间数据存储及标准不统一、生产经营管理效率低、生产数据利用率及可视化程度低，无法很好地支撑企业经营决策等问题，并且各车间的网络独立，选矿车间、氰冶车间和待建调度中心之间未建设网络，目前这两个中控室分开显示，不便于矿上生产安全的统一调度；没有统一的机房，使数据、视频、信息无法统一汇聚，无法满足调度中心的物理网络传输，不利于对现有调度生产及为即将迎来的智能化矿山建设的部署做到有序承接。

二、核心原理

1. 建立矿级调度指挥中心

选矿及氰冶原有中控室统一纳入矿级调度管理,全权指挥生产调度,对各作业区域的安全生产情况实现了 24 小时掌控,通过及时调动人、财、物保证安全生产的需要,维护矿山正常生产秩序。充分发挥调度"第一时间、第一现场、第一处置"的关键作用,形成"关口前移、协调管理、信息共享、连接高效"的现代化矿山生产调度指挥中心(如图 1 所示)。

图 1　某矿山调度指挥中心示意图

2. 建设综合监控平台

打通选矿、氰冶与调度中心物理传输通道,将各车间工艺流程、自动化系统及重点视频监控进行整合,通过平台工业互联网采集模块,实现对数据采集并建立矿级数据存储中心,实现设备运行参数及状态、生产安全数据、重点视频统一存储管理。构建生产自动化控制综合监控体系,打造精准、实时、高效的数据采集体系,支持多源异构数据协议,全面接入生产系统、监控、设备工况数据等,实现对公司生产安全的实时监控与掌握(如图 2 所示)。

图 2　综合监控平台示意图

三、项目运用

调度中心建设完成后，通过跨设备、跨系统、跨工艺流程的互联互通，加速公司智慧化转型实现5G、大数据、云计算等新一代信息技术与矿山生产深度融合。利用公司各种生产资源更大范围、更高效率、更加精准的优化配置，实现提质、降本、增效、绿色、安全发展，全面推进公司的安全、生产、设备等管理数据共享、优化协同。

四、项目优势

采用大屏幕拼接显示系统，能够很好地与用户监控系统、指挥调度系统、网络信息系统等连接集成，支持 Windows、UNIX、Linux 操作系统，支持 TCP/IP 等标准网络协议，可根据用户需要在大屏幕上任意显示各种动态、静态视频和计算机/工作站图文信息，整套系统的硬件、软件设计上已充分考虑到系统的安全性、可靠性、可维护性和可扩展性，存储和处理能力满足远期扩展的要求。

综合监控平台基本功能信息的综合功能、WEB 浏览功能、数据系统分级管理、实时报警、故障记录、完整的事件记录、扩展功能、系统安全性、故障报警分析统计、综合查询、历史曲线等，实现提质、降本、增效、绿色、安全发展，全面推进公司的安全、生产、设备等管理数据共享、优化协同。促进科技创新，强化生产资料、技术装备等生产要素共享利用，提升企业内部的交流与沟通效率，提高在紧急状况下的风险管控能力，从而实现企业智慧化的有效融合。

巧用永磁电机在胶带输送机中的应用
让节能效率提高 10%

主创人员：郭庆、滕杰、高超、马凌峰、白耀安

单位：新疆金川矿业有限公司

亮点：公司现有皮带输送机由传统电机驱动装置和传动机构组成，结构复杂，故障率高且维修工作量大。改造为永磁电机运行，采用无传感器矢量控制技术，有效降低电机故障率。同时永磁电动机直驱系统采用互联网技术，可以大幅度降低数据远程输送、数据集中处理无变速器齿磨合的声音，使环境噪音大大减少，给操作人员增加舒适感，预计年节电费用为 25.1 万元，每年可降低维护量和维护成本 4 万余元，节能效率提高 10%。

一、研发背景

公司选矿车间整体生产流程由 17 条主生产皮带及辅助进料皮带组成。皮带输送机由传统电机驱动装置和传动机构组成，结构复杂，故障率高且维修工作量大；电机温升过高且有异常噪声或振动过大；电机启动时受瞬时电流冲击以及转矩波动对传动系统产生的机械冲击较大；能耗大，效率低。从电网中吸收大量的无功电流，造成电网输变电系统产生大量无功电流，进而使电网的品质因数下降，加重输变电设备及发电设备的负荷。

二、核心原理

结合公司实际情况，对选矿车间 2# 输送带 185kW 异步电机+适配减速机、粗碎工段 55kW 除尘电机及氰冶车间 132kW 贵液泵电机改造成永磁同步电机，均采用无传感器矢量控制技术，电机在启动时实现稳定均速启动模式，有效避免输送机电机在启动时受瞬时电流冲击以及转矩波动对传动系统产生的机械冲击，降低电机故障率。同时永磁电动机直驱系统采用互

联网技术,与上位机通讯集中控制,将电机相关数据高速度、精准传送至选矿车间、氰冶车间中控室,从而实现数据远程输送、集中处理。

三、项目运用

采用三级传统模式,从而大大降低了整个机械传动效率。以选矿车间 2#输送带 185kW 异步电机+适配减速机为例,原电机驱动效率为 1484r/min;而永磁电机无减速机和液力耦合器驱动效率为 37.5r/min,从而避免传动效率损失,可使整体驱动系统大大提高,节能率可以达到 6.39% 左右。图 1 为 132kW 永磁电机节能对比表,从表中可知,经现场实际测验,132kW 永磁电机较同功率的异步电机节电率为 10%。

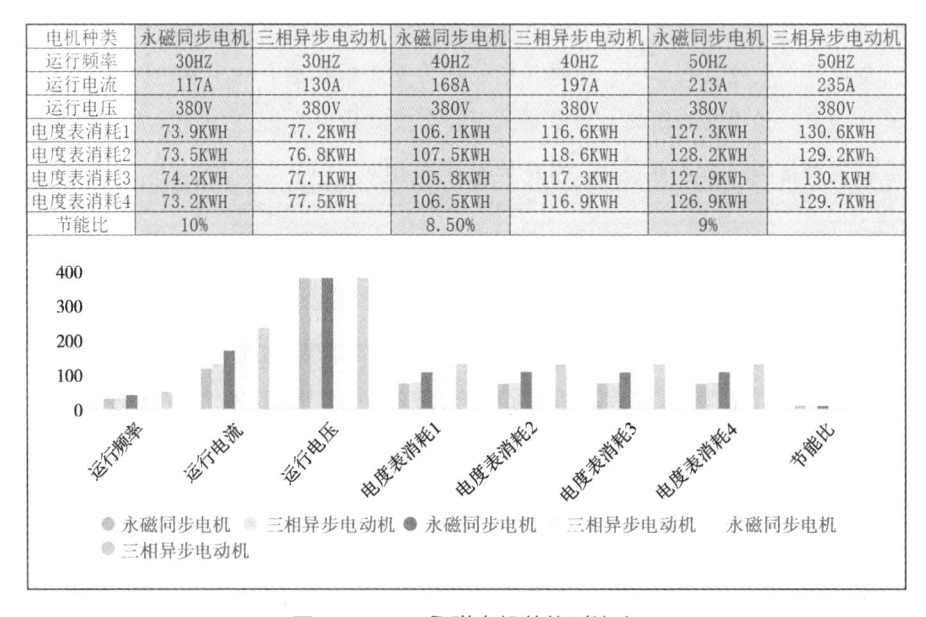

电机种类	永磁同步电机	三相异步电动机	永磁同步电机	三相异步电动机	永磁同步电机	三相异步电动机
运行频率	30HZ	30HZ	40HZ	40HZ	50HZ	50HZ
运行电流	117A	130A	168A	197A	213A	235A
运行电压	380V	380V	380V	380V	380V	380V
电度表消耗1	73.9KWH	77.2KWH	106.1KWH	116.6KWH	127.3KWH	130.6KWH
电度表消耗2	73.5KWH	76.8KWH	107.5KWH	118.6KWH	128.2KWH	129.2KWh
电度表消耗3	74.2KWH	77.1KWH	105.8KWH	117.3KWH	127.9KWH	130.KWH
电度表消耗4	73.2KWH	77.5KWH	106.5KWH	116.9KWH	126.9KWH	129.7KWH
节能比	10%		8.50%		9%	

图 1 132kW 永磁电机节能对比表

四、项目优势

(1) 高效节能、功率因数高。因励磁磁场由永磁体提供,永磁转子不需要励磁且永磁电机转子中没有感应电流励磁,定子呈现正负载,电机功率因数接近1,降低了电子电流,提高了电机效率。永磁电机与异步电机相比,高效率运行转速范围宽,节能显著。尤其在低转速运行时,优势更加明显。

（2）温升低。转子无电励磁意味着无损耗发热，因此永磁电机一般温升很低。

（3）起动性能好。由于永磁电机正常工作时转子绕组不起作用，因而在设计时可使转子绕组完全满足高起动转矩的要求。

（4）可以大幅度降低数据远程输送、数据集中处理无变速器齿磨合的声音，使环境噪音大大减少，给操作人员增加舒适感，提高了带载启动能力，避免皮带机压料现象，减少故障率，并根据需求调整皮带转速，综合提高运转率，进而达到增产增效的目的。

智慧照明改造在选矿车间的应用让能耗降低 30% 以上

主创人员：郭庆、滕杰、高超、马凌峰、赵小锋
单位：新疆金川矿业有限公司
亮点：公司选矿车间照明系统自公司投产开始使用，使用年限长，整套照明线路使用年限已久、线路绝缘老化，原敷设灯具电源线径小且无法实现智能控制及智能电气火灾防控。结合公司实际情况，将选矿车间现有照明线路及照明灯具统一进行升级改造，增加照明智能化控制系统和电气火灾监测系统，达到照明集中控制管理的作用，通过节能改造，提高了设备综合运行效率，达到稳定运行、降低能耗、节省成本的目的，年节省照明灯具采购费用及照明电耗费用共计 32.75 万元，能耗降低 30% 以上。

一、研发背景

公司选矿车间照明系统使用时间较长，部分照明灯、灯线出现绝缘老化、管路腐蚀、原线路缺少接地线、灯具及线路易带电等问题，员工存在触电风险，同时原敷设的灯具电源线径较小，使用过程中导线存在发热情况，易引发火灾且无法实现智能控制及智能电气火灾防控。很多工段在使用白炽灯、泛光灯、直管灯，耗电量大，灯具使用年限过久，光衰明显，厂房亮度不够，无法满足现场照明需求。现有 LED 照明灯具更换周期频繁，2~3 个月光衰衰减，更换维护成本高。粗碎、中细碎等工段目前没有吊顶灯，导致车间夜间照明不足，影响工人工作效率，而且容易造成安全事故。

二、核心原理

（1）结合公司实际情况，对选矿车间每个照明系统增加智能配电箱、

集中控制器一个，通过灯具智慧管理，对车间内整体灯具进行实时控制、定时控制。

（2）照明线路上增加电气火灾防控设备，通过 24 小时实时监控保护配电线路电压、电流、剩余电流及线缆温度，及时发现电气线路或设备存在的剩余电流招标、温度超限、过载、过压等安全隐患。通过专属智慧消防 APP 平台，对车间整个照明系统的电压、电流、线缆温度实时监控，实现全方位管理。此次改造不仅提高了信息化管理水平，更确保了生产及人员的安全。

（3）采用先进的集散式测控系统，由安装在各灯具照明配电箱上的远程监控终端作为分布式控制节点站，使用 NB-IOT 无线通信技术对单灯实现控制。集采集、通信、报警、联动于一体，在紧急时刻保证及时做出应变，避免一旦发生火灾危害的严重威胁。

（4）车间使用白炽灯、泛光灯、直管灯、钨灯统一改为节能、防水防尘的定制 LED 工矿灯，实现能源节约，减少资源浪费，在节省电费及维护成本的同时，提升车间整体照明亮度。实现矿区照明管理的现代化建设，使矿区照明管理水平达到国内国际领先水平。

三、项目运用

改造完成后，智能照明控制系统通过云平台可以人为控制灯具的照明时间，减少照明用电浪费，达到二次用电节能的同时更能够有效地减少灯具巡检人员的工作量，提高人员的工作效率，降低巡检成本，且照明系统增加电气火灾监测系统后，可在紧急时刻提前做出火灾报警，避免一旦发生火灾危害的严重威胁，确保人员的生命及企业的财产安全，图 1 为智慧照明控制实时监测。成功实现了对生产环境中的照明、能效、故障等方面信息进行监测、分析和科学控制，有效降低了选矿厂的能耗和维护成本，为职工创建了一个更加安全、节能、高效、舒适的工作环境，既达到了节能降耗效果，又提升了本质化安全管理水平，为加快智慧矿山、数字化转型、促进企业高质量发展提供了坚实的支撑。在增加照明智能化控制系统和电气火灾监测系统的同时，照明灯具维保 3 年，预计节省照明灯具采购费用及照明电耗节省费用共计 32.75 万元。

四、项目优势

（1）灯体采用航空铝型材整体压铸成型，导热系数高确保超长寿命。

（2）灯具电压范围 AC 70~310V，电源做防雷设计，从容应对电压不稳的情况。并且灯具适应的环境温度为-40℃~65℃，在低温与高温的环境下都能正常运行。

（3）可根据项目场地，用专业的照明设计软件 Dialux 进行照明设计，合理的透镜设计及灯具安排，使得灯具安装后，显色指数和照度值均达到国家标准。

图 1　智慧照明控制实时监测

（4）采用先进的集散式测控系统方案，由安装在各灯具照明配电箱上的远程监控终端作为分布式控制节点站使用 NB-IOT 无线通信技术对单灯实现控制，实现在任意时间段内对灯具的合理控制。

（5）智能灯具照明集中控制管理系统，能够有效减少不必要的照明用电浪费，减少灯具巡查人员的工作量，提高人员的工作效率，减少巡检人员数量，降低巡检成本。

（6）成功实现了对生产环境中的照明、能效、故障等方面信息进行监测、分析和科学控制，有效降低了选矿厂的能耗和维护成本，为职工创建了一个更加安全、节能、高效、舒适的工作环境，既达到了节能降耗效果，又提升了本质化安全管理水平，为加快智慧矿山、数字化转型、促进企业高质量发展提供了坚实的支撑。

自主设计中频感应加热设备异形感应线圈取得6个显著成效

主创人员：刘琪、何江、匡林海、刘林、李峰、杨胤、王超、周超、白晓亮、龚祖善、巩怀勇

单位：中车株洲电机有限公司

亮点：针对当前使用氧气与乙炔混合燃烧对工件进行加热的方式存在的效率低及质量隐患等问题，通过对工件的装配状态、外形和尺寸进行测量和研究，自主设计制作与工件尺寸配套的感应加热线圈，通过连接中频感应加热设备，对工件进行感应加热。通过采用感应加热的方式，避免了明火溅射、操作者被烫伤的安全风险，改善了员工的作业环境，同时降低了作业成本，减少了对加热超温及火焰辐射造成的电机转子损伤等质量隐患。

一、研发背景

JD160A系列的机车电机在退N端内油封时，以往都是一人操作使用氧气与乙炔混合燃烧的火焰，沿着相同的方向对内油封迷宫槽部位（加热时间约为3分钟）进行燃烧加热，待N端内油封加热至松动，另一人双手持工装，水平发力将内油封退出，从而实现作业目标。工作过程如图1所示。

图1 原火焰加热作业过程

二、核心原理

针对采用氧气与乙炔混合火焰加热退内油封的作业方式存在的风险，

我们考虑改善作业方法。考虑采用中频感应加热设备进行感应加热的方法，制作了与内油封尺寸配套的感应加热线圈。感应加热线圈的设计如图2所示。通过启动感应加热设备，使置于感应加热线圈中的内油封产生涡流，从而使内油封发热，待加热至规定的温度150℃左右，将内油封从电机转子的转轴上平稳退出，从而实现作业目标。根据现场统计，使用感应加热退内油封的时间减少至1分钟，比原来的火焰加热方式更快、更便捷。改进后的作业过程如图3所示。

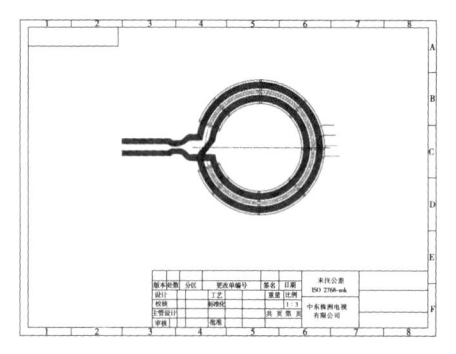

图2 自主设计的非标感应线圈　　图3 改进后的感应加热作业过程

三、项目运用

（1）技术提升。通过使用加热线圈退内油封，优化了机车电机退内油封检修技术，提升现场作业水平。

（2）安全提升。避免使用氧气与乙炔混合火焰退内油封，有效预防明火溅射、内油封残余油脂飞溅等风险，保障了员工的作业安全。

（3）效率提升。使用加热线圈退内油封较之前明火退内油封方式，内油封感应受热更加均匀，加热时间缩短为1分钟，比之前采用明火加热缩短了2分钟，优化现场生产节拍，作业效率提升了约67%。

（4）质量提升。采用感应加热后，可以更为精准地控制工件的加热温度，避免了火焰加热过热对工件造成的质量损害，保证了被加热工件的质量。

（5）成本降低。①材料成本。2022年检修机车电机约为2500台，采用氧气与乙炔混合火焰退内油封，每月须使用4瓶氧气、4瓶乙炔，根据公司采购氧气、乙炔成本，每月须使用氧气、乙炔材料采购费用约1200

元,综合下来每年须使用氧气、乙炔材料费约14400元。而改使用线圈加热退内油封,一年只须更换3个线圈,每个线圈成本约为400元,一年线圈损耗费约为1200元。使用材料上一年可以节约13200元。②人力成本。根据退内油封技术要求,采用明火加热退内油封须1人操作明火内油封,另外1人手持工装将内油封退出。现改为感应线圈加热内油封,只需1人操作中频感应加热设备,利用线圈加热将内油封平稳退出。每年预计可以节约人力成本约150000元。③共计一年可以节约成本163200元。

(6)作业环境。采用感应加热的方式后,员工的操作过程和作业环境更为舒适,反应良好。

四、项目优势

该项目的改善不需要进行较大的投入,通过现有的中频感应加热设备,只需针对所需要加热的工件,自主设计异形感应加热线圈,从而彻底摒弃了氧气与乙炔混合燃烧的加热方法,实现了电机检修技术改进,并实现了安全改进、效率提升、成本降低、环境改善。

创新真空注油炉防溢出方式解决信号传输故障

主创人员：陈方遒、郭威、王发元、谢金伏、李赛花、朱加柱、沈韦俊、李佳亮、程里路

单位：中车株洲电机有限公司

亮点：基于车间现有注油炉注油控制程序进行分析，梳理注油停止的控制方式并对其进行分析，查找运行过程存在的缺陷，利用现有工控机以及 PLC 等部件进行优化改善，解决了注油过程电脑死机、液位报警器信号传输故障等影响注油工作完成后信号发送及停止指令执行不到位的问题，有效进行变压器真空注油。

一、研发背景

车间现有 4 台大型真空注油炉，承担约每天 6 台牵引变压器的真空注油作业。该设备通过电脑进行报警信息的收集和处置指令发出，由于电脑不可避免地存在故障或死机现象，在报警信息发出后电脑可能因故障不能及时停止注油；由于报警信号采取开点控制，只有在开点闭合时才会将报警信息传输至电脑，也就有可能出现液位到了报警器不报警的情况；存在注油系统在变压器油液位到了工艺设定值不能停止注油，导致大量的变压器油外溢至变压器外，造成变压器外部被变压器油污染，需进行大工作量的清除变压器油工作，同时外溢导致变压器油浪费造成损失非常大。

二、核心原理

1. 分析

（1）现有的真空注油炉的注油系统与真空加热系统分开。

（2）注油系统与真空加热系统由两个 PLC 各自控制，注油系统的西门子 PLC 和真空加热系统的三菱 PLC 之间的信息交互由操作电脑主机内的组态王程序控制。

设备在真空注油过程中，注油停止由两个方式并联控制，分别为液位报警器和总量控制，只要其中一个控制方式满足要求，设备立即停止注油。

2. 优化改善

对操控电脑进行物理维护，并优化操作系统和组态王系统，以减少电脑死机故障频率。

修改控制方式，增加一套控制方式直接把浮球停止信号发送给注油 PLC，从而绕过电脑组态王系统。今后电脑再出现同类型故障，浮球注油停止信号能直接发送给注油 PLC，从而及时停止设备注油。

改善前的原有控制逻辑如图 1 所示。

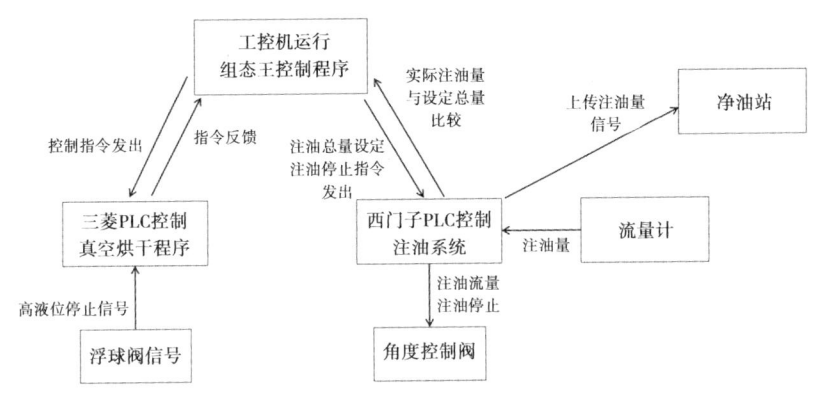

图 1 改善前的原有控制逻辑

修改注油 PLC 控制程序。总量控制方式停止信号由注油 PLC 直接发出，修改后的控制程序由注油 PLC 通过 PID 控制程序计算后切断注油管路比例控制阀。注油总量达到设定量后，停止设备注油。

在原有注油西门子 PLC 上增加输入控制点，浮球阀加装一组信息接口，直接发送至西门子 PLC。

改善实施后的控制逻辑如图 2 所示。

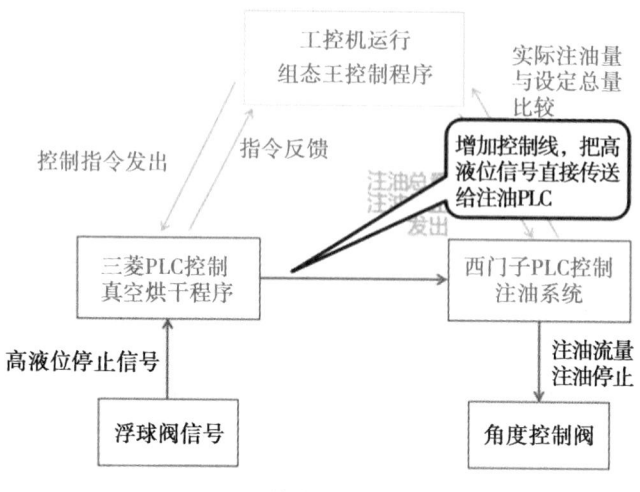

图 2　改善实施后的控制逻辑

三、项目运用

（1）项目优化完成后，通过约 1 年多的时间运行，没有发生一起因设备报警或电脑故障导致注油过程的溢油事件。

（2）降低设备注油运行故障。优化后的注油程序在电脑故障时不会影响注油的连续性，生产组织运行更加流畅。

（3）节省成本。按发生注油过程溢油事件后的变压器油（酯油或者矿物油）损失计算，每次溢油事件变压器油经济损失约 2.5 万元，再加上进行余油清理工作所需辅材以及人工费用约 0.25 万元，可降低损失约 13.75 万元/年。

四、项目优势

项目的改善不需要进行较大的设备改造费用投入，只需对系统程序进行修改；液位报警器由开点控制改为闭点控制成本较低；信号并联触发不设优先级可以有效进行动作控制，避免油流总量计量不准导致溢油的发生，提高了设备工作效率，减少了溢油事件的发生。

创新工作思路解决数字逆变焊机 IGBT 炸管惯性故障

主创人员：万军、郭磊、雷赛、胡鑫、江锋、马晗、文得意、苏芃、朱华初、张逍

单位：中车株洲电机有限公司

亮点：电机机座焊接作业任务繁重会导致焊机面临巨大压力。其中，数字逆变焊机频繁出现 IGBT 炸管的故障，给生产带来了不利影响。与传统的焊机维修过程不同，设备维修人员应对这一挑战采用了新的工作思路，了解设备的工作原理，记录并分析故障信息，通过数据对比找出故障原因，以确保焊机的正常运行，为生产的顺利进行提供了有力保障。

一、研发背景

数字逆变焊机在工作中出现炸管故障是一种较为常见的现象，连续炸管情况的出现表明检修人员在检修过程中忽略了一些细节或检修思路受到限制。为解决这个问题，需要从故障信息采集、工作原理入手，采用测量加分析的方法，实时记录数据并对比分析，归纳可能原因并依次排除，以根源上解决频发故障。

二、核心原理

1. 故障信息采集

在连续焊接过程中，每次炸管持续时间未超过 10 分钟，且发生时设备空开跳闸并伴有巨大的放炮声响。此外，IGBT 模块上存在明显的炸裂痕迹，这属于典型的 IGBT 短路损坏，如图 1 所示。

图 1 IGBT 短路损坏

开路损坏是 IGBT 炸管后的损坏形式，需借助仪表来判断模块的好坏。选择数字万用表二极管档，用红黑两表笔分别测量栅极 G 与发射极 E 之间的正反向阻值，两次测量的数值均为最大，可判断 IGBT 模块栅极正常；如果有数值显示，则栅极性能变差，此模块应更换。特别要注意的是，当正反向阻值为零时，说明栅极已被击穿；逆变焊机出现 IGBT 炸管、跳闸，未检查前尽量不要再次合闸，避免发生二次故障。

2. IGBT 模块的更换

在更换 IGBT 模块时，需要注意以下问题：（1）应尽量使用同型号的原装模块；（2）安装过程中避免接触驱动端子，以防静电损坏模块；（3）确保模块与散热片接触良好并固定牢固；（4）在散热器与 IGBT 模块间均匀涂抹导热硅脂以减少热阻，但注意不要涂得太厚，正确的涂敷方法如图 2 所示。

图 2 导热硅脂涂敷方法

3. 炸管问题的研讨

在处理 IGBT 炸管问题时，更换模块并非首要任务，而是应该集中精力进行原因分析以及后续的检查和判断。IGBT 炸管通常是由过电流、绝缘损坏或过电压等原因引起的，具体如下：

（1）过电流的发生可能是由于负载短路或控制电路受到干扰，导致逆变上下桥臂的工作出现异常，从而形成短路。

（2）元器件老化或绝缘损坏也可能是IGBT炸管的原因。

（3）过电压的产生是由于线路中的杂散电感在极高的di/dt作用下产生的尖峰电压。

4. 焊机工作原理分析

为了确定IGBT炸管的根本原因，必须结合焊机的工作原理图，并借助适当的仪器仪表进行逐一检查和分析，焊机工作原理图（如图3所示）以及原理分析如下。

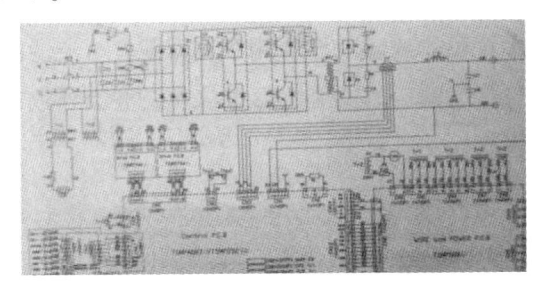

图3 焊机工作原理

逆变电路工作原理：大功率开关电子元件IGBT作为逆变器件，将整流滤波后的直流电逆变为几千至几万赫兹的中频交流电，逆变回路采用单相全桥逆变。有4个桥臂，IGBT1和IGBT4为一组桥臂，IGBT2和IGBT3为一组桥臂，由TSM9794驱动板为Q1、Q2两组IGBT提供驱动信号，控制每组IGBT同时导通与关断。成对桥臂同时导通，两对交替各导通180°。

逆变焊机工作过程：工频交流（经整流滤波）→直流（经逆变）→中频交流（降压、整流、滤波）→直流。

5. 故障检修与分析

在更换IGBT模块后，进行检测时必须确保未向IGBT提供主电源，同时需拆除直流输入侧母板，以进行相关检查（如图4所示）。

图 4　故障检修

6. 一次整流回路检测

测量 D1 整流桥直流输出电压 540V 正常，C3、C4 滤波电容（MKPLS40uF800V）40uF 左右正常。用示波器观察整流滤波后的波形，若滤波电容损坏，整流后畸变的电流波形含倍频谐波，导致谐振过电压，影响 IGBT 运行。

7. 驱动电路检测

IGBT 炸管通常会导致驱动板损坏，建议同时更换 2 组 IGBT 和驱动板以确保稳定性和可靠性。维修时需全面检查驱动电路并确保其完全相同且相位精确，否则可能再次导致炸管。

使用万用表测量 Q1a、Q1b、Q2a、Q2b 四组驱动信号电压，正常值约为 DC4V。由于驱动信号是高频方波脉冲，使用示波器测量正常值约为 15V 更为准确。如果某组驱动电压过低或为零，可能是驱动板故障，通常问题出在 18V 和 6.8V 稳压管被击穿。更换驱动板时，注意各组门极驱动线的正确连接，通常使用双绞线传递驱动信号，并联约 10K 的保护电阻以防栅极断路导致 IGBT 损坏。

确认 4 组驱动电压正常后，断开逆变输出主线和主电路。使用电阻档测量逆变输出端正反向阻值，可测量两组 IGBT 导通时的内阻，正向约为 100 欧，反向约为 84 欧。不同 IGBT 阻值可能不同，接近为好，说明两组 IGBT 同时导通与关断，性能接近。

在驱动电压正常的情况下，焊机短时工作正常但长时间焊接后仍出现炸管问题，可能是 PWM 电路故障。需要使用双通道示波器观察驱动信号波形，确保触发信号对称且导通时间一致。如果波形图异常，需检修PWM电路。

8. 主板的检查

主板根据面板参数控制PWM脉冲发生电路产生驱动脉冲，并监测焊机输出端信号进行比较计算，测量主板CN9端口电压10V，说明主板供电正常，测量CN4端口电压双15V，说明PWM调制器供电正常。炸管可能是主控板故障或PWM电路出错，导致桥臂直通和IGBT自锁。视觉检查无法发现问题，需专业仪器检测调试或更换新主板。另外，高频谐波可能干扰PWM控制电路，导致上下桥臂工作不同步形成短路，需使用谐波检测仪或高精度示波器进行捕捉分析。

三、项目运用

经过上述步骤进行多方面的检查和修复损坏的配件后，可以给逆变器通入主电源。此时，空载电压为DC70V，属于正常范围。随后从小到大调节电流进行焊接试验，持续30分钟。试验过程中，引弧正常且电弧稳定；当调至正常焊接电流时，对产品进行焊接，经过测试，焊接产品质量合格，表明故障已修复。

四、项目优势

根据以上步骤处理问题，能有效预防数字逆变焊机的IGBT出现连续炸管的情况，大大降低炸管之后维修的处理难度，并且经过故障信息采集，测量数据并记录进行故障原因汇总，可以为IGBT连续炸管情况提供系统的解决思路。

第二章

设备管理新趋势经典案例

WTPM 设备管理体系在创新中落地生根

项目牵头人： 曲春林
主创人员： 闫圣利、岳建峰
单位： 万达集团股份有限公司
案例概述： 万达集团以全面规范化生产维护（TnPM）及精益生产为管理基础，以全面提升设备综合效率及员工精神面貌为根本，结合万达实际，创新设备管理新模式 WTPM（全面生产维护设备管理体系），并通过"样板试点+复制推广"的方式推广实施，推行 3 年来，效益增加 9.66 亿元，单位产品综合能耗降低 19.70%，单位产品维修费用降低 24.71%，设备利用率提升 10%，设备综合效率提升 9.29%，设备故障停机率降低 44.13%。

一、项目背景

随着现代企业竞争的日益激烈以及错综复杂的市场因素，越来越多的企业开始关注如何提高生产效率和降低成本。在这样的背景下，设备维护变得至关重要。因此，推行设备管理体系成为许多企业实现高效生产和可持续发展的关键。

万达集团设备资产占总固定资产的比例约为 65%，管理好如此庞大的设备资产、确保设备良性可靠运行且实现设备保值增值，是保证持续获得较高经济效益和生产经营永续发展的保障。

二、创新亮点

万达集团联合广州学府设备管理工程顾问有限公司等国内权威专业机构共同打造了设备管理新模式 WTPM（全面生产维护设备管理体系），其核心是以全面规范化生产维护（TnPM）及精益生产为管理基础，以全面提升设备综合效率及员工精神面貌为根本，以"整洁、有序、高效、安全"为目标，不仅为实施单位建立完整的生产保障运营模式、优化内部生产组织结构，更重要的是形成从现状到目标的实现途径，有效促进管理模式落地。

推进 WTPM 设备管理新模式具体来说，以四大现场管理模块（6S 管理、6H 管理、可视化管理、定置化管理）为基础，重点推行六大专业管理模块（点巡检管理、全优润滑管理、自主维护管理、设备故障管理、检维修管理、班组建设），通过两大抓手（设备指标管理、专家智库活动）提升设备绩效指标，同时运用 1 个平台（WTPM 信息化管理平台），实现 1 个目标（生产系统效率最大化），2 个体系标准（五阶六维评价体系+设备管理评价标准）使 WTPM 持之以恒、久久为功。详见图 1。

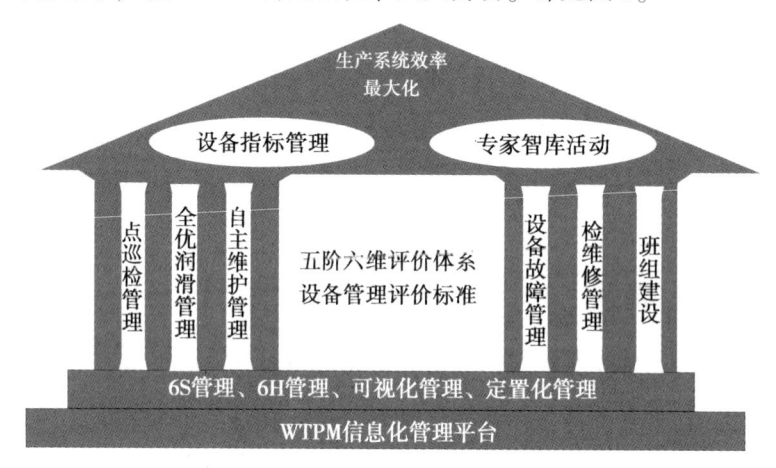

图 1　万达集团 WTPM 体系大厦

三、应用效果

1. 效益效率，双双提升

WTPM 设备管理体系应用前后（3 年，同比）：效益增加 9.66 亿元，单位产品综合能耗降低 19.70%，单位产品维修费用降低 24.71%，设备利用率提升 10%，设备综合效率提升 9.29%，设备故障停机率降低 44.13%。

2. 挖掘精髓，勤于总结

获得 6S、6H、可视化、定置化现场改善管理成果 4378 项，打造现场管理看板498项，发布点巡检标准7606份、自主维护及保养基准书2864项、润滑管理标准1396项，发布OPL（单点课）1655份，编制典型改善案例集230项，建立设备管理信息化系统10个。

3. 建立标准，持之以恒

积极总结推行经验，成为《设备管理成熟度星级评价指南》《工业设备润滑管理导则》等14项行业团体标准的制定者。结合推行经验与实际，因地制宜、量体裁衣，发布《万达集团设备管理体系（WTPM）实施指南》，使WTPM设备管理体系的管理经验与智慧精髓在万达一代代传下去，形成永无终止的接力赛。

4. 行业认可，收获成长

先后荣获第十二届全国设备管理优秀单位、山东省设备管理优秀单位等重量级荣誉；精益TPM推进办被评为"全国设备工程大工匠工作室"；另有"轮胎硫化机全自动硫化"等多项管理类/技术类成果荣获国家级、省部级设备管理与技术创新成果奖。

应用技术创新建设可视化洁净厂房实现"五化"融合

项目牵头人： 陈重

主创人员： 陈重、潘子彬、蒋月芸、王丹丹、卢俭俭、刘永刚、丁国健、朱峰

单位： 浙江海翔药业股份有限公司

案例概述： 目前，数字化车间、智能工厂项目得到了国家相关政策的大力扶持，科技现代化的企业离不开优秀的厂房、工艺、设备、节能、低碳、展示及多种功能因素的完美设计融合。通过可视化洁净厂房的优化设计，可以实现数字化、可视化、物流化、节能化、集约化的"五化"融合，极大地提高生产效率，进一步节能、减人，便于日常监管。特别是近几年新冠疫情反复多发，可视化洁净厂房通过隔离观察、监护、防护、治疗等手段，有效地保护了人们的生命安全与健康。

一、项目背景

近年来，我国制药、化工、食品、电子等行业工程项目发展迅速，如在快速方舱医院、方舱宾馆、核酸检测舱、医院手术室、可视化病房、无尘车间等净化工程建设方面，基于 BIM、3d Max 等软件的辅助，加上新兴材料、数字化设备、连续流生产工艺等的应用，为专业设计团队及施工团队提供了有力的软硬件条件保障。一些拥有前瞻性的知名企业，基于自身发展需求和战略需求，对于洁净厂房的设计除要满足现行国家标准《洁净厂房设计规范 GB50073》的相关规定，还提出了更高、更严、更为个性化的实际需求，因此可视化洁净厂房应运而生。目前，我国在可视化洁净厂房设计及项目建设方面才刚刚起步，在设计角度、工程施工实战中，还没有太多先例可以借鉴，也没有特别成熟的经验可寻，本文就可视化洁净厂房设计难点与硬件配合布局方面展开经验探讨。

二、创新亮点

通过传统洁净厂房的创新可视化设计,将更多的生产区、检测区、参观区、病房区、治疗区及需要随时进行目视监控的安全、健康区等进行可视化改造或设计,将区域内的参观走廊、空调通风系统、工艺管道系统、隔断彩钢板墙进行可视化、隐蔽化处理,以达到生产监控人员、质量检测人员、第三方监管人员完全在不进入厂房内,便可对生产等区域进行直观检查、巡视。

非必要人员完全不进入生产区,减少了人员对净化洁净区域内的各种不利因素的干扰(如人体携带的微生物、人员走动时的气流扰动、疾病的传播扩大等),同时减少了能源的损耗(如空调系统的冷量损失)等,可视化设计的参观走廊及生产、生活等功能房间,可以最大化地利用自然采光,进一步节约能源、实现低碳环保。

三、应用效果

可视化无菌药品生产车间如图1所示。

图1 可视化无菌药品生产车间

1. 可视化企业形象展示

可视化洁净厂房可以随时接待客户、相关主管部门前来参观,以全方位的视角对外展示产品生产工艺流程、设备布局及品牌情况、标准操作规程、流程、人员及现场管理情况等,发挥了很好的宣传效果,加强了客户对产品的信心,提高了企业形象,巩固了企业在市场的核心竞争力。

2. 提升环境质量，便于生产管理

由于产品生产流程和相关功能房间可视化，有效地提高了生产人员在工作上的配合和衔接程度；质量管理、生产或其他人员在监管上可以根据实际情况选择是否进入洁净区，有效地控制了非生产必要人员进入洁净区的数量，减少了因人员流动而对环境造成的污染，保证了洁净厂房的环境符合 GMP 相关标准。

3. 节能、低碳环保

车间在设计上大量、大面积采用净化展示窗（真空、充氮、干燥剂处理），展示窗兼顾隔墙板，可直采自然光，在照明与保温方面起到节能、绿色、低碳效果。工艺管道系统在设备上方直接对接设计安装，可优化节简空间，达到美化生产环境等效果。

基于人工智能应用的起重机运行智能监管系统效果显著

项目牵头人：邓苹、刘玄

主创人员：匡林海、秦润新、陈方道、郭威

单位：中车株洲电机有限公司

案例概述：为减小起重作业安全风险，中车株洲电机有限公司自主开发了一套起重机运行安全监控系统。该系统不仅能实现智能识别、分析，还能联动设备运行控制，保障起重作业过程安全可控。

一、项目背景

起重作业是一项危险性作业。目前，起重作业风险预防主要靠员工按要求执行作业前检查和作业中遵守操作要求，但人是最活跃、最难管控的，这正是起重作业安全管理的"痛点"，如何减少人的不安全行为、如何及时识别并控制人的不安全行为一直是起重作业安全管理研究的方向。

二、创新亮点

1. 自主开发起重机运行安全监控系统

自主开发了一套基于视觉传感技术的安全监控系统，为起重机运行划定一片警示区域，通过在嵌入式平台上运行 TLD 视觉跟踪算法，对图像传感器采集到的关键信息进行分析处理，实现对起重机运动轨迹的追踪定位、判断和预警，保障起重机安全运行。

2. 智能监管系统联动设备运行控制

当智能监管系统识别到危险时，监管系统发出警报，并输出动作指令信号给起重机控制系统，起重机控制系统识别到信号后作出相应控制。

三、应用效果

1. 起重机运行安全性能提升

起重机运行监管系统会实时扫描行进路线安全隐患，一旦有人闯入警示区域，系统将报警并联动控制起重机减速，有效规避了吊物碰伤、砸伤人的风险。

2. 技术创新驱动发展

此项 AI 技术改造的实现，为企业危险性作业的 AI 技术创新改进提供了丰富经验，成为企业实现数智转型的一个有用着力点，成为应对"可持续发展"的一个可靠路径和方向。以 AI 技术为契机形成"技术盈利"，推动企业高质量发展。

3. 推动资源优化配置

"AI 智能+"的应用首先解放的就是人的双手，以"机器换人"对冲劳动力成本上升、劳动力分配不均的影响，并极大地控制了"人的不安全行为"。同时，数智技术的应用更有利于企业扩大产能、优化产业资源。

纯电动公交车集成控制器接触器粘连修复工具可快速诊断故障

项目牵头人：王洪林

主创人员：吕国良、白义栋、郑鹏、娄锡禄、张博

单位：沧州公共交通集团有限公司

案例概述：针对现有纯电动汽车维修工具技术的不足，通过设计、改造、加工、组装、调试完成纯电动公交车集成控制器触器反馈触点粘连修复工具研发。此工具具备对集成控制器内各功能接触器进行反馈触点粘连故障诊断和修复功能，可以快速诊断不同接触器反馈触点粘连故障，同步修复接触器反馈触点粘连功能，解决了接触器反馈触点发生粘连故障后排除故障用时长、成本高、存在安全隐患的问题。

一、项目背景

近年来，新能源纯电动汽车的一些新技术、新材料在纯电动公交车上广泛应用，在行车、停放、充电等非正常下电后会导致接触器发生粘连故障，给集成控制器核心部件接触器粘连故障的诊断与排除增加了难度。为了在纯电动公交车出现接触器粘连故障时，节约维修时间，为车辆营运争取宝贵时间，保障维修人员的人身安全，节约更换接触器的材料费用，特研发接触器粘连修复工具。

二、创新亮点

此工具由内部自带 DC12V 电源、电源管理模块、电源开关、继电器、二极管、线束、航空插件和修复按钮组成。当接触器反馈触点出现粘连故障后，关闭车辆低压电源，断开高压维修开关，使用修复工具自带 DC12V 电源为触点粘连接触器提供控制电源，分别通过航空插件与接触器控制电

源连接，接触器负极由两路手拨开关连接并通过复位按钮分别对反馈触点粘连接触器进行修复。使用时如主正接触器反馈指示灯点亮，则为主正接触器反馈触点粘连，将手拨开关选择主正接触器档位点击复位按钮进行修复，修复后接触器反馈触点粘连指示灯自动熄灭。

三、应用效果

接触器修复工具的研发使用，在全国公交系统首次解决了接触器粘连故障存在人工拆装作业、材料费用消耗大、劳动强度大、维修时间长等问题，自使用接触器修复工具以来共计节约材料费15万元。

基于 MTBF 的"经济备件"策略
实现 MTBF 延长 15%

项目牵头人：严世洪

主创人员：刘苏雯、隋景阳、宋明、傅可新、张旭

单位：中车大连机车车辆有限公司

案例概述：传统备件管理粗放，备件库存、备件清单等管理要素主要由经验确定，管理风险较大。工厂创新备件管理方法，基于可靠性 MTBF 数据计算备件需求量，改变备件传统的粗放管理，将备件库存、清单等要素由经验确定，转变为基于可靠性计算与成本、库存的风险分析，降低备件成本，减少备件风险。

一、项目背景

中车大连机车车辆有限公司是中国中车股份有限公司全资子企业，其设备规模庞大、设备类别复杂多样，为保障这些设备正常运行，需要有大量的备件储备作为支撑；而企业经营需要降低成本，减少备件资金的占用，限制了备件存储量。寻找备件和资金的平衡，将备件管理风险控制在合理范围，成为企业设备管理无法回避的难题。

二、创新亮点

1. 基于备件可靠性，分析风险、计算备件经济库存量

（1）从设备故障维修中，采集备件换件信息。在每次设备维修后，详细记录修理内容及更换备件信息、进行故障分析，以此作为备件可靠性数据统计的基础信息。

（2）进行设备故障停机汇总，建立多维度数据库统计、分析故障换件信息。故障维修记录单据在故障停机汇总表进行整理，利用汇总表可方便

地筛选设备故障数据、备件换件信息，用以分析、统计可靠性指标。

分别按设备、备件筛选的故障停机汇总表样式如图1、图2所示。

图1　故障停机汇总表（按设备筛选）　　图2　故障停机汇总表（按备件筛选）

2. 进行故障分析及数据处理，基于 MTBF 建立备件清单

（1）对指定设备备件、指定类别备件，从故障停机汇总数据库筛选换件信息，计算可靠性 MTBF、MTTR 指标，为后续备件清单建立、风险分析、备件库存量计算提供数据支撑。

例如，以设备为关注单元，从设备维度筛选出指定设备的备件故障换件信息为：备件在1330h负荷时间里，分别出现4次故障，故障处理时间分别为 10h、10h、5h、10h，其 MTBF 为 325h，MTTR 为 7.5h（如图3所示）。

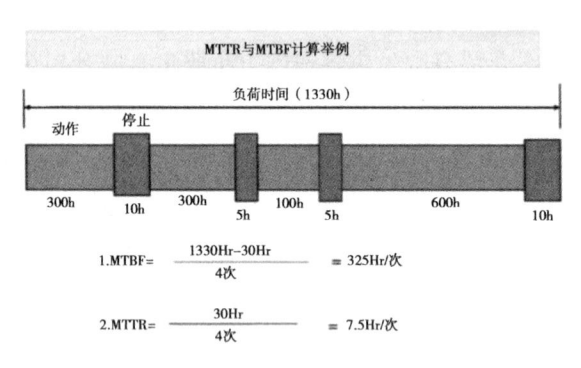

图3　MTBF 与 MTTR 指标计算

（2）基于 MTBF 建立备件清单。根据设备故障换件数据，整理备件信息、计算可靠性指标 MTBF 和 MTTR，以此为基础建立备件清单（如图4所示），识别备件的关键信息。

备件清单

序号	备件名称	型号/规格	适用类型	单位	库存管理 额定	最小	最大	供应渠道	换件周期	库房
1	溢流阀	24D0-B10H-T-R	1250吨油压机	个	1	1	5	物资部	1年	备件库
2	电磁换向阀	34DY-B10H-T	100吨油压机	个	1	1	5	物资部	6月	备件库
3	齿轮	210*45	刨边机	个	2	1	5	物资部	1年	备件库
4	电控换向阀	K25JD-8	蒙皮预拉伸胎	个	1	1	5	物资部	6月	备件库
5	单向节流阀	L2-25	蒙皮预拉伸胎	个	1	1	5	物资部	6月	备件库
6	换向阀	22D-25B	100吨油压机	个	3	1	5	物资部	6月	备件库
7	换向阀	22D-25BH	100吨油压机	个	2	1	5	物资部	6月	备件库
8	电磁溢流阀	Y1EH-F100	蒙皮预拉伸胎	个	1	1	5	物资部	6月	备件库
9	接触器	PT403011(500A)	电焊机(松下)	个	1	1	1	物资部	1月	备件库
10	接触器	PT323010(350A)	电焊机(松下)	个	1	1	1	物资部	1月	备件库
11	吊车触点(凸轮)	KT10-60A	桥式起重机通用	个	50	1	50	物资部	2月	备件库
12	行程开关	L×10-32	桥式起重机通用	个	1	1	5	物资部	1月	备件库
13	钢带	0.6×25	数控火焰切割机	米	50	10	50	物资部	3月	备件库
14	钢带	0.3×50	数控火焰切割机	米	50	10	50	物资部	3月	备件库
15	电动减速机	XLD-5	蒙皮拉伸胎	台	1	1	5	物资部	6月	备件库
16	丝杠	0.6×28	蒙皮拉伸胎	根	4	1	5	物资部	6月	备件库
17	丝杠	0.6×29	蒙皮拉伸胎	根	4	1	5	物资部	6月	备件库
18	带槽压丝轮	1.6mm	IGM焊接机器人	个	3	1	5	物资部	6月	备件库
19	锁紧螺母		IGM焊接机器人	个	5	1	5	物资部	6月	备件库
20	焊机气阀		IGM焊接机器人	个	5	1	5	物资部	6月	备件库

图4 备件清单

3. 基于可靠性实施备件风险管控

在企业设备管理中，设备运行的可靠性需要备件作为必要的物质基础，在客观物质层面，设备维修风险识别主要为备件风险，备件风险管理主要分为设备可靠性维度风险管理、备件库存量维度风险管理、备件资金占用风险管理。从图5中可以看出，备件资金、可靠性、库存量之间相互制衡，合理控制备件库存是平衡资金占用与设备可靠性的唯一手段。

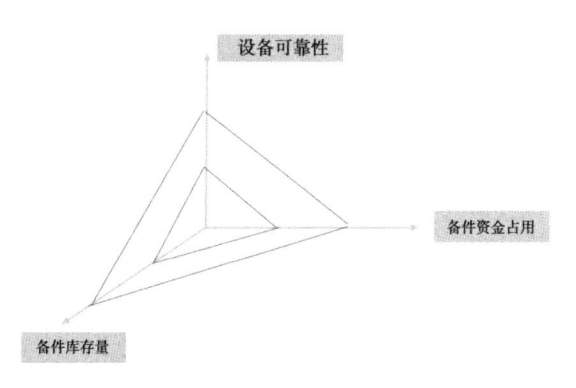

图5 备件管理三大维度风险分析

4. 将ABC管理法用于备件管理

通过对备件的品种、资金占用量、重要程度、消耗频率等因素的统计、分析，确定管理的重点对象和一般对象，分别采取不同的管理对策，以取得较高的经济效果。根据设备的重点程度，人为将设备分类、排序，A 类是指金额大、数量少、对生产影响较大的设备，比重次之的为 B 类设备，低值设备为 C 类（如表 1 所示）。

表 1　ABC 分类管理

项　目	A 类	B 类	C 类
控制程度	严格控制	适当控制	略加控制
库存量控制	详细计算优化	参照以往记录	根据经验确定
备件检查	经常检查	定期检查	定期抽查
安全库存量	较多	稍低	尽量低

结合经济库存量计算公式，制定 A 类设备备件库存量，同时降低 B 类、C 类设备备件库存量，B 类、C 类设备备件以现有备件库存量为基础，逐渐消耗，并结合以往故障修理经验，逐步降低。

三、应用效果

基于 MTBF 的"经济备件"策略，改变备件传统的粗放管理，将备件库存、清单等要素由经验确定，转变为基于可靠性计算与成本、库存的风险分析，降低备件成本，减少备件风险。基于可靠性 MTBF 数据支撑经济备件，促进设备可靠性显著提升，企业年度设备平均无故障时间（MTBF）延长 15%；平均维护时间（MTTR）缩减 20%，重点设备完好率达到 97.1%（比目标提升 2.1%）；故障停机率达到 0.78%（比目标降低 1.22%）。同时，运用 ABC 管理方法，结合设备重要性采取不同的备件管理对策，进一步减少了企业资金占用，节约了备件采购、管理成本，为企业降本增效、高质量发展提供了保障。

自主研发生产钻孔设备降低 70% 加工费

项目牵头人： 眭江涛
主创人员： 刘强、任超凡、田克俭
单位： 石家庄海山实业发展总公司
案例概述： 为了保证飞机风挡玻璃钻孔修理周期，同时降低修理成本，工厂设计并生产了一套钻孔工装，既可保证风挡玻璃孔的位置精度，又使每块风挡玻璃同样具有互换性。运用玻璃钻孔工装加工后，可缩短风挡玻璃孔加工周期 60%，降低钻孔加工费用 70%。

一、项目背景

因飞机的风挡玻璃是大修的必换件，原风挡玻璃孔制造厂是通过标准钻孔工装加工成型，因此所有加工出的风挡玻璃孔位尺寸一致，进而保证飞机大修时风挡玻璃的更换具有互换性。在大修时，因无加工模具，即无法保证风挡玻璃 100 个孔的位置精度，需要委托制造厂加工。任务周期无法控制，委托加工费用也很高，生产进度无法自主可控。

二、创新亮点

设计发明了一种风挡玻璃钻孔工装，能够保证风挡玻璃 100 个孔的中心与飞机后弧框孔、标准型架孔的同心度满足装配要求。设计发明过程包括确定标准样件、根据标准样件外形尺寸制造阴阳模具、引出标准样件的孔、工装结构设计、利用自动进给钻加工孔等。通过风挡玻璃钻孔工装加工出的钻孔，可以完全实现与原风挡玻璃孔同心，并顺利装配。

三、应用效果

（1）装配效果好。风挡玻璃钻孔工装完成后，通过与飞机拆下的旧风挡玻璃原孔进行比对，调节压紧力大小，控制阴模与风挡玻璃的间隙距离大小，完全可以实现与原风挡玻璃孔同心，并顺利装配的效果。

（2）缩短飞机装配周期。以往委托制造厂进行加工，需要历经发货、运输、收回、加工、寄回等步骤，周期长，且风挡玻璃在运输途中容易造成损坏。利用风挡玻璃钻孔工装，可在工厂内进行加工，缩短飞机装配周期。

（3）节省成本。运用风挡玻璃钻孔工装进行钻孔加工，每件风挡玻璃可节约加工成本十余万元。

"局域网集控+智能化巡检"
模式每年节省近百万元

项目牵头人：晋纪岩
主创人员：晋纪岩、段英超、孟志强
单位：冀中能源峰峰集团新屯矿
案例概述：本方案通过将瓦斯电厂监控、抽放泵、压风机、抽风机和变电所等操作系统整合到新的集控室，建立东风井智能化集中控制云平台系统，实现岗位互换，以取代传统的生产运行方式。通过岗位大融合，实现一人胜任多岗位，最大限度提高人员效率。"局域网集控+智能化巡检"模式运行以来，每年可为公司节省费用近百万元。

一、项目背景

峰峰集团多数煤矿由于受初期设计影响，一般情况下井下范围比较大，尤其是河北省、山东省等地区。随着矿井扩大区的不断延伸，通风系统、瓦斯抽放系统、压风系统等矿井系统逐渐出现了距离长、效率低的问题。为解决这一问题，多数矿井在外埠建立独立的风井区对矿井扩大区进行高效、短距离供风、压风、瓦斯抽采等系统的建设，形成了多机房、远离矿井管理的模式。机房多、人员多、不能统一管理是多数风井管理的难点。新屯矿为响应集团公司减人提效的方针，创造性地提出将东风井院内的瓦斯电厂监控、抽放泵、压风机、抽风机和变电所等操作系统整合到新的集控室，建立东风井智能化集中控制云平台系统，实现对东风井厂区所有在用设备的统一管控，达到了多岗位兼并，实现了提高经济效益的目的。

二、创新亮点

根据新屯矿实际地理情况，提出将瓦斯电厂和抽放泵操作系统进行合并，建立东风井智能化集中控制云平台系统，实现岗位互换，提高岗位通用性。新屯矿智能化系统改造充分发挥矿井机械化装备的功效，采用多种现代信息与自动化技术，建立全矿井远程监测、控制、管理一体化和人工巡检新的运行模式，完善基于网络的开放式分布控制系统，以取代传统的煤矿生产运行方式，逐步形成全矿井各环节的过程控制自动化、生产综合调度指挥和业务运转网络化，对煤矿安全和运营状况实行远程监控，以保证对全矿井安全状况和生产过程进行实时监测、监控、控制和调度管理。

1. 主要技术创新

（1）对各机房的操作系统进行设计，对其功能进行研究，实现界面上开停机及保护查阅等自动化技术。

（2）对重点设备运转及油位等部位进行视频采集，通过视频墙监控设备运转情况，提供视频实时查看功能。

（3）对数据进行保存和联网局域化控制，协调各系统之间的相互配合及功能查阅、操作。

（4）通过远程视频监控，对设备画面及运行情况进行在线观察，发现异常及时派人到现场处理，保证将事故处理在萌芽状态，不扩大事故。

（5）各小组组员配有手持对讲机，以便于动态联系，第一时间通知人员到现场，极大提高通信手段。

（6）专职人员巡检，最大限度对设备进行全方位、多角度巡检，保证巡检质量，提高对设备的预知、预判能力。

（7）4个机房的主要数据均以显示器的形式显示在大屏幕上。

（8）实现人员的动态数据化管理，实现一岗多职，联动配合处理事故及突发情况，极大提高用工效率。

2. 关键技术研究

（1）将瓦斯发电厂、抽风机、瓦斯泵、压风机4个机房集中合建在抽风机监控室，组建控制平台。利用数据交换模式，使参数显示在大屏幕上。

（2）每套系统之间可以通过通信协议自由传输数据，查阅、检测数据。其中主机具有查询、操作、修改的功能，辅机只有查询、检测数据的功能。相互之间设有主备模式，根据授权具有相应功能。

（3）云平台操作和监控系统共设有3个岗位。这3个岗位，以巡检工为组长，主司机为组员，相互配合，互相支持，实现"四岗"联动。

三、应用效果

"局域网集控+智能化巡检"模式运行以来，每年可为公司节省费用99.36万元。东风井主通风机房实现了"四位一体"集中监控，将原有分散的压风机监控、瓦斯抽放泵监控、瓦斯发电厂监控集中有效地统一安装到主通风机房内，实现东风井监控系统的集中群控制。

5G时代的远程操控实现人与设备零距离

项目牵头人：王军

主创人员：梁定安、郑海清、林飞宇、吴树生、刘连响、毛峻岭、白松灵、张川川、曹家盛

单位：深圳市腾讯计算机系统有限公司

案例概述：腾讯云无界是基于腾讯多年音视频技术上的深度积累，并和5G网络深度融合，可为行业自动驾驶辅助、高危/恶劣环境远程作业提供基于5G网络的低时延远程操控能力，具备业内领先的超低时延、抗弱网和高安全等特性，可应用于矿山、港口、物流、网联无人机、L3/L4乘用车等诸多应用场景。目前，腾讯云无界已在多个港口和矿山落地了5G远程实时操作解决方案。

一、项目背景

腾讯远程实时操控产品（TRRO）——腾讯云无界，定位于为行业自动驾驶辅助、高危/恶劣环境作业提供基于5G网络的低时延远程操控能力，可应用于矿山、港口、物流、网联无人机、L3/L4乘用车等诸多应用场景。

目前，腾讯云无界已在多个港口和矿山落地了5G远程实时操作解决方案。腾讯与三一智矿在鄂尔多斯合作打造了一个智能矿场，首期实现了矿卡安全员下车，同期携手合作伙伴在推进挖掘机、电铲、轮胎吊等设备的远程操控，改善行业作业安全和体验，实现无人驾驶常态化。在与三一海洋重工的合作过程中，涉及国际货轮的作业时，港口作业区应用5G远程实时操控技术，可帮助港口客户解决抓料机船上下作业环境恶劣、作业时人员进出不便等问题，改善驾驶员作业环境，提升作业效率。

二、创新亮点

腾讯云 5G 远程实时操控包含网关软件 SDK、控制端软件 SDK 和远控服务器三大部分，其中远控服务器又包含了信令服务器、媒体服务器和存储服务器三块。为了实现领先的性能，让远控应用从"样板间"变为"商品房"并规模落地，腾讯云在方案架构和关键技术上进行了多项创新。

一是架构创新。实现 CS 服务器架构和 P2P 对等架构融合支持；音视频、控制、传感数据连接融合支持；多网络路径融合。

二是性能优化。针对远程驾驶中视频并发路数多、延迟要求低、卡顿要求低的特点，腾讯云无界进行了多项技术创新，实现端到端画面时延极致可达约 100ms，支持抗"30%+"丢包和"30ms+"网络抖动，卡顿率仍低于 1%。

三是与边缘计算、AI 和裸眼 3D 等技术融合创新。

四是远程操控作业模式可应用于高危/恶劣环境作业、自动驾驶接管等场景，具备三大优势：第一，一线人员可以远离高危/恶劣环境作业现场，改善作业安全性；第二，可以支持一对多复用，提升人员作业效率；第三，集中化办公，无须往返作业区和办公区之间，提升一线人员工作的舒适性和便捷性。

三、应用效果

一是提升核心能力方面。由于远控作业方式的优势，此前产业内远程操控也有一些尝试，主要基于视频监控技术实现，存在时延大、互动体验不好等问题，导致商用运营难落地。对此，腾讯云以实时音视频技术为基础，与 5G 技术深度融合并优化，推出了 5G 远程实时操控技术，着重提升超低时延、抗弱网和高安全 3 方面核心能力，使其在生产运营中具备接近真实的操控体验和安全要求，推动远程作业方式真正规模商用。

二是市场份额方面。整个市场处于发展初期，腾讯云已服务数十个客户并商用化落地，预计市场份额超一半。

三是合作模式方面。腾讯云 5G 远程操控产品是标准化软件产品，以被集成的方式提供给客户。一方面，可以后装方式，提供给矿山、港口无人驾驶解决方案集成商；另一方面，也可以前装方式，直接提供给挖掘机、装载机、岸桥场桥、抓料机、车厂等主机商。

四是应用案例方面。在三一海洋重工的应用案例中，腾讯云提供实时音视频标准化软件产品，三一海洋重工提供硬件设备及远控平台和系统集成，最终交付给港口使用。目前在建设阶段，腾讯云和三一紧密合作，采用"一次性买断+维保服务"的方式进行合作，满足港口预算需求。未来运营阶段，腾讯云可以支撑灵活的订阅模式，同时提供监控功能，支撑港口大规模运营。

电解铝高温烟气余热再循环利用每年节能40亿千瓦·时以上

项目牵头人：李文悦

主创人员：曲士民、周明珠、李文悦

单位：内蒙古霍煤鸿骏铝电有限责任公司

案例概述：通过铝电解高温烟气的余热再循环和利用，不仅有效降低吨铝能耗（吨铝可以减少200~300千瓦·时的耗电量），而且能产生明显的社会经济效益，提高企业综合效益（每年节约电能源40亿~60亿千瓦·时，相当于150万~250万吨标准煤），这对推动清洁能源高效利用及电解铝行业节能降耗都具有极为重要的意义。

一、项目背景

近几年，由于国内的能源供给日益紧张，电解铝工业是一个能耗大户，其节能任务仍然十分艰巨。铝电解法的能源消耗直接关系到整个电解厂的生存和发展，通过理论分析和大量的实测数据，50%的电能进入电池，并将其作为热源释放到了周边地区，从而导致了能源的巨大损失和环境热负载。在当前能源环境越来越恶劣的情况下，对其进行有效的回收和利用，具有很高的经济和环境效益。

根据数据，电解池的散热效率是不变的，其中电解质的排放率很高，在整个散热器中占有很大的比重，每生产1吨的铝粉就能产生1.5吨的高温烟雾。随着大容量、大容量电解池的推广应用，对烟道的热辐射进行再循环，将会带来更大的经济效益和更好的环境保护效果。

二、创新亮点

铝电解法中所含的氟化物对人类和环境造成严重的危害，需要进行彻

底净化。采用一般铝电解纯化技术，利用新鲜氧化铝对烟道中的有害氟进行吸收，将含氟的载氟氧化铝与烟道气体进行气体-固相的分离，并通过氧化铝的吸收量使其在空气中的含量满足一定的排放，再将其送至电解池中。

在传统的废热回收体系中，进入/退出烟道的烟道在130/85℃，而在高腐蚀区，则在酸性露点之下，燃烧高硫的预焙阳极时会出现更大的低温侵蚀问题。高温下的侵蚀：由燃料中的硫产生SO_2，在催化剂的催化下，将SO_2转化为三氧化硫（$2SO_2+O_2$——$2SO_3$、SO_3），并与水蒸气反应生成硫酸蒸气（SO_3+H_2O——H_2SO_4）。硫酸水蒸气的加入，导致了烟气的温度变化。管道内的壁面往往比烟气的露点更低，从而使硫黄蒸汽在换热表面上凝固，导致了硫黄的侵蚀。换热装置内的壁面温度与烟气、气流速度及气温相关，其与烟气及大气的平均气温相当。在此基础上，通过对其进行分析，发现其底部的烟气温度很低，且其壁温往往比烟气露点要低。由于硫磺蒸汽会在加热表面上凝固，从而导致硫酸盐的侵蚀。

由于在热交换器中经常出现低温侵蚀，因此要采取性价比最高的办法解决低温侵蚀。在烟气中，当硫黄水蒸气开始凝聚时，这个温度叫作酸露点。在特定工作状态下，可以精确地测量出酸露点，从而调节烟气的温度，达到节约能源，提高废热循环使用年限的目的。此法投入小，见效迅速，是最佳手段。

三、应用效果

在现有的铝电解槽中，一般采用160~400kA的预焙工艺，当该电解槽的气体收集率大于98.5%时，从生产实践得知，160kA的电解槽中的烟气容量是$5000Nm^3/h$，200kA电解槽的烟气容量是$6000Nm^3/h$，300kA电解槽的烟气容量是$7000Nm^3/h$，而400kA电解槽的烟气容量是$8500Nm^3/h$。在电解铝生产中，通常会出现100~200℃的高温烟气，它所消耗的热量约为全槽系统的15%~30%。粗略估算，在电解铝工业中，利用200kA的电解槽，通过低沸点法进行生产，吨铝可以减少200~300千瓦·时的耗电量，从而使得全国的电解铝生产企业每年节约电能源40亿~60亿千瓦·时，相当于150万~250万吨标准煤。

电解槽内的高温气体一直在持续释放，当进入净化除尘装置时，其温度达到160℃，冬天甚至达到120℃。通过铝电解高温烟气的余热再循环和利用，不仅间接有效降低吨铝能耗，而且能产生明显的社会经济效益，提高企业综合效益，这对推动清洁能源高效利用及电解铝行业节能降耗都具有极为重要的意义，值得深入的研究和推广应用。

核电厂运行人员学习敏捷性动态管理标准模型建设可节省培训费亿元以上

项目牵头人： 温海南

主创人员： 温海南、黄林燕、张林、李伟、徐涛、汪庆权、程旭、倪郁、门永伟

单位： 江苏核电有限公司

案例概述： 随着国内核电行业的不断发展，新建机组逐渐增多、为保证核电事业安全发展，员工业务技能水平不断提升，依托于田湾核电基地8台机组的建设，通过对1号至6号机组调试和运行中积累的丰富经验反馈到7、8号机组标杆工程建设过程中，以及在实践中不断改进创新，建设核电厂运行人员学习敏捷性动态管理标准模型，形成一套成熟有效的生产准备阶段运行人员标准培训体系，并对外输出技术服务，充分发挥核电大基地技术传承和人才培养的优势。结合田湾核电站3号、4号机组生产人员培训费执行概算，可节省1.3亿元人员培训费，同时对外技术服务项目可增加营收千万元至亿元。

一、项目背景

随着时代的进步和发展，核电等新能源装机大幅增加，田湾核电站机组规模不断扩大、多种堆型和标准并存、新技术的开发应用，对电站的员工业务能力提出更高、更严格的要求。在新建机组生产准备阶段，随着田湾核电站7号、8号机组工程项目设计和工程进度的有序推进，事业环境因素和组织过程资产不断变化，如何保证运行人员业务能力和操作技能胜任不断变化的岗位需求，做好产准备阶段运行人员的工程参与工作，是一个难点。

二、创新亮点

针对田湾核电站7号、8号机组生产准备阶段运行人员工作特点，探

索运行人员能力提升模型和实践方法，将敏捷管理理念与系统化培训方法相结合应用在生产准备阶段运行人员能力提升工作过程中，建设核电厂运行人员学习敏捷性动态管理标准模型。

（1）为满足7号、8号机组的建设以及后续高素质核电运行人员输送的需求，以现场操作员"重基础、强能力、宽视野、多样性"，主控操纵员"高起点、厚基础、强能力、重创新"为人才培养理念，组织研究实施涵盖构建多向耦合的培养课程体系、实施全过程化人才培养方案、培养过程监测、培训结果评价的全过程人才培养模式（见图1）。

图1 标准培训体系

（2）辅助在线教学互动平台研发，让动态学习更便捷快速。运行人员在每个变化时刻都能有效地开展学习，同时通过线上和线下相结合的多元化培训手段形成一套成熟有效的硬件软件相结合的运行人员标准培训体系（见图2、图3）。

图2 在线教学互动平台

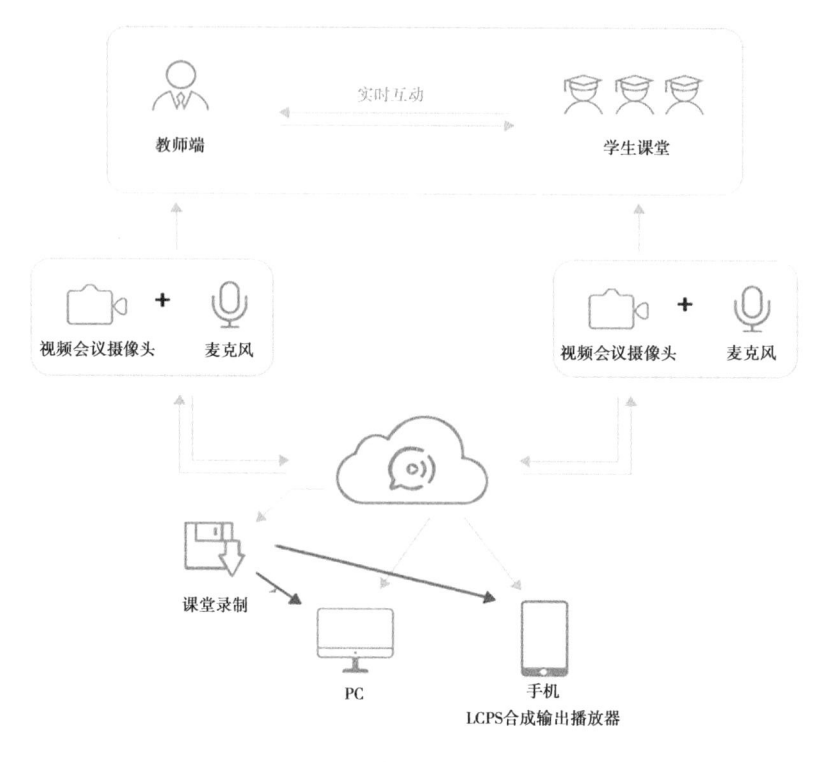

图3 交互教学模式

三、应用效果

通过实施拔尖人才培养、跨处室联合培养、专业化实践培养、交流培养等多种途径开展多样性人才培养工作，以"面向全体、分类施教、依托专业、强化实践"的培养思路，顺利建立包括"高级操纵员+现操班长+新员工"的三级单线培训流程，"课堂+推演+模拟机+现场"相结合的教学模式，"本处室+培训处+实践处室""三师"指导队伍的"三对一"机制等，逐渐将现有人员培养成综合素质高、操作能力强、具有全局视野和扎实基础的人才。目前人才培养工作进展顺利。结合田湾核电站3号、4号机组生产人员培训费执行概算，田湾核电站7号、8号机组操纵人员实施自主培养可节省1.3亿元人员培训费，同时对外技术服务项目可增加营收千万元至亿元。

机械设备用水性防静电易清洁涂料实验对比性能最优

项目牵头人：梁琪琪
主创人员：梁琪琪、金晓岚
单位：河北金达涂料有限公司
案例概述：选用水性易清洁树脂添加5%的防涂鸦助剂和防静电助剂、颜填料等，搭配异氰酸酯固化剂制备的涂料性能最优。涂层具备优异的防腐性、易清洁性、憎水憎油、防静电等，可以满足长时间的6S现场管理的要求。

一、项目背景

随着我国制造业水平的不断提升以及人民对美好生活环境的向往，行业对工作环境提出了更高的要求。工厂的生产车间、喷漆房、实验室、生产设备间等，往往是工厂的6S管理的重灾区，工作环境残留的粉尘、油漆、原材料等，既难清理，又带有静电，产生巨大的安全隐患，严重影响了生产效率和员工的生命财产安全。

二、创新亮点

涂料采用水性树脂和固化剂，原材料属于水性，环保且无毒无味。通过大量的实验对比，结果表明：选用水性易清洁树脂添加5%的防涂鸦助剂和防静电助剂、颜填料等，搭配异氰酸酯固化剂制备的涂料性能最优。水接触角为110°，动摩擦系数<0.1，耐乙醇>50次，表面电阻108Ω。反应形成的涂层具备优异的防腐、防静电、美观和易清洁等功能。

选用水性防静电易清洁涂料可有效解决6S现场管理难题，一般对2m以下墙面位置和机械设备上进行涂装。例如，喷漆房的现有机械设备多采用透明塑料布缠绕，墙壁用塑料类遮盖，生产时有很大的安全隐患，甚至可能引发火灾。使用水性防静电易清洁涂料涂装后，仅用普通的清洗剂就可清理，极大地降低了安全风险和人工成本。

三、应用效果

机械设备用水性防静电易清洁涂料，涂层具备优异的防腐、易清洁、憎水憎油、防静电等功能，满足了长时间的6S现场管理的要求，极大地方便了车间6S现场管理；增加了设备使用寿命，减少了维修成本，降低了火灾风险，具有很好的经济效益。使用后，能给员工提供一个舒适安全的工作环境，提高工作效率，减少设备安全隐患，同时塑造更好的企业形象。

基于PHM技术的备品备件管理方式
有效提升舰艇综合保障能力

项目牵头人：李俊

主创人员：李俊、郭育、王冠、卫宁

单位：中船泛华（西安）科技有限公司、中国船舶集团有限公司系统工程研究院

案例概述：采用基于PHM技术的备品备件管理方式，能够相对精确地获取备品备件的所需数量，加强了备品备件的管理，有效提高了备品备件的利用效率，减少了舰艇维护成本，提升了舰艇的综合保障能力。

一、项目背景

随着海军现代化改革的不断发展和深入，大量新型舰船电子装备陆续列装到部队。这些装备具有结构原理复杂、技术含量高、集成度高、信息化程度高等诸多特点，装备的维修保障难度大，给相应的保障工作提出了更高的要求。

目前舰船主推装备的故障预测和健康管理技术（PHM），是利用传感器采集装备的各类数据信息，借助各种推理算法和智能模型来监控、诊断和预测装备的故障情况，并评估和管理装备的健康情况，使得指战人员和维修人员能在故障发生前通过状态监测和系统推算有效预测出装备的故障，并综合运用各种信息资源给出维修保障的措施以实现装备的视情维修和预知维修。

备品备件管理是维修工作的重要组成部分，科学合理地储备、使用备品备件，及时地为设备维修提供优质备品备件，是设备维修必不可少的物质基础，是缩短设备停修时间、提高维修质量、保证修理周期、完成修理计划、保证企业生产的重要措施。一方面，合理的备品备件储备是舰载电

子设备运行和检修工作的基本保障；另一方面，备品备件的消耗在设备维修费用中占有很大比例。此外，舰船上空间有限，载重限制严格，维修保障系统下辖的备品备件等资源，不能影响主战装备的战力。如何合理安排舰载备品备件的种类、数量，何时开展装备维修维护活动，都需要进行科学的统筹安排。

二、创新亮点

经过数代综合保障系统的迭代发展，舰载电子交互式手册（IETM），已经可以将备品备件以一种较为科学的方法进行出入库管理，并完成以下综合保障任务：（1）科学合理地确定备品备件的储备品种、储备形式和储备定额，做好备品备件的保管供应工作；（2）及时有效地向维修人员提供合格的备品备件，确保设备维修对备品备件的需要、保证设备的正常运行，尽量提升装备完好率，确保舰船的作战效能；（3）做好备品备件使用情况和装备运行状态参数的收集工作。

但是，粗放的管理方式，无法对备品备件的数量进行相对精确的预估，为了保障舰载设备的正常运行，不得不在舰船上存储"足够量"的备品备件，存在较为严重的浪费情况，一方面增加了维修保障的成本；另一方面，占用了舰艇上有限的空间，从某种意义上讲，这也间接地影响了舰艇作战能力的发挥。本系统创新亮点如下：

（1）基于 PHM 技术的备品备件管理。考虑到成本和维修周期等制约因素，需要科学合理地确定备品备件的数量——不宜过多造成浪费，也不能太少，影响正常维修活动。最新一代综合保障系统，通过基于 PHM 技术的故障预测及诊断技术，以及基于状态的维修策略，实现了舰载作战系统内各电子装备的健康管理。

（2）基于状态的维修（CBM）是依据各项参数指标实施武器装备技术状态评估，旨在实现依据装备的技术状态，确定应采取的维修保障策略，在保证武器装备安全可靠的前提下，有效降低其使用和维修保障费用。

通过 PHM 技术，能够有效安排维修活动，预测未来一段时间内的故障发生概率，从而相对精确地获取所需备品备件的储备需求，合理规划各类备品备件的种类、数量，减少了备品备件的浪费，节约了舰艇内的空间，同时还能有效保障舰艇各类电子装备的正常运行，以及维修活动的有序进行。

三、应用效果

采用基于 PHM 技术的备品备件管理方式，能够相对精确地获取备品备件的所需数量，有效提高备品备件的利用效率，加强备品备件的管理，减少舰艇维护成本，提升了舰艇的综合保障能力。

全场景自动驾驶运输方案实现无人驾驶对码头全链路工况的完整覆盖

项目牵头人： 何晓飞

主创人员： 杨政

单位： 杭州飞步科技有限公司

案例概述： 面向交通运输部提出的"实现码头集装箱搬运、堆砌自动化作业，支持港口探索集吊装、运输、装卸、搬运一体化综合方案，实现自动驾驶集装箱运输与自动化装卸的无缝衔接"这一目标，我们自主研发港口无人驾驶水平运输系统及远程控制系统，真正实现了对码头全链路工况的完整覆盖，大幅降低人力成本投入的同时提升效率，有效推动了数字化智慧港口建设。

一、项目背景

传统码头向自动化、无人化转型升级的脚步正在加快。以"降本增效"为核心目标，通过人工智能技术赋能——数字化智慧港口建设热潮正在到来。交通运输部在《关于组织开展自动驾驶和智能航运先导应用试点的通知》中提出，"鼓励港口开展无人集卡自动驾驶示范，实现码头集装箱搬运、堆砌自动化作业，支持港口探索集吊装、运输、装卸、搬运一体化综合方案，实现自动驾驶集装箱运输与自动化装卸的无缝衔接"。

面对这一目标，公司为行业提供了自主研发的港口无人驾驶水平运输系统（FabuDrive）与远程控制系统（FabuRemote），打造全无人、全场景、全天候自动驾驶水平运输方案（简称"全场景自动驾驶运输方案"），进一步提升了水平运输作业链路的智能化与无人化水平。

二、创新亮点

1. 港口无人驾驶水平运输系统极大提升了港口集装箱作业的智能化程度

全球范围内传统的自动化水平运输改造建设方案多使用自动导引小车设备（automated guided vehicle，简称 AGV），沿着预埋的磁钉轨道进行循环运输，具有成本投入高昂、行驶路径固定、环境要求严苛等弊端。

飞步自主研发的无人驾驶水平运输系统（FabuDrive）同时适配集卡、智能平板运输车等设备，可依据港口生产指令在混行交通场景下进行全无人驾驶作业，支持近 200 种工况，并根据交通流变化自主规划行驶路径，与岸桥、场桥、堆高机等作业设备精准交互，执行集装箱装卸、障碍物感知、主动避让、长距离倒车（超 100 米）及原地大角度掉头（U-turn）等各类动作，是建设自动化港口的更好选择。

2. 远程控制系统极大加快了港口自动化水平运输的无人化进展

现阶段的港口水平运输正由基本自动化向完全自动化快速推进，在这一过程中无人驾驶设备依旧面临着极端工况或传感器失效等造成的挑战。

图1 使用全场景自动驾驶运输方案的无人集卡运输车队

为满足整体意义上的全无人驾驶需求，公司自主研发远程控制系统（FabuRemote），具备远程监控与驾驶、远程对位微动等核心功能，通过智能分配需求，由远程驾驶中心内的操作员进行一对多的监控、接管及处理，进一步提升整体作业循环效率（见图1）。

三、应用效果

基于无人驾驶水平运输系统（FabuDrive）与远程控制系统（FabuRemote）打造的自动驾驶水平运输方案，已在宁波舟山港、南通港等落地应用，支撑全球最大的无人集卡运输车队（超 60 台）开展多路编组作业超 1400 天（截至 2023 年 10 月），成功实现了全无人、全场景、全天候运营目标，确保自动化水平运输链路核心技术环节的自主可控，为进一步打造"世界一流强港"提供了有效支撑。

冶金企业应用消防集控模式大幅提升智能化管理水平

项目牵头人：王洪

主创人员：伍永刚、徐晓巍、陈伟

单位：攀钢集团西昌钢钒有限公司

案例概述：冶金企业消防设施设置分散、控制分散，随着信息化、智能化的持续融合发展，消防设施的控制值守存在人员配置困难、火灾报警及联动灭火无法有效进行等问题。通过消防集控模式研究，有效解决人员配置少和消防设施及时应急投用，为企业保障消防安全和降低人工成本取得了显著效果。

一、项目背景

一般大型冶金企业包括煤焦化、炼铁、炼钢、连铸、热轧、冷轧等主要工序及能源动力、运行保障等配套设备设施，这些区域按照规范相应配置消防报警、灭火设施等。传统冶金企业建设时基本上都将火灾报警控制器及联动控制设备设置在操作室或电气配电室内，其消防值守、处置等安全管理由该区域岗位人员兼职。

随着企业信息化、智能化的持续融合发展，生产经营集中控制、智能控制深入推进，一些操作室、电气室无人化、少人化普遍出现，以前靠岗位人员培训取证兼职消防值守的状况已不能满足消防法规的要求，存在消防安全隐患。建立企业公司级消防集中控制中心，不仅解决原报警联动装置分散难以有效管控的问题，而且可以大大减少消防值守所需的培训取证人员，为企业优化人力资源和提高消防安全管控水平起到决定性作用。

二、创新亮点

第一，研究设置智慧消防管控一体化平台，整合了火灾自动报警系统的信息采集、消防设施联动控制软启动功能、全厂通信指挥调度、视频监控及辅助判断、应急处置流程和消防运维管理。平台借助 BIM/GIS 技术，将全厂重点建筑物以三维可视化方式呈现，方便管理者直观地了解全厂内部消防状况，如图 1 所示。

第二，建设集中型火灾报警主机，实现全厂消防集中管理、精简全厂火灾报警系统管理设备架构，从而减少各工艺单元消防分控室。通过新建主机和用户信息传输装置采集全厂已建立的消防自动报警信息、消防风系统信息、消防水系统信息和电气消防信息。

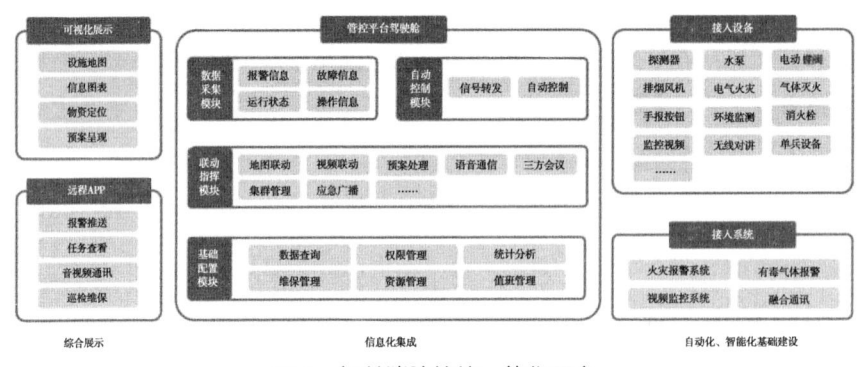

图 1　智慧消防管控一体化平台

第三，通过消防联动控制中心内新建集中型消防主机与各生产单元下级消防主机光纤互联，采集并复制下级消防主机的总线控制逻辑，在原消防控制室总线电缆处加装输入输出模块，以实现新建消防联动控制中心对全厂消防设施的总线控制。

第四，建设现场火情辅助判断系统。该系统基于智慧消防管控一体化平台与视频监控系统的联动基础打造，通过视频监控智能分析功能中的火焰识别、浓烟识别、高温预警等功能，对火灾重点场所进行智能监控。

三、应用效果

通过对多线手动控制系统、总线联动控制系统的改造和智慧消防管控一体化平台的建设，可大大减少企业消防值班室及值守人员的数量，显著降低人工成本。建立企业唯一的消防联动控制中心，实现集中管理、集中调度，提高了消防人员工作效率，降低了消防管理成本，也提升了公司信息化、智能化管理水平。

智能化工厂实训室升级改造取得显著成效

项目牵头人： 王亮

主创人员： 李梅红、刘旭、李蕊、沈晓斌

单位： 天津工业职业学院

案例概述： 智能化工厂设计的设备形态、生产的产品、功能组合方式各不相同，可根据设备点检的技术要求对不同行业的智能工厂进行调研分析、总结归纳，建设一个包含智能制造全部元素的智能工厂，全面实现自动化、数字化、智能化，突出"智能工厂管理与运维"这一鲜明特色与亮点。

一、项目背景

智能工厂背景下现代化的生产设备日益向大型、连续、高速和高度自动化方向发展，一旦发生故障就会全面停产，打乱整个生产计划，给企业造成重大经济损失。因此，高职院校智能化工厂实训室要针对设备点检信息化和智能化、车间6S管理的标准化、服务于企业和社会，以及满足参与竞赛的需要进行升级改造。

二、创新亮点

一是添置智能化点检系统。智能化点检系统运用最佳实践经验和先进实用的管理思想和设计理念，结合企业行业的实际管理要求，对企业行业设备点检管理的业务流和信息流进行深入分析和全面信息规划，实现企业行业设备运行管理工作的精细化、标准化、规范化、信息化、智能化的管理目标。管理员设计出针对车间机电一体化实训设备每一个单元的日常点检标准作业卡和机电一体化实训设备日常点检卡，点检工具和仪表清单，

在日常使用过程中利用点检软件对点检数据进行分析，对设备及时诊断并作出有效维修和保养，从而降低设备故障率。

二是融入6S标准车间的管理模式。将企业的6S管理引入学院的智能化工厂实训室，使实训教学场所一目了然，消除寻找物品的时间；形成整齐的工作环境，消除过多的积压物品；保持实训教学场所干净、亮丽的环境；稳定品质，减少各类伤害；培养良好习惯、遵守规则的学习者，营造团队精神；重视学习者安全教育，每时每刻都有安全第一的观念，防患于未然。

通过制定翔实的6S管理实施方案、开展扎实的6S管理宣传工作、实施严格的6S管理督导考核和建立有效的6S管理激励机制等措施，在实训室全面推行6S管理，努力提高学生管理工作的规范化、标准化、精细化水平，对改善学生实训环境、提高学习工作效率、节约成本都起到了显著的作用，学生的综合素养也有了明显提高。

三是智能化工厂实训室的机电一体化设备技术改造。实训室升级改造增加了智能化点检系统及数字孪生仿真系统，拆装虚拟仿真软件，设备结构上加盖拧盖单元，设备升级后提高了生产节拍与生产效率。

三、应用效果

一是满足了企业员工培训。该实训室建成后，已培训企业员工3000余人，产生经济价值30余万元，培训效果良好。

二是满足了大赛参与需求。设备技术要求即完全符合全国职业院校技能大赛要求又对标世界技能大赛标准。实训室的建设不仅能提升学院在国赛项目的竞争力，也培训了学生的综合能力，为企业培养了更多自动化、智能化转型升级所需技术人才。

三是满足了举办大赛需求。先后举办承办了天津市职业院校技能大赛高职组机电一体化项目及第二届"海河工匠"技能大赛——智能化工程管理与维护赛项。

四是满足了市赛训练基地、日常教学和竞赛练习需求。设备升级改造完成后满足了天津市海河工匠杯市赛"智能化工厂管理与维护"实训基地的选手训练，完成了机电一体化技术专业进行机电一体化实训的教学任务，满足了多项赛事教师和学生日常训练需求。

五是提升了企业文化氛围。该项目按照"基地建设企业化"和"实践教学生产化"原则，将企业文化引入学校，实训基地建成企业文化浓厚、职场氛围真实的校内生产性实训基地；形成了包括生产实践实训教学、创新创作实践、社会服务三大模块，满足了智能制造专业群的发展，打造了集教学、生产、研发、培训和鉴定多功能为一体的综合实践创新服务平台。

智能化机械装备为现代枸杞产业高质量发展赋能

项目牵头人：祁伟
主创人员：乔彩云、王孝、董婕、李世岱、祁伟
单位：宁夏枸杞产业发展中心
案例概述："世界枸杞在中国，中国枸杞在宁夏。"枸杞是宁夏的地域符号、特色产业、文化名片，已引种发展到甘肃、青海、内蒙古、新疆、河北等省区，并成为当地的特色富民产业。本项目将目前研发并投入生产应用的枸杞专用机械按照使用频次、使用环节进行梳理分类，对其性能、特点予以研判，供枸杞机械装备研发者和推广应用者借鉴，助推现代枸杞产业高质量发展。

一、项目背景

宁夏枸杞作为《中华人民共和国药典》确定的唯一入药枸杞，在全国种植面积已突破200万亩。为有力助推传统产业向现代产业转型升级，实现高质量发展，科研人员对枸杞专用机械装备研发已经涵盖了起垄覆膜、剪穗扦插、开沟定植、施肥打药、中耕除草、整形修剪、鲜果采摘、清洁能源制干等整个生产种植过程，但仍存在农机与农艺融合、机械化与信息化融合、机械装备服务模式与枸杞产业适度规模经营不相适应等问题。本项目针对当前枸杞传统种植方式与现代农业机械化的新要求相距甚远、枸杞产业种植栽培耕作方式的差异性与现代农机配套融合度不高等现状，深入研究并提出：枸杞产业高质量发展离不开现代化机械装备，加强农机与农艺的深度融合，以智能化机械装备赋能枸杞产业，从而提高生产效率，是现代枸杞产业高质量发展转型升级的必由之路。

二、创新亮点

第一，枸杞专用机械装备研发与其他大宗作物相比，虽然起步晚，但弯道超车，起步高，研发速度快。依靠科技创新，短短几年，机械装备已经涵盖种苗繁育、开沟定植、中耕除草、施肥打药、整形修剪、鲜果采摘、设施制干等整个生产种植全过程。

第二，将北斗导航卫星定位系统、智能传感技术、网络信息技术等大量融合应用，在部分环节已经实现了智能化作业。

第三，健全完善枸杞农机农艺融合配套数据信息采集，不断提升数据采集系统的精准性；持续更新执行设备，不断提升系统设备的先进性水平，及时更新遥感技术设备、GPS定位系统等新设备、新技术，保证整个系统设备的先进性。

三、应用效果

通过项目实施，为枸杞智能化机械装备研发者和推广应用者提供了大量翔实的数据参考依据，有力提高了枸杞机械装备的市场占有率和使用率，极大提高了枸杞生产经营主体生产效率，增强了产业风险抵御能力，同时也顺应了国家农业产业现代化发展趋势。

智能化设备管理平台助力企业实现质量第一

项目牵头人：姜金辉
主创人员：姜金辉、王永浩、牟海涛
单位：山东鲁花集团有限公司
案例概述：加快设备管理转型升级，推进大数据、人工智能等新兴技术与设备管理工作深度融合，是设备管理发展的新趋势。目前已初步形成以"生产数据采集-运行数据分析与应用-人员控制与设备维护"为核心内容，以"设备全生命周期管控"和"业务流程可视化"为手段的新型管理模式，在推动企业实现"制造大企、质量第一、创新引领"发展战略中发挥着重要作用。

一、项目背景

随着信息化建设的不断发展，设备信息化管理逐步成为企业管理的重要内容之一。智能化设备管理平台能够实现对设备全生命周期和全方位的管理手段，为企业节约了大量人力物力成本和精力，实现企业的设备管理精细化。该智能化设备管理平台是基于物联网、云计算、大数据、人工智能等先进技术，构建设备全生命周期智能化管理平台，能够实现对设备全生命周期进行精细化、动态化管理。

二、创新亮点

智能化设备管理平台建设对提高设备运行维护效率能够起到很好的作用，通过智能技术对设备运行情况进行实时监测以实现设备状态可视化查询分析，能够及时对设备状态进行评估和预测，实现设备管理智能化、数据化和精细化；可以有效地减少劳动强度，提高检修质量并降低作业成

本，进而优化公司设备管理。该平台具有以下几个方面的创新亮点：

（1）智能化设备管理平台实现了智能运行。

（2）通过人机交互、信息化手段来实现设备资源的优化配置。

（3）通过大数据分析与应用进行设备的预警和安全生产决策。

（4）通过业务流程可视化实现业务流程与信息共享。

主要技术特征如下：

（1）实现信息共享和流程监控：企业利用可视化技术对现有业务流程实施全方位监控，有针对性地对存在问题提出解决方案，使企业管理层能够及时发现并处理潜在的安全隐患，并快速决策执行。

（2）利用可视化技术实现业务流程可视化：企业利用信息技术来提升各系统之间协作与沟通效率及质量，实现资源的高效利用以及信息资源共享，以满足企业在战略规划、经营决策、生产计划等方面日益增长的需求。

（3）利用可视化技术实现业务流程可视化，借助可视化技术提供对业务流程各个阶段进行分析和可视化呈现及优化。

三、应用效果

在智能化设备管理平台建设中，要注意设备管理工作的流程化与规范化，以信息化为基础构建智能化设备管理平台。

（1）设备管理是企业持续发展的核心动力，要使设备管理工作更高效、更合理以满足市场发展的需要，对现代经济管理系统做好技术支撑；也要充分利用信息技术对当前技术及产品进行不断更新，对已有技术及产品进行完善；更要充分利用现代信息技术将企业管理工作融入信息化管理，充分发挥信息技术优势，积极应用新兴技术和新产品来提升企业管理水平与竞争能力；充分利用数字经济的发展规律。

（2）结合智能设备管理平台从设备"管、控、用"上对设备全生命周期进行精细化管理和动态化管理，提升设备整体运行质量，降低设备故障发生概率，实现对设备运行状态的实时跟踪、记录和控制，为设备维护管理提供支撑。针对不同设备进行"量身定制""一机一策"管理措施。

（3）通过建立设备资源数据库、设备数据采集和分析平台，实现设备资源共享机制；设备运行管理平台对设备运行数据进行分析，实现设备运行轨迹、故障规律等内容分析。设备故障预测模型可以对设备故障发生概率进行预测及预判；针对各类设备故障进行归类及问题跟踪；将设备参数及运行参数定期或不定期地反馈给用户；实现用户数据及各类设备参数与设备运行参数快速更新等功能。在提高用户服务质量的同时，提升自身创新能力，进而提升企业整体竞争力。

链条式找正表架的发明与应用实现快速拆装

项目牵头人：刘瑶、李琳

主创人员：程龙、夏伟志、曲东杰

单位：大庆油田有限责任公司储运销售分公司

案例概述：发明一种链条式找正表架，减小表架底座作业面，使实际测量不受联轴器轴向长度限制；表架顶部水平，底部采用锥型设计并配套使用链条式固定件，将磁力表架一点固定改进为底座与链条相结合的多点固定，提升了表架安装稳定性、提高了测量的准确度。通过应用链条式找正表架这一创新成果，提高了找正表架的稳固性；减小测量误差，提高了测量准确度；实现快速拆装，降低了劳动强度。

一、项目背景

目前使用的磁力式找正表架在实际应用中存在着尺寸不适应、损坏操作漆面、吸附牢固性不好等问题，影响使用效果，主要存在问题如下：

一是目前所使用的磁力式找正表架，磁力表架本身体积相对较大，对于联轴器轴向长度较短的泵轴无法使用测量。

二是联轴器表面大都刷有防腐漆，使用时需刮掉表面油漆才能吸附于上面，影响联轴器防腐及美观。

三是由于磁力表架的吸附牢固性不是很好，容易产生移动，测量时会产生很大的误差，影响测量准确度。

二、创新亮点

本创新成果由活动支架1、底座2、链条固定柱3、链条4、卡槽5、活动杆6、链条调节螺栓7组合而成。底座上固定有活动支架，底座底部中心处为锥形，底座一端开有卡槽，另一端固定有链条固定柱，卡槽内置有活动杆，活动杆上通过链条调节螺栓连接有链条，链条固定柱与链条的另一端相连，且活动支架上设有两根可转动的横梁。具体创新成果见图1。

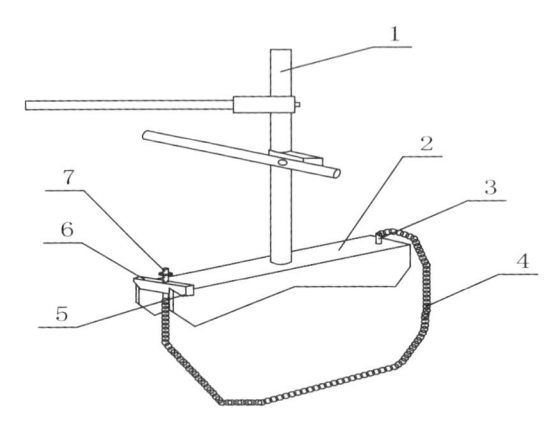

图1 链条式找正表架原理图

本创新成果采用链条调节螺栓固定，可根据机泵联轴器长度对调节杆进行伸缩调节。表架底部设计为锥形，增加与联轴器径向固定点，通过调节螺栓紧固链条，使表架整体稳固地固定在联轴器上，从而提高测量的精度，减少误差（见图2）。

三、应用效果

链条式找正表架具有较高创新度，目前普遍使用磁力表架，很好填补了该类工具上的空白，具有较高的新颖性，已申请国家实用型专利（专利号：ZL201821278614.6），具有推广应用价值。

图2 找正表架应用前后对比图

（1）使用范围广：适用于输油泵、热油泵、采暖泵、消防泵等用于联轴器连接设备的同心度找正，在机泵二保、三保、更换轴承、更换密封等维保过程中均存在同心度找正操作，属于实用型革新。

（2）稳固性好：多点固定提高稳固性。

（3）测量误差小：良好的稳固性能解决了磁力表架需多次测量的问题，大大提高了测量准确度，减少了误差。

（4）快速拆装：连接方式便捷。

浓密机周边轨道垫层升级改造彻底解决基础腐蚀隐患

项目牵头人： 劳金奇

主创人员： 许斌、杨军军、付刚、李全胜

单位： 国投新疆罗布泊钾盐有限责任公司

案例概述： 浓密机周边行走基础在天然卤水浸泡下运行，卤水腐蚀造成钢筋混凝土强度降低，导致浓密机行走轨道产生偏移或形变，每年都需要投入大量的人力、物力进行钢筋混凝土基础及轨道维保作业。项目通过对浓密机轨道基础的升级改造，彻底解决了浓密机轨道因基础腐蚀造成的隐患。

一、项目背景

天然卤水制取硫酸钾工艺流程中，浓密机属于关键设备之一，主体钢筋混凝土挡墙长期受到卤水侵蚀，卤水中氯离子含量非常高。国内外材料工程研究机构研究表明，0.026%的氯离子浓度就足以破坏钢筋表面的钝化膜，加快钢筋腐蚀，而我们生产所用的卤水中氯离子含量超过13%，因此对钢筋混凝土的腐蚀非常严重，被腐蚀的混凝土基础需要每年进行维保作业。为了改变此现状，需要选用更优秀的材料或有效的防治方式。

二、创新亮点

基于公司所在自然环境特点，卤水所具有的天然属性无法改变，只能在不破坏浓密机原有设计的基础上升级改造。首先，综合多年生产及维保作业经验，对浓密机周边行走基础进行精确测量，形成设计施工方案及图纸。其次，选用抗腐蚀钢板作为隔板材料，根据浓密机圆心度和弧度要求，制作能完全包裹混凝土内外壁及顶部表面的保护套，隔绝卤水对混凝土的直接接触。最后，安装红外液位计控制浓密机卤水液位，防止满溢造

成挡墙外壁受到卤水的反向侵蚀。

通过创新升级改造，把直径50米浓密机"纸杯式"结构升级成"保温杯式"结构，彻底解决卤水对钢筋混凝土的侵蚀。

三、应用效果

（1）隔绝卤水对钢筋混凝土的腐蚀。升级改造前浓密机混凝土基础每10个月就需要进行大规模维保作业，改造完成后维保周期延长至30~50个月。

（2）降低设备故障率。改造后浓密机环形轨道及齿条长期运行良好，未发生轨道偏移变形故障，大大降低设备故障率。

（3）节约成本。车间共有9台浓密机，一个维保周期就需要72万元的维保费用，改造完成后延长了3~4个维保周期，节约成本260余万元。

闪络报警器让员工及时发现电网电压波动

项目牵头人：曹慧、王智永
主创人员：赵伟、朱慧娟、安海佳、董建敏、付合利、宋一帆、那硕
单位：中国空间技术研究院动力行政保障部
案例概述：基于单位现有长期闲置框架开关、接触器、继电器及配套附件进行资源整合改造，利用闲置的配电柜进行改装，设计电气原理图，制作闪络报警器装置。该装置解决了传统根据灯光闪烁识别电网波动难度大、精度低、人为误差率高的问题，降低了人员的工作强度，极大地提高了员工工作效率，大大降低了电网波动造成的影响。

一、项目背景

航天城地区变配电室主进开关均安装有失压线圈，当停电或者由于某种原因电源电压降低（欠压）时，保护装置失去电磁力或电磁力不足以吸住铁芯，从而断开主触点，切断电源，起到保护电路以及用电设备的作用。

由于雷雨天气或者上级站操作，频繁出现电网电压波动（闪络），造成配电室主进开关跳闸，导致用户设备频繁断电，给型号试验带来很大的麻烦。用户又出于尽快恢复试验供电的考虑，在设备端已安装失压保护的前提下摘除配电室主进失压线圈。此种情况下，一旦出现电网电压波动（闪络），后台监控系统不会发生跳闸报警，值班人员很难第一时间发现电源电压出现波动，延误故障处置时间。

鉴于此现状及单位现场运行管理的需要，通过在值班室安装闪络报警装置，值班人员可以第一时间了解到发生了电源电压波动（闪络），及时查看故障录波器及相关设备是否运行正常，从而大大缩短了由于电源波动造成故障的处理和恢复时间。

二、创新亮点

基于单位现有长期闲置框架开关、接触器、继电器及配套附件进行资源整合改造，利用闲置的配电柜进行改装，将失压线圈和试验设备常用供电产品 ABB 公司 N22E 接触器、施耐德 3RH6122 系列接触器以及施耐德 RXM 快速中间继电器为主体，来实现在电源电压波动（闪络）发生时第一时间发出声光报警（见图1、图2）。该装置结构简单、安装方便、成本低、可靠性高，将传统根据灯光闪烁识别电网波动改进为联动识别。

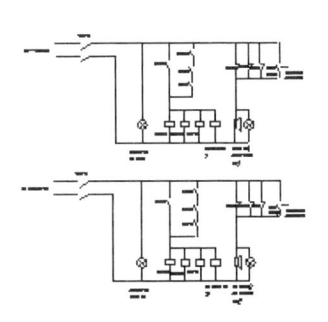

图1 装置外观　　图2 装置运行原理

三、应用效果

（1）提高识别精度。闪络报警器采用失压线圈和试验设备常用供电产品 ABB 公司 N22E 接触器、施耐德 3RH6122 系列接触器以及施耐德 RXM 快速中间继电器为主体，元器件精度高，消除了中间环节，将识别精度提升到30ms以内。

（2）减少故障处置时间。闪络报警器模拟了配电室和用户设备使用元器件，可以第一时间反映配电室及用户状态，改变传统被动接受故障信息，既方便员工查找故障，又减少设备恢复供电的时间，大大降低电网电压波动造成的影响。

（3）节省成本。闪络报警器是基于单位现有长期闲置框架开关、接触器、继电器及配套附件进行资源整合改造，促使设备资源得到最大化的利用。利用闲置的配电柜进行改造，共计节约5万元。

危险点智能运检系统让工作效率提高 120%

项目牵头人： 曹慧、王智永
主创人员： 赵伟、朱慧娟、安海佳、张雨、张劲松、王波、马龙、那硕
单位： 中国空间技术研究院动力行政保障部
案例概述： 基于智能机器人的不断发展和应用，利用挂轨机器人搭载高清相机、红外热像仪和局放探测器，结合现有视频监控系统，设计、制造软硬件，搭建危险点智能运维系统。该系统解决了传统巡检耗费大量人力、人为误差高、工作效率低、危险性高、故障处置时间长等问题，降低了人工巡检的工作强度，极大地提高了工作效率，减少了故障处置时间，工作效率提高 120%，故障处置提高 50%。

一、项目背景

航天城园区是我国重要的空间飞行器研制基地，集系统设计与集成、总装、测试、试验一体化的综合产业园区。航天器产品的研制、生产、试验属于高技术、高风险产业，涉及的生产设备数量多、工艺复杂、精密度极高，工作条件较为苛刻。这些特点对供配电系统的稳定供电提出了极高的要求，特别是开闭所、配电室型号试验供电设备的稳定运行是重中之重。一旦开闭所、配电室型号试验供电设备出现问题，会导致试验设备损坏、数据丢失，影响试验进度，产生较大的经济损失，因此园区一直采用人工方法进行设备及环境巡检，需要耗费大量的人力，工作效率低，人为误差率高，危险性高，且故障处置时间长，局限性较大。

二、创新亮点

系统基于智能机器人的不断发展应用，结合航天城地区实际运行情况，通过增加新算法，在开闭所、配电室特定位置以及巡检机器人上加装

多种类型的传感器，如摄像头、热像仪、超声波监测设备、声音采集设备、温湿度传感器、烟雾传感器等，实现对设备、环境的综合监测，使整个巡视过程可脱离人工对开闭所设备进行全面监测，做到巡视点位全覆盖，自动生成巡检报表，将人工巡检改进为危险点智能巡检（见图1、图2）。

图1 智能监测巡检

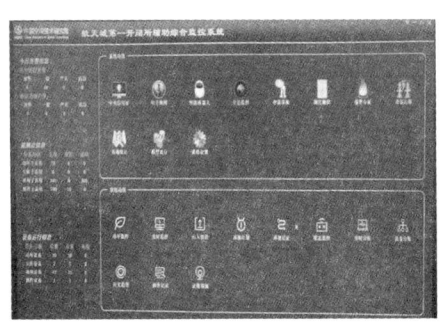

图2 系统界面

三、应用效果

（1）提高工作效率。"1+N"智能运检管理系统的建设，可以实现园区内5个开闭所和36个变配电室集中统一运行巡检管理，自动采集数据并进行分析，改变原有人工单一巡检，解决人工巡检遇到的繁、难、险和重复性的工作，大大提升工作效率。

（2）缩短故障处置时间。智能运检系统通过增加新算法，实现与电力监控系统联动，当供配电系统设备出现故障后，智能运检系统可以根据电力监控报警信息，第一时间定位到故障点巡查设备运行状态，采集现场数据；经过分析后，员工可以远程解决故障，改变原有故障解决方式，大大节省故障处置时间。

（3）节省成本。智能运检管理系统利用机器人及配套辅助设备代替人工巡检，促进设备资源利用的最大化，节省人力成本及时间成本，每年可以节约人力成本约110万元。

（4）降低人身伤害风险。智能运检系统采用机器人及摄像机、传感器等辅助设备，可以实现远程在线巡检工作，减少员工进入10kV危险点的时间，降低人身伤害概率，提升危险点本质安全度。

第三章

论 文 类

浅谈电解铝行业设备管理的创新思考

曲士民　周明珠

(内蒙古霍煤鸿骏铝电有限责任公司，内蒙古 通辽 029200)

摘要：随着电解铝行业的高质量发展，大家对行业设备的管理提出了更高的要求，因此，需要加强行业设备管理的创新，从而促进行业装备继续朝着自动化、智能化、智慧化的方向发展。本文基于设备管理4阶段的划分理论，初步评估分析了电解铝行业设备管理所处的阶段，总结了现阶段国内电解铝行业设备管理制约因素，并对行业设备管理创新发展的必要性进行分析，提出了电解铝行业设备阶段性管理的创新思路。

关键词：电解铝；设备管理；制约因素；发展必要性；阶段管理

我国电解铝行业经过60多年的发展，经历了从无到有、从小到大的发展过程。如今，电解铝行业已从"有没有"转变为"好不好"的高质量发展阶段，设备管理如何创新成为当前行业发展最突出的问题，所谓的"行业特色"已成为阻碍电解铝行业设备管理提升的壁垒。随着国家《中国制造2025》的提出，电解铝行业将面临一场自动化、智能化、智慧化的变革，设备管理的能力提升必将成为本轮变革的催化剂。因此，如何打破壁垒，促使设备管理由"惰性"向"活性"转变，成为各行业企业亟须完成的任务。

1 设备管理的规律和特征

设备管理经历了从低到高四个发展阶段，即事后维修阶段、预防维修管理阶段、系统管理阶段、综合管理阶段。

第一阶段是事后维修阶段，事后维修即出现故障时才进行修理。此阶段根据检修人员的不同，可细分为两个时期，分别为操作人员检修和检修机构检修。其主要特点是"事后",被迫性也就成为此阶段的主要特征。

第二阶段是预防维修管理阶段,此阶段初步出现了"事前"的管理雏形。其主要特点是计划预修与事后修理相结合,合理确定修理周期,正确采用项目修理,修理与改造相结合,强调设备保养维护与检修结合。

第三阶段是系统管理阶段,此阶段已从传统的维修管理转为重视先天设计和制造的系统管理,设备管理进入一个新的阶段。其主要内容是对维修费用低的寿命型故障,且零部件易于更换的,采用定期更换策略;对偶发性故障,且零部件更换困难的,运用状态监测方法,实现按需维修;对维修费用十分昂贵的零部件,应考虑无维修设计,消除故障根源,避免发生故障。

第四阶段是综合管理阶段。此阶段的两个典型代表是"设备综合工程学"和"全员生产维修制"。其主要特点是建立以操作工点检为基础的设备维修制;实行重点设备专门管理,避免过剩维修;定期检测设备的精度指标;注意维修记录和资料的统计及分析。

从以上四个阶段可以看出设备管理循序渐进的发展过程。从事后检修阶段到预防维修管理阶段,最主要的突破就是"事后"向"事前"转变,设备管理的意识从"被动"变为"主动",是实现"意识觉醒"的质变过程。系统管理阶段是"系统"理念第一次出现在设备管理领域,但此阶段的关注点仅仅是关键设备。综合管理阶段是"系统"的进阶阶段,其最大的特点是突出了全员、全过程、数据的分析利用及经验反馈。

2 电解铝行业设备管理的现状

通过对某集团公司所属电解铝企业的调研,以设备管理的4个阶段来做评估,发现该电解铝企业的设备管理仍处在第二阶段的初级阶段,事前预防的思想正处在初步建立阶段,主要特征有以下几个方面:

(1) 虽有事前预防维修的理念,但从结果导向来看,远未达到"事前"的要求。较多企业对设备的许多问题视而不见,设备出现故障才去修理,预防意识不足,维护费用居高不下。

(2) 虽有保养、检修的周期要求,但执行时经常出现较大偏差。保养维护与检修仍处在"斗争"状态,"结合"的理念与实际有较大偏差,设备失修情况较为普遍。设备管理和维护仍处于被动管理阶段，主要依靠少数的设备管理和维护人员。现场操作人员和设备人员分工过于明确，缺少"合作"，缺少自主管理意识和全员设备管理观念。

（3）虽有系统管理理念的雏形，但系统管理内容不是出自整体的规划，而是迫于设备使用要求和管理能力的不足，偶然性较大。

（4）操作者对所操作的设备不关心，与设备管理维护人员相互推诿。设备的技术监督严重不足，经验成为主流手段，设备故障记录不全面、无详细的原因分析，点检项目的设置缺乏针对性等问题普遍存在。

电解铝行业设备管理的"意识觉醒"仍是现阶段多数企业亟待解决的问题，预防维修管理阶段仍有很长的路要走，突破意识壁垒仍需要量变向质变的积累。

3　电解铝行业设备管理存在的问题

3.1　设备管理重要性认识不足

电解铝行业设备管理或多或少存在被边缘化的现象，主要表现在：以成本为主导的管理要求，在很大程度上压缩了设备管理的资金，为设备提供合格的配件已成为必须要解决的问题；设备管理部门或专业人员未能有效地参与到企业管理的全过程，相关建议采纳率较低；部分设备管理人员未能成为企业"主要工种"，在培训、绩效上存在较大差距，特别是"智力"绩效未得到挖掘，同时职业晋升通道相对较窄；设备管理没有长期的规划，必要的分析、诊断缺失（劣化趋势分析），未能给决策者、管理者提供必要的信息，突破"阶段"的长期导向管理缺失。

3.2　规矩意识的缺失

设备管理的跨阶段发展需要一个由量变向质变的转化过程，规矩意识的确立是第二阶段必须要首先解决的问题。现阶段，电解铝行业缺少一套与现状相适应的管理制度及监督制度，规矩意识很难培养。相比步入设备管理第三阶段的行业而言，电解铝行业的设备管理制度一定程度上存在流程烦琐，可操作性不强，内容生搬硬套、不符合实际，制度反馈机制不顺畅、没有形成闭环等长期得不到解决的问题。

3.3 创新意识不足

行业指导的缺失，使得电解铝企业在一段时间内失去了设备管理的提升方向。在某种程度上，企业基本处于"闭门造车"的故步自封现状。电解铝行业未能搭上电力行业技术监督、设备精细化管理的顺风车，错过了行业设备管理的整体提升时机。同时电力行业的检修数据包、等级检修、专业化管理的良好实践也因专业人员的缺失、管理模式的局限等得不到有效推广。

3.4 行业发展的局限

"夕阳产业"的阴影始终影响着产业的提升和布局，设备管理首当其冲受到巨大的影响。企业设备人员培训、人才队伍的建设、晋升通道的拓展都在阴影下停滞不前，企业真正懂技术的员工十分稀少。同时，由于多年来设备管理的边缘化，设备检修人员思想观念陈旧，维修设备依靠经验，技术监督基本缺失。与此同时，受行业发展的局限，设备制造厂家对电解铝专用设备开发升级的积极性不强，设备先天不足不可避免。

3.5 设备使用超负荷

"拼设备追生产"的现象在电解铝行业普遍存在。部分企业生产导向过度偏重效率，加之员工普遍存在"赶早"的心态，使得设备超负荷运转或带病运行情况时有发生。同时，设备保养维护不到位导致的设备故障率持续升高，又进一步恶化了设备超负荷使用的情况，形成恶性循环，最终导致企业虽有先进的设备，但不仅没有发挥出优势，反而由于设备价高，运转费用大，给设备管理带来更多的掣肘。

4 提升电解铝行业设备管理的重要意义

4.1 安全生产的要求

根据安全事故的统计，除去个别人为因素，80%以上的安全事故是由于设备不安全因素造成的。笔者统计了某电解铝企业隐患排查情况，90%以上均为设备失修、保养维护不到位造成的。由此可见，要确保安全生产，必须有良好的设备管理机制。

4.2 行业发展的需要

《中国制造2025》是国家对全面提升制造业发展质量和水平作出的重大战略部署，其根本目标在于改变我国制造业"大而不强"的局面。电解铝行业要做强，必须改变劳动密集型的现状，设备的智能化推进是必然的趋势。显而易见，智能化至少需要设备管理第四阶段的管理保障，提升设备管理水平是大势所趋。

4.3 企业经济效益的要求

效益是企业行业生存和发展的前提。设备管理的第四阶段能有效降低设备本身的检修消耗：一是避免过剩检修、降低故障率，可以在一定程度上降低检修成本；二是设备能够处于良好的运行状态并发挥其良好的运行效率，能够有效减少原料消耗，降低材料成本；三是设备良好运行能够提高劳动效率，为企业节省日益增加的人工成本。

5 提升设备管理的措施和建议

5.1 全面评估企业设备管理阶段

依据我国设备管理的阶段历程，组织专业人员或委托专业机构对企业现阶段的设备管理进行评估、诊断，以此确定企业所处的管理阶段，并找到制约企业设备管理跨阶段的短板，制定与此相适应的设备发展规划或计划，逐步实施。

5.2 制定与阶段相适应的规章制度

阶段的跨越是一个比较漫长的过程，需要由量变到质变的积累，规章制度的建立必须充分考虑阶段的局限。纵观现阶段规模生产的电力行业，设备管理也是一个逐步发展的过程，电解铝行业可以充分借鉴电力行业设备管理的经验，在检修数据包、作业文件包、技术监督、等级检修、专业化检修、社会化检修、网络化检修等与阶段相适应的管理模式，建立相应制度，严格监督落实。

5.3 寻求突破阶段的延伸

由于电解铝企业多数未采用设备管理的阶段思想，但部分企业已具备第三甚至第四阶段设备管理的雏形。这给企业设备管理阶段的缩短及突破提供了一定的基础。同时，现阶段引入"设备综合工程学"及系统管理的理念，也可以帮助企业从入口关管理设备，为突破阶段争取更多的时间。

5.4 重视专业化人才的培养

以人为本是设备管理持续发展的要求，也是最终的价值体现。企业要逐步建立设备管理人才培养机制，逐级发掘、培养设备管理方面的人才，确保满足设备管理各层级的人才储备需求。同时，扩大社招比例，有计划地引进真正懂技术、会管理的设备管理人员。建立设备管理人员奖惩机制、拓宽设备管理人员晋升通道，增加设备管理人员在企业的话语权。

6 结语

设备管理有其必然的发展趋势，把握这一趋势，对于加强电解铝行业设备管理现代化和科学化具有现实意义。随着《中国制造2025》的持续推进，现代化设备的科学管理必然会出现新的发展。因此，电解铝行业设备管理只有不断创新，才能实现其自动化、智能化、智慧化的高质量发展。

参考文献

[1] 周敏，魏厚培，张华. 现代设备工程学 [M]. 北京：冶金工业出版社，2011.

[2] 高来阳. 设备管理学 [M]. 北京：中国铁道出版社，1993.

[3] 刘宝权. 设备管理与维修 [M]. 北京：机械工程出版社，2012.

[4] 赵艳萍，姚冠新，陈骏. 设备管理与维修：第二版 [M]. 北京：化学工业出版社，2010.

浅析 300kA 系列电解槽低槽温运行管理实践

刘玉林

(内蒙古霍煤鸿骏铝电有限责任公司,内蒙古 通辽 029200)

摘要:本文提出的低电解温度运行管理工艺通过长期生产实践证明,在新的工艺管理条件下,电流效率得到大幅提升,能够达到 94.5% 以上,并且炉膛规整、炉底干净,有效延长了电解槽运行寿命,为机械化和自动化生产打下了坚实基础,使电解槽生产成本再次降低。

关键词:铝电解;低槽温;电流效率;槽寿命

随着我国铝电解企业的不断发展完善,各种系列电解槽生产工艺趋于成熟,各项技术条件基本固化,为寻求新的技术突破,进一步提升电流效率,降低能源消耗,某公司 300kA 电解系列以降低电解槽运行温度为突破口,通过不断研究实践,各项技术条件逐渐匹配,最终形成了一套低电解温度运行管理工艺。

1 降低电解温度的意义

对于工业电解槽来说,低温生产始终是行业追寻的目标,较低的电解温度能够大幅度降低铝在电解质中的溶解度,减少铝的溶解损失,对提高电流效率、降低炭消耗以及增加电解槽槽寿命等均有着至关重要的作用,并且良好的技术条件更有利于提高机械化自动化建设,对减少工人劳动强度、提高生产效率极为有利。实验和实践均已证明,凡是能够保持长期低温平稳运行的生产技术条件都是恰当的。因此,对于铝电解行业来讲,降低铝电解生产温度,减少能源消耗更是势在必行。

2 实验前生产技术条件保持

在进行生产实践前,该公司一直采用低电耗技术条件管控,铝水平、分子比控制较高,设定电压较低以实现较低的直流电耗,但是此类技术条件的缺点是电解槽波动较大,难于管控,工人劳动量较高,如电解质水平上下波动幅度大,忽高忽低,使工人重复性工作量增加,员工的归属感不强,很难保证生产队伍稳定。另外炉底沉淀较多,炉膛不规整,导致电解槽普遍寿命不高,生产成本随之上升。

3 低槽温生产实践

3.1 第一次技术调整

该公司自2016年8月份开始,针对原有技术条件进行了技术革新。为避免盲目降低槽温带来的种种不利影响,保证电解槽生产稳定,该公司开始逐步将电解槽设定电压缓慢上抬,拉大阳极极距,目的在于减少炉底沉淀,规整炉膛内型,为优化技术条件奠下良好基础。同时为保证稳定的热平衡,随之逐步下撤阳极保温料厚度,增大电解槽表面散热,经过半年时间的调整,电解槽达到了新的能量平衡。此时电解槽的设定电压由3.94V提至4.00V,保温料厚度由原20cm降至16cm,分子比保持在2.40,平均槽温956℃,电流效率91.80%。通过换极时摸排炉底,电解槽炉底情况得到明显改善,炉底沉淀、结壳逐渐消失,炉膛趋于规整,电解槽针振明显降低,电解槽抗干扰能力得到大幅提高。较高的热收入使电解质始终保持较好的工作状态,电解质流动性良好,炭渣与电解质分离清楚,阳极周围电解质沸腾激烈,同时保温料厚度的下撤并没有导致电解槽长角的情况发生。

3.2 第二次技术调整

自2019年7月起,该公司在其300kA系列电解槽中选取10台电解槽开始进行下一步技术实践,本次实践以铝水高度为突破点。电解槽内铝液存在首要目的是作为电解槽阴极完成电化学反应,其次是保护阴极炭块和均匀炉底电流,最后保持适量的铝液高度来均衡槽内温度。因此,若单从保护阴极炭块和均匀炉底电流和作为阴极的目的考虑，就没有必要保持20cm左右的铝液高度。虽然较高的铝液高度会增加电解槽热量的散失，有利于电解生产温度的降低，看似与降低电解生产温度的目标同向，但较高的热输出必然就需要较大的热输入或者减少其他方面的散热才能保持稳定的热平衡，对于降低能耗指标非常不利。同时，此类技术条件下的炉底状况很难控制，炉底沉淀如不及时处理很快就会转为结壳，导致阴极电流分布不均，电解槽摆动增加，并再次增加工人劳动量。因此，研究人员开始逐步降低铝液高度，并继续下撤阳极保温料厚度，形成底部保温上部散热的技术条件，以此保持炉底的洁净度。经过两个阶段的技术摸索，铝水平由23cm降至19.9cm，电解槽的稳定性再次提高，从现场观看电解槽状态，出铝口火苗强而有力，呈淡蓝色稍带黄线，完全符合正常生产槽基本特征；此时电流效率达到93.28%，无论从生产现场槽运行状态来看还是从生产数据来看，均证明了技术方向的正确性。

3.3 新技术条件的生成

得益于前两次生产实践的成功运行，该公司进行了第三次生产实践。在铝电解生产中，通过分析降低电流效率的原因不难发现，所有降低电流效率的各种原因，无论是铝的溶解和再氧化损失，还是钠离子放电析出，以及铝的电化学氧化所形成的电流空耗，都与电解温度有关。因此为提高电流效率，研究人员充分分析了降低电解质温度的两个方法，最后采用不断下调分子比来降低电解质初晶温度的方法，来降低电解生产温度，其原因有以下4点。

（1）分子比降低，电解质的初晶温度随之下降，使生产温度降低。

（2）分子比降低，使电解质的密度、黏度有所下降，电解质的流动变性好，有利于铝液和电解质的良好分离。

（3）过热度过低时，电解生产很难控制。

（4）电解槽壳面松软，便于加工操作，有利于降低工人劳动强度。

虽然分子比的降低对生产非常有利，但经过该公司的生产实践发现，当分子比降低至2.22左右时，此时炉帮厚度开始呈下降状态，为防止电解质过度酸化，导致炉帮被涮空，经过不断实践，该公司最终决定暂时将电解质分子比控制在 2.28 左右。为验证实践的结论正确性，保证平稳生产，通过查找 NaF-AlF$_3$ 二元系相图，发现当电解质中加入 AlF$_3$ 的摩尔分数超过 35% 时，电解质初晶温度陡然下降，电解质不稳定，生成单晶冰晶石 NaAlF$_4$。查询 NaF/AlF$_3$ 摩尔比换算表可知，在该种成分电解质下，AlF$_3$ 的摩尔数达到 35% 时所对应的摩尔比大致在 2.20，而该公司控制的分子比为 2.28 左右，在该范围之上，符合理论依据。与此同时，为保证电解槽热平衡的稳定，减少炉底散热，铝水平高度继续下降至 15.3cm，设定电压逐步提至 4.07。至此，该公司 300kA 系列电解槽低槽温管控技术路线基本形成。

4 取得成效

该公司经过多年实践摸索，最终形成了以低槽温为管理核心的新技术路线。该技术条件最大的优势是以降低电解温度为核心要求，通过对电压、铝液高度、电解质高度、分子比等因素实施动态调节，达到热平衡长期稳定的效果，管理的可塑性强，实现了弹性管理。通过一年多时间的生产实践，在该技术条件下，效率由原有的 91.15% 上升到 94.5%，电流效率得到了大幅提高；同时铝水高度控制适当，电解槽炉底干净、炉膛规整、阴极电流分布均匀，使电解槽的抗干扰能力及电解槽寿命大大加强。电解质与炭渣的良好分离，有效提高了电解槽自净化能力，产生的炭渣直接由出铝口和中心下料点处氧化燃烧，使工人少去了打捞炭渣环节。不断降低的保温料厚度，较低的分子控制，使电解槽壳面变薄的同时变得酥松易加工，减少了更换阳极时大的电解质结壳块的产生；而较小的结壳块能够在较热的炉底温度下实现自然溶解，实现了阳极更换作业"不捞块"直接坐极，极大程度地降低了工人劳动强度。同时，较低的电解温度与合理的分子比控制，使电解质的挥发损失减少，有效地改善了工人的操作环境。

5 结语

技术条件的革新，是推动企业发展的重要动力。目前，该技术路线已在该公司 300kA 系列全面展开，经济效益、社会效益和生态效益显著。在当前国际形势下，该公司 300kA 系列电解槽低槽温运行管控路线符合国家能耗"双控"战略方向，超低的污染物排放量更加符合生态文明建设基本要求，良好的技术条件保持同样也为铝电解行业打造智能化、无人化铝电解生产车间奠定了良好基础。笔者也希望能够通过对该技术路线的分享，给同行业的铝电解工作人员带来一些启发，共同推进铝电解行业的进步。

参考文献

［1］刘业翔，李劼，等．现代铝电解［M］．北京：冶金工业出版社，2015.

［2］厉衡隆，顾松青，等．铝冶炼生产技术手册［M］．北京：冶金工业出版社，2011.

［3］邱竹贤．预焙槽炼铝（第3版）［M］．北京：冶金工业出版社，2005.

［4］Thonstad J, et al. Aluminium Electrolysis：3rd edition ［M］. Dusseldoff：Aluminium-Verlag，2001.

［5］Kvande H. Current Efficient of Aluminum Reduction Cells ［J］. Light Metals，1989.

［6］冯乃祥．现代铝电解［M］．北京：化学工业出版社，2020.

铝锭智能贴签系统中结构光平面视觉标定应用研究

王　健　张福荣　王海霞

(内蒙古霍煤鸿骏铝电有限责任公司，内蒙古 通辽 029200)

摘要：本文提出一种在铝锭智能贴标系统中，应用主动视觉技术标定结构光平面的方法。该方法在 eye-in-hand 机器人手眼系统环境下，由机械手驱动摄像机视口在世界坐标系下进行定点旋转运动，结构光平面发射器以该视口为球心，在球空间中同步运动，实现视口坐标系下的结构光平面参数的不变性。通过联立摄像机线性归一化模型、结构光平面和铝锭贴标平面等三者的空间解析关系，构造出含有结构光平面参数的线性无关方程组，利用铝锭贴标平面上的结构光条纹长度约束条件，运用 L-M 数值计算方法求解出光平面参数。该方法从工程化的角度出发，在保证测量精度的前提下，简化标定过程，无须特定靶标，易于现场操作。实验结果证明了该方法的有效性。

关键词：铝锭智能贴签；光平面标定；机器人手眼系统

铝锭连铸生产线智能贴签系统由贴标机械手、标签打印机、送带剥标装置、吸标装置、视觉系统、气动控制系统、总控电柜箱及其电气控制系统和配套软件等相关设备及辅助配套设施组成，协同现有的铝锭称重系统，实现了铝锭贴签自动化操作。当成捆铝锭输送到贴标工位时，铝锭连铸生产线智能贴签系统感应铝锭到位信号，视觉系统进行图像采集，剥标机构剥离打印完成的标签，机器手吸取标签，机器手运动，完成铝锭前、后端面的贴签任务，贴签任务完成后，机器手回到指定原点。由于在铸造过程中，铝锭贴标位置在成品机垛位水平和垂直方向上可能存在前后、高低和纵向偏差，智能贴签系统应自适应上述运行工况，在铝锭堆垛和机器手的有限相对运动范围内，实时计算光学测距和测向数据，从而确定贴标平面的法向量和机械手位移量,实现智能贴标作业。

光平面标定是实现上述定位和定向视觉功能的关键技术。本文根据多轴工业机器人的特点,提出一种在铝锭智能贴标系统中,应用主动视觉技术标定结构光平面的方法。该方法在 eye-in-hand 机器人手眼系统环境下,由机械手驱动摄像机视口在世界坐标系下进行定点旋转运动,结构光平面发射器以该视口为球心,在球空间中同步运动,实现视口坐标系下的结构光平面参数的不变性。利用摄像机归一化的三参数线性模型、结构光平面和铝锭贴标平面之间的立体几何关系约束,构造出含有结构光平面参数的线性超定方程组,通过代入铝锭贴标平面上的光束长度已知条件,运用L-M最小二乘数值优化方法求解出光平面参数。该方法从工程化的角度出发,在保证测量精度的前提下,简化标定过程,无须特定靶标,易于现场操作。实验结果证明了该方法的有效性。

1 铝锭智能贴签系统结构光平面标定

1.1 视觉传感测量组成

利用一台单目摄像机和结构光投射器构成铝锭智能贴签视觉传感系统,由投射器发射结构光平面,照射到铝锭贴签平面上形成条纹,摄像机采集该条纹图像,并通过图像滤波、二值化及边缘处理等技术手段,提取特征点实现视觉测量。视觉传感器安装在川崎 Kawasaki RS010N 六轴机器人末端,构成机器人手眼系统。

1.2 结构光平面标定原理

以 x 轴为光轴线,投射器在铝锭平面上形成线状结构光条纹,其上任意点 P_j 在摄像机视口坐标系下,满足关系式(1),其中 M_{in} 是内参数线性模型,$(1, y_{cj}, z_{cj})$ 是归一化的条纹上点坐标,$(u_j, v_j, 1)$ 是像素坐标系下的齐次成像点。

$$[1 \quad y_{cj} \quad z_{cj}]^T = M_{in}^{-1}[u_j \quad v_j \quad 1]^T \tag{1}$$

根据小孔成像原理,结构光条纹上的点 P_j 处于光轴中心与点 $(1\ y_{cj} z_{cj})$ 的延长线上,满足空间直线参数方程;同时,条纹上的点 P_j 也处于结构光平面上,也就是说,当结构光投射到铝锭贴签平面上时,形成的条纹既在结构光平面上，又在贴签平面上，点 P_j 在摄像机坐标系下，满足联立关系式（2）：

$$\begin{cases} x = -1/(ax_{cj} + by_{cj} + c) \\ y = -y_{cj}/(ax_{cj} + by_{cj} + c) \\ z = -z_{cj}/(ax_{cj} + by_{cj} + c) \end{cases} \quad (2)$$

在基坐标系下，设六轴机器人的末端姿态为 T_b，摄像机视口相对于末端的外参数为 T_c，将结构光条纹上的点 P_j 由摄像机坐标系线性变换到机器人基坐标系下，得到式（3）：

$$[x_w, y_w, z_w, 1]^T = T_b T_c [x_j, y_j, z_j, 1]^T \quad (3)$$

由此，可以计算出条纹特征点在机器人基坐标系下的空间坐标，在该视觉模型下，结构光参数的标定即为求取结构光平面方程参数 a, b, c。

1.3 结构光平面参数计算

令 $T_b T_c = \begin{bmatrix} n_x & o_x & a_x & p_x \\ n_y & o_y & a_y & p_y \\ n_z & o_z & a_z & p_z \\ 0 & 0 & 0 & 1 \end{bmatrix} = \begin{bmatrix} \vec{n} & \vec{o} & \vec{a} & \vec{p} \\ 0 & 0 & 0 & 1 \end{bmatrix}$，由式（3），有

$$\begin{cases} x_w = n_x x + o_x y + a_x z + p_x \\ y_w = n_y x + o_y y + a_y z + p_y \\ z_w = n_z x + o_z y + a_z z + p_z \end{cases} \quad (4)$$

在结构光条纹投射到铝锭贴签平面，光束上的各点均满足空间平面方程，设 A、B、C 是铝锭贴签平面方程参数，将式（4）代入该平面方程，经整理后得到式（5）：

$$A(n_x + o_x y_c + a_x z_c) + B(n_y + o_y y_c + a_y z_c) + \\ C(n_z + o_z y_c + a_z z_c) - by_c - cz_c = 1 \quad (5)$$

铝锭平面上的结构光条纹成像到摄像机平面上得到的图像是一条直线，为确保线性方程组的线性无关性，在该直线上最多能取 2 个点；因此现场标定时，由末端位姿 T_b 及外参数 T_c，通过机器人离线编程指令，在保持摄像机视口位移 (p_x, p_y, p_z) 不变的条件下，改变机器人末端姿态，每改变一次姿态，在条纹图像上取 2 个点，利用摄像机的内参数，得到焦

距归一化的点坐标，经过 2 次以上改变摄像机姿态，可得到至少 5 个线性超定方程组，在实验中，采用最小二乘法处理测量误差问题，利用 Levenberg-Marquardt 数值计算方法求解出 A、B、C、a、b，从而得到结构光平面方程和铝锭贴标平面方程。

2 实验与结果

2.1 结构光平面参数标定

首先对摄像机的内、外参数标定，其结果如下：

$$M_{in} = \begin{bmatrix} 1 & 0 & 0 \\ 407.6 & 2619.6 & 0 \\ 311.5 & 0 & 2619.8 \end{bmatrix}$$

$$T_c = \begin{bmatrix} -0.0875 & -0.6621 & -0.7443 & 51.9163 \\ -0.0703 & 0.7496 & -0.6582 & -89.9242 \\ 0.9936 & -0.0049 & -0.1116 & 35.3764 \\ 0 & 0 & 0 & 1 \end{bmatrix}$$

其中，图像的像素尺寸为 768×576。

将摄像机与投射器安装在川崎 Kawasaki RS010N 机器人的末端。依照下列步骤，进行结构光参数标定实验：

（1）将结构光条纹投射到铝锭平面上，采集条纹图像，利用式（1）计算出条纹上的两个点在焦距归一化成像平面上的坐标，代入式（2）获得两个线性方程。

（2）利用式（6）调整机器人末端姿态，确保摄像机光轴中心点在基坐标系下的位置 (p_x, p_y, p_z) 不变。为了获得 5 个以上的线性无关的超定方程组，需要至少改变两次视觉传感器的姿态，并重复上述的图像采集步骤。

$$T_{b(i+1)} = T_{bi} \cdot T_c \cdot Rot \cdot T_c^{-1} \tag{6}$$

式中：T_{bi}、$T_{b(i+1)}$ 分别为第 i、$i+1$ 次的机器人的末端位姿矩阵；T_c 为摄像机相对于机器人末端的外参数；Rot 为摄像机坐标系的姿态变换矩阵。

（3）利用式（5）求解获得 A、B、C、a、b。

2.2 视觉测量实验结果

在保持摄像机视口位置 (p_x, p_y, p_z) 不变的条件下，驱动机器人，使投射器执行平扫和旋转运动，此时，无论投射器绕摄像机坐标系 X，Y，Z 轴怎样运动，其结构光平面参数始终为常数。采集 6 幅图像，如图 1 所示，在每幅图像的结构光条纹上取两个点，获得的实验数据见表 1。

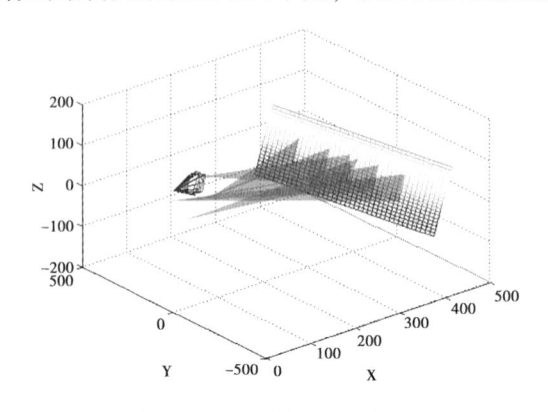

图 1　结构光平面参数标定

结构光平面方程计算结果为：

$$7.3294\times10^{-3}\cdot x - 2.8319\times10^{-2}\cdot y + 1.9639\times10^{-3}\cdot z + 1 = 0$$

在完成结构光平面方程标定后，对于铝锭贴标位置在成品机垛位水平和垂直方向上可能存在的前后、高低和纵向偏差，智能贴签系统能根据上述结构光平面方程，在铝锭堆垛和机器手的有限相对运动范围内，实时计算光学测距和测向数据，从而确定贴标平面的法向量和机械手位移量，引导贴签机械手执行智能贴签作业。

3　结语

该方法在 eye-in-hand 机器人手眼系统环境下，由机械手驱动摄像机视口在世界坐标系下进行定点旋转运动，结构光平面发射器以该视口为球心，在球空间中同步运动，实现视口坐标系下的结构光平面参数的不变性；并利用摄像机线性归一化模型、结构光平面和铝锭贴标平面约束，构造出含有结构光平面参数的线性方程组，利用铝锭贴标平面上的光束长度约束，采用 L-M 数值计算方法求解出光平面参数。该方法从工程化的角度出发，在保证测量精度的前提下，简化标定过程，无须特定靶标，易于现场操作。实验结果证明了该方法的有效性。

表 1 实验数据

序号	视觉传感器在基坐标系下的位姿变换矩阵 T_c	结构光条纹的成像坐标	A、B、C、a、b 系数
1	$\begin{bmatrix} 0.96593 & -0.12941 & 0.22414 & 0 \\ 0 & 0.86603 & 0.5 & 0 \\ -0.25882 & -0.48296 & 0.83652 & 100 \\ 0 & 0 & 0 & 1 \end{bmatrix}$	P1 = (441, 345); P2 = (468, 372)	0.95091, -0.019087, -0.072659, -0.012477, 0.059784; 0.98948, 0.078925, 0.073251, -0.022851, -0.11827
2	$\begin{bmatrix} 0.96593 & 0.12941 & 0.22414 & 0 \\ 0 & 0.86603 & -0.5 & 0 \\ -0.25882 & 0.48296 & 0.83652 & 100 \\ 0 & 0 & 0 & 1 \end{bmatrix}$	P1 = (435, 339); P2 = (469, 373)	0.95044, 0.046185, -0.07306, -0.010091, 0.074893; 0.98988, -0.02655, 0.072602, -0.023291, -0.093441
3	$\begin{bmatrix} 0.83652 & 0.48296 & ?\,0.25882 & 0 \\ -0.5 & 0.86603 & 0 & 0 \\ -0.22414 & -0.12941 & 0.96593 & 100 \\ 0 & 0 & 0 & 1 \end{bmatrix}$	P1 = (538, 442); P2 = (558, 462)	0.85013, -0.45724, -0.23535, -0.062011, -0.049376, 0.039526; 0.88723, -0.450430.06233, -0.22643, -0.057237, -0.089153
4	$\begin{bmatrix} 0.93301 & 0.25 & ?\,0.25882 & 0 \\ -0.25882 & 0.96593 & -0.0872 & 0 \\ -0.25 & -0.066987 & 0.96593 & 100 \\ 0 & 0 & 0 & 1 \end{bmatrix}$	P1 = (472, 376); P2 = (496, 400)	0.92604, -0.23535, -0.069307, -0.0243, 0.050419; 0.96552, -0.22643, 0.069525, -0.033531, -0.093196

续 表

序号	视觉传感器在基坐标系下的位姿变换矩阵 T_c	结构光条纹的成像坐标	A、B、C、a、b 系数
5	$\begin{bmatrix} 0.93301 & 0.25 & 0.25882 & 0 \\ 0.25882 & 0.96593 & 0.0872 & 0 \\ -0.25 & 0.066987 & 0.96593 & 100 \\ 0 & 0 & 0 & 1 \end{bmatrix}$	P1 = (449, 353); P2 = (477, 381)	0.91263, 0.27372, -0.071689, -0.015426, 0.063863; 0.94825, 0.28412, 0.07154, -0.02619, -0.084187
6	$\begin{bmatrix} 0.83652 & -0.48296 & 0.25882 & 0 \\ 0.5 & 0.86603 & 0.0872 & 0 \\ -0.22414 & 0.12941 & 0.96593 & 100 \\ 0 & 0 & 0 & 1 \end{bmatrix}$	P1 = (508, 412); P2 = (535, 439)	0.80155, 0.53287, -0.064922, -0.037953, 0.064288; 0.83117, 0.54186, 0.06459, -0.048341, -0.069547

参考文献

[1] 徐德. 基于运动的手眼系统结构光参数标定 [J]. 仪器仪表学报, 2005, 26 (11): 11.

[2] 张弛. 基于视觉导引与机器人的自动对准策略 [J]. 火力与指挥控制, 2020 (9).

[3] 郑南宁. 计算机视觉与模式识别 [M]. 北京: 国防工业出版社, 1998.

利用激光视觉测量同轴度的方法研究

王 健 孙长好 王 刚

(内蒙古霍煤鸿骏铝电有限责任公司,内蒙古 通辽 029200)

摘要：本文提出一种在打壳锤头自动焊接系统中,应用激光视觉测量锤头各焊接部分的同轴度的方法,以取代机械夹具定轴的传统方法。该技术利用激光传感器对打壳锤头各部分进行光学平面剖切,通过光平面与打壳锤头表面形成的投射交线,采用非线性最小二乘法拟合出各个椭圆面中心点的空间坐标,由此确定打壳锤头各部分轴线的同轴度。该方法易于现场操作,实时测量。试验结果证明了该方法的有效性。

关键词：打壳锤头焊接；同轴度测量；激光视觉

在打壳锤头自动焊接系统中,搬运机器人 A 将切割完成后可重复利用的锤杆抓取到焊接平台进行夹紧固定,搬运机器人 B 抓取连接管进行圆管对位,对位完成后由焊接机器人进行点焊；点焊结束后,再搬运机器人 B 继续抓取锤头进行对位,锤头组对完成后由焊接机器人进行点焊固定,当3 个工件全部点焊完成后,焊接平台夹紧固定,焊接机器人进行自动寻缝,开始自动焊接作业。

由此可见,在上述工艺过程中,需完成锤杆、连接管和锤头三个工件的对位。目前,传统的对位手段仍是机械夹具定轴,其对位精度依赖于目测法,由人工估算出焊接的同轴度,无法实现在线测量,对于机器人自动焊接高度自动化的系统,迫切需要一种高精度非接触在线检测手段与之相适应。本文对打壳锤头同轴度在线视觉测量方法进行了理论研究和实验分析,并给出了实验结果。

1 测量原理

打壳锤头同轴度在线视觉测量实际上是锤杆、连接管和锤头各轴心线上各点在三维空间中的位置坐标的检测。因此，如果能够测出此 3 个工件上的若干点在三维空间坐标系中的坐标就可以拟合出同轴度。激光视觉检测具有宽量程、非接触、快速测量、高精度的特点。将具有发射线结构光功能的相机固定在机器人末端，构成打壳锤头同轴度视觉测量系统，可以实时在线测量出焊接定轴误差，控制系统根据误差值，驱动伺服电机以调整夹具位置。其测量原理如图 1 所示，激光器发射出的光平面对打壳锤头各焊接件进行光学剖切，在各工件的轴向上形成椭圆弧截面，经相机采样后，成像为不完整的椭圆曲线，图像经二值化和轮廓提取处理后，可拟合成完整的椭圆，经线性变换到各焊接部分的工件坐标系上，可求得各椭圆弧中心在世界坐标系中的坐标。

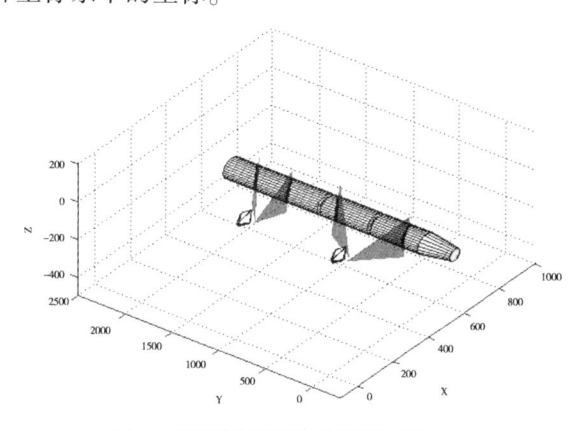

图 1　打壳锤头同轴度视觉测量原理

2　测量模型

2.1　传感器数学模型

该视觉系统基于主动三角法，由单目摄像机和激光器构成。初次测量前，应对摄像机内、外参数和激光平面参数进行标定。光平面与打壳锤头各被测部位相切形成椭圆弧线，经摄像机成像于相平面上，光平面以激光器发射点的姿态为坐标系。由于该坐标系与相机视口的姿态始终保持同步，因此，无论光平面位移或旋转，其在视口坐标系下，光平面参数为常数。不考虑放大系数差异与耦合作用以及摄像机的镜头畸变，激光平面和相机归一化的成像平面有如下转换关系：

$$z_c \begin{bmatrix} u \\ v \\ 1 \end{bmatrix} = \begin{bmatrix} a_x f & 0 & u_0 \\ 0 & a_y f & v_0 \\ 0 & 0 & 1 \end{bmatrix} \begin{bmatrix} x_c \\ y_c \\ z_c \end{bmatrix} \quad (1)$$

其中，$a_x f$ 是 X 轴向的放大系数，$a_y f$ 是 Y 轴向的放大系数，(x_c, y_c, z_c) 为打壳锤头表面的投射条纹在摄像机系下的坐标，f 为相机的有效焦距。

对于摄像机外参数模型，是世界坐标系在摄像机坐标系中的描述，可通过如式（2）变换矩阵求解，式中 (x_c, y_c, z_c)、(x_w, y_w, z_w) 分别表示投射条纹在相机坐标系、世界坐标系中的坐标，$n = [n_x, n_y, n_z]$、$o = [o_x, o_y, o_z]$、$a = [a_x, a_y, a_z]$ 分别为 X_w、Y_w、Z_w 轴在相机坐标系中的方向向量；$p = [p_x, p_y, p_z]$ 为世界坐标系原点在相机坐标系中的位移。

$$\begin{bmatrix} x_c \\ y_c \\ z_c \\ 1 \end{bmatrix} = \begin{bmatrix} n_x & o_x & a_x & p_x \\ n_y & o_y & a_y & p_y \\ n_z & o_z & a_z & p_z \\ 0 & 0 & 0 & 1 \end{bmatrix} \begin{bmatrix} x_w \\ y_w \\ z_w \\ 1 \end{bmatrix} \quad (2)$$

上述内、外参数通过 Tsai 或两步法标定求解，在此基础上，激光平面参数的标定可通过联立摄像机线性归一化模型、激光平面和工件平面三者的空间解析关系式确定，上述即构成激光传感器的数学模型。

2.2 测量系统坐标系的统一

由于待焊接的各部分并非处于统一的轴线上，为便于数学处理，需要建立各自的坐标系，测量系统所涉及的坐标系主要包括摄像机视口坐标系、激光投射器坐标系、工件坐标系、机器人末端及基坐标系，在各自坐标系下解算出的数值均应统一到世界坐标系下。其中，摄像机视口坐标可通过读取机器人内部参数和手眼标定结果转换到世界系下；激光投射器围绕摄像机视口作同步运动，两者的变换矩阵由出厂设备参数提供；激光平面和打壳锤头各部分相切椭圆弧上的任意一点在世界坐标系下的坐标通过椭圆拟合，求出截面圆心在世界系下的三维坐标，并用这些中心点的坐标求出待焊接锤头各部分同轴度误差。

2.3 椭圆中心拟合算法

线激光照射打壳锤头表面形成椭圆圆弧，成像经采样、去噪、二值化等技术处理后，得到的是不完整椭圆弧的数字图像，根据摄像机内参及激光平面参数的标定结果，解算出该图像条纹在摄像机坐标系下的坐标 (x_c, y_c, z_c)，由此可求解出该椭圆平面在空间中的法向量，得出打壳锤头在该轴区的工件坐标系，并将上述的条纹坐标 (x_c, y_c, z_c) 和激光平面参数 (a, b, c) 均变换到该工件坐标系下，从而分别得出条纹在工件坐标系 (x_t, z_t) 平面的投影坐标和 y_t 轴向坐标，再变换到世界系下的坐标 (x_s, y_s, z_s)，

$$Ax_s^2 + By_s^2 + Fx_sy_s + Cx_s + Dy_s = 1 \quad (3)$$

式中，A、B、C、D、E 为所求的椭圆参数，x、y 分别为椭圆弧上各点坐标值。将椭圆弧线上的各点坐标代入方程，利用 Levenberg-Marquardt 非线性最小二乘估计法拟合出椭圆弧图像中心，解算出 (x_{cs}, y_{cs})。则椭圆平面的中心坐标 (x_{cs}, y_{cs}) 可按下式计算：

$$\begin{cases} x_{cs} = \dfrac{(DF - 2BC)}{(4AB - F^2)} \\ \\ y_{cs} = \dfrac{(CF - 2BD)}{(4AB - F^2)} \end{cases} \quad (4)$$

3 测量数据和实验结果

测量实验中，机器人将锤头、连接管、尾杆抓取到焊接台上，通过工件台上的夹具初步定轴，机器人控制器启动激光测量系统，在第一个视口位置上分别对锤头和连接管投射激光平面，摄像机成像，控制系统记录并计算椭圆条纹采样数据；此后，机器人手臂沿 Y 轴向平移 1000mm，对尾管投射激光平面，同样记录并计算采样数据。同轴度视觉测量如图 2 所示，椭圆条纹采样图像如图 3 所示。

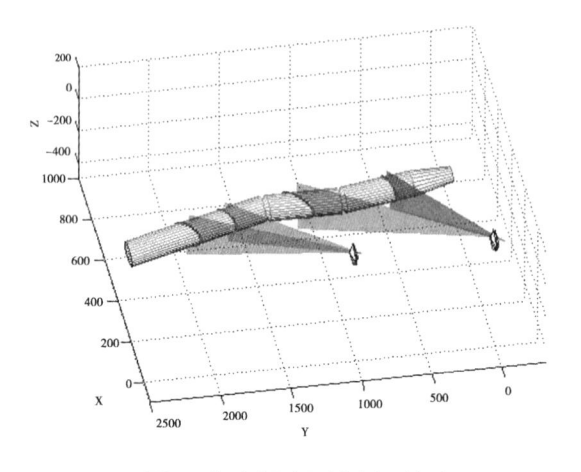

图 2　打壳锤头同轴度视觉测量

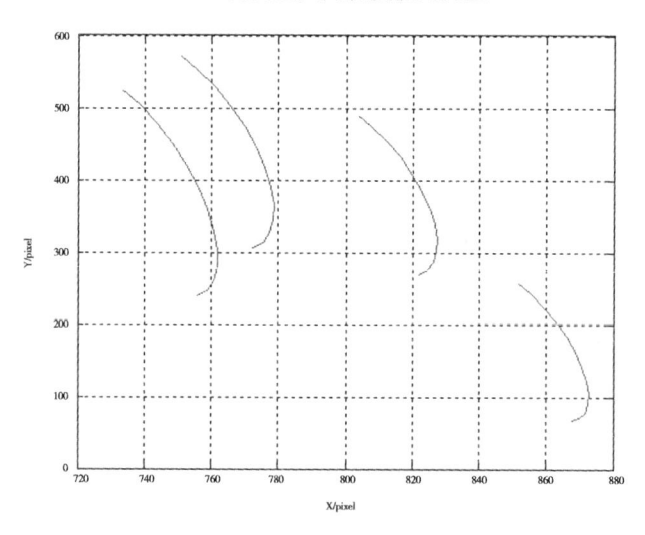

图 3　打壳锤头同轴度视觉测量

相机采样后的成像数据为不完整的椭圆曲线，图像经二值化和轮廓提取处理后，经线性变换到各焊接部分的工件坐标系上，4 组椭圆条纹采样数据统一到世界坐标系下的数据如表 1。

表 1　4 组激光条纹 XZ 空间坐标

单位：mm

序号	X_1	Z_1	X_2	Z_2	X_3	Z_3	X_4	Z_4
1	686.96	−279.55	656.61	−279.55	630.75	−305.25	605.10	−331.00
2	694.16	−286.54	664.38	−286.54	637.70	−313.06	611.70	−339.15

续 表

序号	X_1	Z_1	X_2	Z_2	X_3	Z_3	X_4	Z_4
3	699.82	-295.00	670.53	-295.00	643.15	-322.22	616.86	-348.61
4	703.71	-304.55	674.78	-304.55	646.86	-332.33	620.33	-358.96
5	705.63	-314.77	676.95	-314.77	648.67	-342.95	621.98	-369.74
6	705.52	-325.23	676.95	-325.23	648.50	-353.61	621.72	-380.49
7	703.38	-335.45	674.78	-335.45	646.36	-363.86	619.58	-390.74
8	699.30	-345.00	670.53	-345.00	642.33	-373.24	615.63	-400.03
9	693.45	-353.46	664.38	-353.46	636.60	-381.33	610.07	-407.97
10	686.10	-360.45	656.61	-360.45	629.41	-387.80	603.12	-414.19
11	677.57	-365.68	647.56	-365.68	621.09	-392.35	595.09	-418.45
12	668.22	-368.91	637.62	-368.91	611.99	-394.78	586.34	-420.53
13	658.47	-370.00	627.22	-370.00	602.51	-395.00	577.24	-420.37
14	686.96	-279.55	656.61	-279.55	630.75	-305.25	605.10	-331.00

采用 L-M 非线性最小二乘法拟合出各个椭圆面中心点的空间坐标数据如表2、图4所示，系统测量同轴度误差仅为 0.25mm，重复精度 0.03mm，远高于机械夹具定轴的传统方法。

表2 椭圆条纹中心拟合坐标

单位：mm

条纹序号	Xcs	Ycs	Zcs
1	455.69	659	-320
2	1092.5	627.22	-320
3	1619.6	603.33	-343.98
4	1893	578.46	-368.95

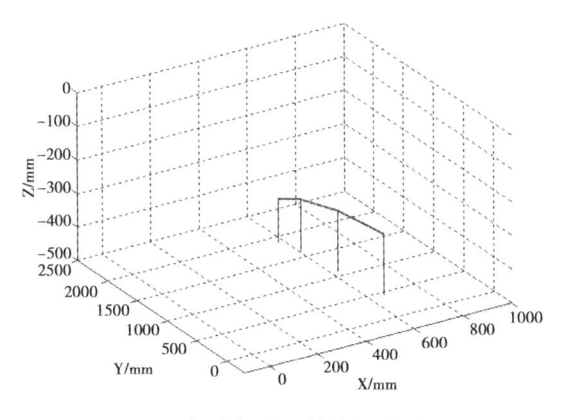

图4 打壳锤头同轴度视觉测量

4 结语

本文提出一种在打壳锤头自动焊接系统中，应用激光视觉测量锤头各焊接部分的同轴度的方法，以取代传统的机械夹具定轴。该技术利用激光传感器对打壳锤头各部分进行光学平面剖切，通过光平面与打壳锤头表面形成的投射交线，采用非线性最小二乘法拟合出各个椭圆面中心点的空间坐标，由此确定打壳锤头各部分轴线的同轴度。该方法易于现场操作，实时测量。试验结果证明了该方法的有效性。

参考文献

[1] 郑南宁. 计算机视觉与模式识别［M］. 北京：国防工业出版社，1998.

[2] 孙长库. 无缝钢管直线度激光视觉在线测量［J］. 计量学报，2002，23（3）.

[3] 陈善本，等. 焊接过程现代控制技术［M］. 哈尔滨：哈尔滨工业大学出版社，2001.

电解铝废旧阴极炭块资源化利用探索

吕 飞 史 鹏

(内蒙古霍煤鸿骏铝电有限责任公司，内蒙古 通辽 029200)

摘要： 电解铝废旧阴极炭块是一种危险废弃物，如果处理不当，会对土壤、大气、水体、动植物等造成严重侵害。目前，国内外处理废旧阴极炭块的方法主要可分为无害化处理、无害化利用和综合利用三大类，但这些方法仍存在不足，处理过程容易产生 HF 等有害气体且均不能实现炭块中价物质的高效利用。针对上述问题，本文通过真空蒸馏法试图探索一种无害化综合利用废旧阴极炭块有价组分的方法。初步的理论和实验证明，通过真空蒸馏的方法能够实现废旧阴极炭块无害化处理同时回收其中的有价组分，蒸馏出来的氟化物可以返回电解生产继续使用，残留的碳可以作为原料用于生产碳素材料。

关键词： 电解铝；废旧阴极炭块；资源化利用

目前，电解铝工业上生产金属铝的方法仍然是1886年由美国的霍尔和法国的埃鲁特发明的冰晶石-氧化铝熔盐电解法。其主要工艺原理是以熔融冰晶石为溶剂，以氧化铝为溶质，采用碳素材料作为阴阳两极，直流电流由阳极碳块导入，经过电解质与铝液层，由阴极导出，在电解槽内的两极上进行电化学反应，随着电化学反应的不断进行，在阳极上得到气态物质，主要是二氧化碳和一氧化碳气体，在阴极上得到液态铝。

在生产过程中，由于存在阴极副反应，以及具有腐蚀性的电解质与高温铝液长期接触阴极炭块，会导致阴极炭块被腐蚀、渗透，最终使其报废。通常情况下，每隔3~6年，就会维修并更换电解槽内部废旧的阴极炭块。根据《危险废物鉴别标准——浸出毒性鉴别》（GB 5085.3—2007）中规定，浸出液中氟化物浓度超过 50mg/L 即为危险废物。有学者的研究结果指出，国内电解铝废旧阴极炭块的平均可溶氟离子浓度大概是2000mg/L，氰根离子浓度大概是15mg/L。氟污染是电解铝废旧阴极炭块产生的主要危害，它的平均浓度是3000mg/L上下，最高能够达到6000mg/L，远远高于固体废弃物的界限要求。所以，废旧阴极炭块是一种危险固体废弃物，而且危害性相当大。

研究表明，生产1吨电解铝要产生30~50kg的废旧阴极炭块。随着近年来铝需求量的激增，铝电解产能逐年上升，将会产生大量的废旧阴极炭块需要处理，因此如何能够有效地处理或者回收这些危险废弃物成为亟待解决的问题。

1 废旧阴极炭块资源化研究现状

废旧阴极炭块的处理一般有无害化和回收利用2个主要方向。目前国内外主要通过两个途径来处理废旧阴极炭块：一是主要目的为无害化的方法，主要处理其中所含的可溶性氟化物，将废旧阴极炭块转化为一般固体废弃物，然后直接排放或作填埋处理，也可用作路基材料。该工艺一般不回收废旧阴极中的有价物质，基本不产生经济效益，以环保效益为注，称为无害化处理工艺。二是以综合回收利用其中的有价组元（主要指氟化物或者炭）为目标，使之能有效地分离出来再进行回收利用，同时经过处理使之达到环保要求。此工艺不但注重环保效益，而且兼顾经济效益，被称为综合回收利用工艺。

无害化处理工艺的主要目的是处理废旧阴极中的氰化物和可溶氟，氰化物可采用加入氧化剂（如漂白粉）、加热或者超声波处理的方法进行处理；可溶氟一般采用钙盐进行固氟得到不溶于水的氟化钙，可直接用石灰浆对废旧阴极进行处理或将石灰及钙盐与废旧阴极混合后高温处理，如将废旧阴极与石灰及硫酸钙混合，进入回转窑、旋风炉火电炉加热处理，氰化物在高温煅烧过程中分解，废旧阴极中的氟化钠与石灰及硫酸钙反应生成氟化钙，焙烧过程中通常加入硅酸盐增加焙烧料的流动性；也有一些方法将废旧阴极与石英砂混合后焙烧得到玻璃状的铝硅酸盐，将可溶氟离子包裹在内，使之不再可溶。氰化物和可溶氟被处理过后的废旧阴极可填埋或者作建材使用。目前，主要投入生产的有彼施涅分离工艺、SPLIT处理工艺、石灰水浸泡处理工艺等。无害化工艺可处理各类废旧阴极，适应性较强，处理后的残渣可达到排放标准，但是未能有效地回收废旧阴极中的炭和氟化物，且处理后的残渣在碱性填埋场仍具有较高的毒性，处理成本较高且没有经济效益。

综合回收利用工艺按照回收有价组元种类的不同，又可分为回收利用一种有价组元的无害化利用工艺和2种有价组元均回收利用的综合利用处理工艺。无害化利用工艺主要投入生产实践的方法有回转窑焙烧处理工艺、高温水解法处理工艺、铝土矿烧结工艺、AUSMELT处理工艺。综合利用处理工艺主要投入生产实践的方法有浮选法及酸碱浸出处理工艺。

目前，大多数学者认为无害化处理与无害化利用处理发展潜力有限，因为它们没有充分地利用废旧阴极炭块中的有价组元、在高温下有HF等有害气体的生成，同样容易造成重大安全、环保事故发生。综合利用处理虽然能够较好地把废旧阴极炭块含有的电解质与炭质成分进行分离，再对其进行回收利用，但是酸碱浸出法与浮选法都会消耗大量的试剂，工艺流程复杂，成本较高，污水处理不当还可能会造成二次水污染。

2 废旧阴极炭块资源化探索

真空技术具有环保高效、耗时短、流程简单、低能耗等优点，被广泛用于粗金属的精炼提纯、废旧金属的二次回收、复杂合金的分离、氧化还原反应后金属的提取等领域。由于处理过程在密闭的真空炉内进行，对外界环境基本没有影响，因此对于有毒有害的实验过程更加有利。本文针对废旧阴极炭块组分的特点以及现有工艺存在的一些问题，希望通过真空蒸馏的方法探索出一种使废旧阴极炭块无害化的同时能够回收其中有价组分的方法，通过真空蒸馏将氟化物与碳分离，蒸馏出来的氟化物可以返回电解生产继续使用，碳可以作为原料用于生产碳素材料。

2.1 理论分析

图1是对实验过程中所用到的废旧阴极进行X射线衍射（XRD）分析的结果图谱，废旧阴极中主要物相为C、Na_3AlF_6、CaF_2、NaF、Al_2O_3、SiO_2。进一步对其进行定量化学元素分析，结果如表1所示，该废旧阴极材料主要由C、Na、F、Al、Si、Fe、Ca等元素组成，其中C含量为

59.30%，F 含量为 8.68%，Na 含量为 9.64%，这 3 种元素占据整个废旧阴极的大多数，还有少量的 Al、Si、Ca、Fe 等元素。

表 1　废旧阴极炭块主要元素化学分析

单位：%

成分	C	Na	Ca	F	Al	Si	Fe	其他
含量	59.30	9.64	0.98	8.68	3.18	3.57	1.06	13.59

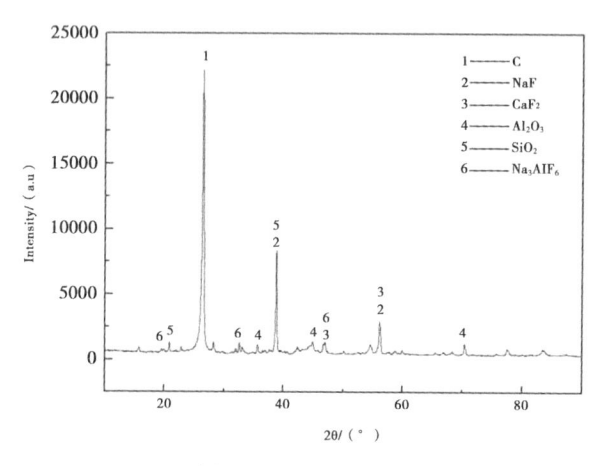

图 1　电解铝废旧阴极炭块 XRD 图

在真空蒸馏过程中，各组元的熔点、沸点饱和是非常重要的参数，决定着各个组元从混合物中能够被蒸馏出来的温度和难易程度。因此本文首先对废旧阴极炭块中各组元的熔点、沸点进行了查阅，结果如表 2 所示。由表 2 可知，废旧阴极中各组元和碳的沸点差距较大，因此从沸点上可以粗略判断，采用真空蒸馏的方法处理废旧阴极炭块，可以实现废旧阴极炭块中各组元的分离，氟化物和氧化物会挥发进入气相并冷凝，碳残留在固相。

表 2　铝电解槽废旧阴极组元的熔点和沸点

组元	熔点/℃	沸点/℃
C	3500	4827
NaF	993	1695
CaF_2	1423	2500
Al_2O_3	2054	2980
Na_3AlF_6	1009	—
SiO_2	1650（±50）	2230

但是，化合物沸点只能作为粗略的判据，为了更加准确地分析废旧阴极中各组元与碳分离的可能性，本文对废旧阴极炭块中各组元的饱和蒸气压进行了计算，结果如图2所示。由图2可知，随着温度的升高，四种氟化物的饱和蒸气压均增大，当温度达到1800 K时，废旧阴极炭块中氟化物的饱和蒸气压均将超过100 Pa，而且其中较容易挥发的是 AlF_3、NaF。

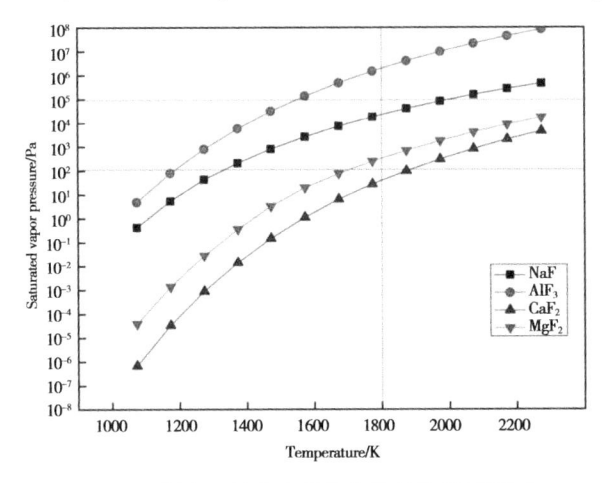

图2 原料中可能含有的氟化物的饱和蒸气压

2.2 实验结果与讨论

在不同的蒸馏温度下，真空（20Pa）蒸馏实验后残留物和冷凝物的XRD图如图3、图4所示。

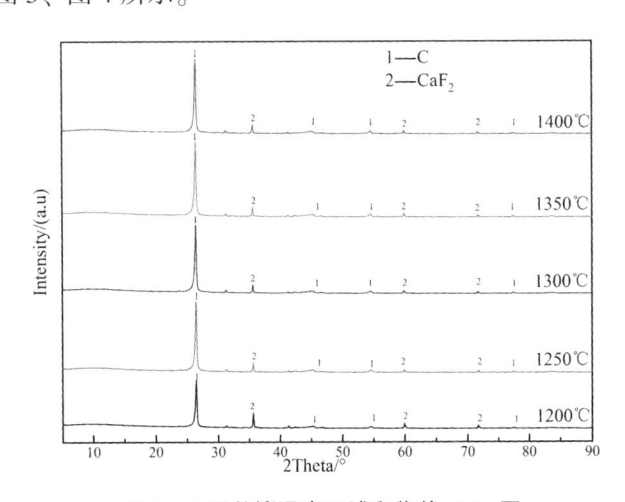

图3 不同蒸馏温度下残留物的XRD图

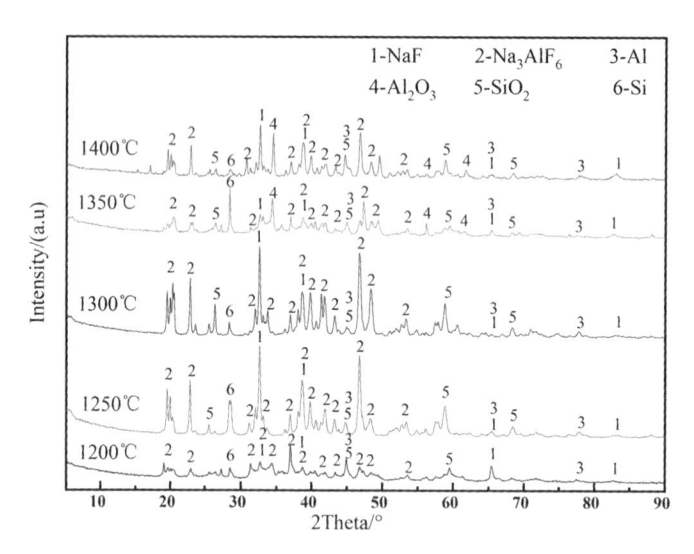

图 4　不同蒸馏温度冷凝物 XRD 图

由图 3、图 4 可以看出，真空蒸馏实验过后，残留物中只能检测到碳和氟化钙，并且冷凝物中有氟化钠和冰晶石存在，说明二者确实是挥发与碳分离了，与前文的饱和蒸气压计算结果相符。冷凝物中还发现了铝、硅、氧化硅的特征峰，并且残留物中未发现有氧化铝和二氧化硅残留，说明氧化铝和氧化硅在蒸馏过程中也挥发了，而且在冷凝过程中发生了某些反应，生成了铝、硅和二氧化硅。在 1300℃ 以上，还发现有氧化铝生成，说明在 1300~1350℃ 之间，氧化铝发生反应，生成了 Al_2O 气体，Al_2O 在冷凝盘上冷凝时发生歧化反应生成铝和氧化铝。残留物含有大量的碳，可以作为原料添加到阴极炭块的制作过程中；冷凝物中主要含氟化钠、冰晶石、铝和氧化铝，可以作为电解质添加返回电解生产中使用。

因此通过理论研究和实验验证可以发现，通过真空蒸馏的方法能够使废旧阴极炭块无害化同时达到回收其中有价组分的目的。

3　结论

（1）本文论述了目前国内对于废旧阴极炭块处理的迫切性及研究现状，分析了现存工艺的优点与不足，进而提出了一种真空蒸馏法处理废旧阴极炭块的方法。

（2）对废旧阴极炭块中可能含有的氟化物的蒸气压进行了计算，并在不同条件下进行了真空蒸馏实验。结果表明，在1200~1400℃，原料中含有的主要组分氟化物能够挥发，实验后的残留物中只含有碳和氟化钙，冷凝物中含有氟化钠、冰晶石、铝和硅的单质及其氧化物，初步证明了通过真空蒸馏的方法能够实现废旧阴极炭块无害化处理，同时回收其中的有价组分，蒸馏出来的氟化物可以返回电解生产中继续使用，碳可以作为原料用于生产碳素材料。

多功能机组在线检测智能诊断系统的开发与应用研究

范兵 杨飞

(内蒙古霍煤鸿骏铝电有限责任公司，内蒙古 通辽 029200)

摘要： 随着电解铝行业产能和效率不断提高，对电解多功能机组工作效率的要求也越来越高。本文针对电解铝车间多功能机组机构复杂、故障点多、成因复杂、检修人员任务繁重等特点，提出多功能机组在线监测智能诊断方案，建立多功能机组设备监测诊断与管理平台。

关键词： 电解铝多功能机组；故障；监测；大数据

电解多功能机组是电解铝生产的关键设备。随着电解铝行业产能和效率不断提高，对电解多功能机组工作效率的要求也越来越高。为了实现电解铝车间的多功能机组作业效率最大化，检修人员工作更加简单化，管理人员更加直观化，我们开发了多功能机组在线监测智能诊断系统。

1 系统设计思路和目标

针对电解铝车间多功能机组机构复杂、故障点多、成因复杂、检修人员任务繁重和检修环境恶劣等问题，为了实现电解铝车间的多功能机组作业效率最大化，检修人员工作更加简单化，管理人员更加直观化，本研究提出了多功能机组在线监测智能诊断方案，建立多功能机组设备监测诊断与管理平台。

在线监测智能诊断系统涵盖机组关键状态采集、后续数据仓储及大数据分析、实时自动在线监测与评估、评价多功能机组设备的安全等级；掌握设备的运行变化趋势；保持设备的良好状态，预知预判运行中可能出现的故障，对多功能机组进行早期故障分析。

本研究根据状态监测所获得的各项参数的数据，提取反映机组运行状态的征兆特征，从而确定故障原因、部位、类型、性质严重程度及发展态势，帮助相关部门确定机组各部件的最佳检修时间，形成检修计划。

2 系统研究内容

本研究实时监控每台多功能机组的主要机构运行状态，如空压机能否正常的自起动、液压站压力是否正常、电机没有没过热等，利用专业仪表及传感器的监测，实时为上游终端提供必要的数据，为设备检修部提供参考；实时监控多功能机组的各种开关信号，了解其当前作业任务，实时监测多功能机组运行状态。

当机组部件监测系统发现异常时，AI 收集设备运行过程中的各项数据，形成 T 形图，根据经验与故障结构分析的方法，迅速确定故障点并发出警报，及时发现各种问题，提示检修人员有异常现象发生，尽快排查问题并完成检修。

3 系统关键技术

系统可以把机组的故障信息、动作情况以及机组 PLC 内的所有信息点都以无线的方式传输给地面上位机，计算机获得大量数据并进行深度学习，直接从输入中提取更深层次的内在表征。通过设置合适的卷积核，CNN 能够从样本数据中提取各种潜在的特征。通过设置合适的网络参数，CNN 能够分析传感器数据的变化规律，从而识别机组系统的运行状态与设备健康情况。

系统设置无线传输单元，使用特殊材质结构、保护等级 IP65、防磁、抗冲击性的无线电台，单一设备支持多种模式，可以优化 UDP 多点传输流量，实现高级 EtherNet/IP I/O 通信；系统后端采用数据集成模块，对大量的机组关键数据打包整理；系统对采集整理完成的数据重新解析，以图片和菜单的方式显示在检修或指定部门的工作计算机上；服务器端应用系统于后台实现相关的数据导入、解析，以及业务数据的 PC 端展现；实现权限组织结构的配置。

（1）该系统基于人工智能技术的多功能机组在线检测诊断系统，包括多功能机组运行状态监测系统、多功能机组状态数据分析模块和人机交互界面。运维人员通过人机交互界面选择多功能机组在线检测诊断智能系统运行模式，多功能机组运行状态监测系统采集运行状态数据；多功能机组状态数据分析模块处理运行状态数据，并结合深度学习，智能识别机组当前的健康状态和各部位缺陷，并将结果通过人机交互界面向运维人员展示。

（2）机组运行状态监测系统包括用于收集多功能机组运行状态信息的传感器组、用于向多功能机组状态数据分析模块传输各传感器数据的无线电台、用于控制传感器以及无线电台的中央处理器，以及分别连接传感器组和中央处理器的系统供电电路。系统供电电路输入电压为12V，由电源适配器进行供电，通过电压转换模块提供系统不同芯片和传感器的工作电压。

（3）多功能机组状态数据分析模块采用频域分析法对来自振动传感器的数据进行分析。对于每个传感器的长度为 L 的振动信号时间序列 $\{x(i), i=1, 2, 3, \cdots, L\}$ 进行预处理，将该振动信号时间序列分割为 M 个不重叠的等长时移窗口序列。

$$y^m = x[(m-1)N+j], m=1, 2, \cdots, M; j=1, 2, \cdots, N$$

对于每段时移窗口序列 y^m，使用快速傅立叶变换算法进行频域转换，将时域数据 y^m 转换为频域数据 y^k。

$$y^k = \sum_{n=0}^{N-1} y^m W_N^{kn}, k=0, 1, \cdots, N-1; W_N = e^{-j\frac{2\pi}{N}}$$

式中，N 代表采样点数量，W_N 表示复数变换值。

搭建支持向量机分类模型，将所有频域样本输入支持向量机（SVM）分类模型进行全监督训练，SVM采用RBF核，超参数为0.5，正则化系数为1，SMO迭代系数为$1e^{-5}$。支持向量机的输出即为多功能机组状态数据分析模块对振动传感器的数据分析结果，分为故障和正常两种状态，结果为故障状态时，多功能机组状态数据分析模块将设备当前的振动频率和幅值通过人机交互界面向运维人员展示，运维人员通过振动特征确定故障类型。

（4）多功能机组状态数据分析模块采用深度学习方法对来自温度传感器的数据进行分析，并对温度传感器组采集的温度信号进行预处理。对温度信号 $X_{C,c}^l$ 通过时间长度为4s的滑动窗口进行数据分割，滑动窗口的滑动步长为4s，得到一系列滑动窗口温度传感器信号数据矩阵 $X_{g \times j}$，其中，g

表示采样时间点数，j 表示温度传感器标号。为每一个滑动窗口数据设定标签，构成一个样本，将每个温度信号的样本构成样本集。搭建深度卷积神经网络模型，将所有温度信号样本以及对应的标签输入深度卷积神经网络模型，利用 Keras 对深度卷积神经网络模型进行全监督训练，模型学习率设为 0.004，共进行 500 周期的循环训练，Batchsize 规模为 600，设置早停功能。深度卷积神经网络模型的输出即为多功能机组状态数据分析模块输出的生理状态的分类结果。

卷积神经网络模型结构包括：数据输入层，输入数据为有向加权复杂网络 $X_{g\times j}$；第一卷积层，卷积核大小为 7×50，卷积核数量为 8 个，卷积核选择 ReLU 作为激活函数；第二卷积层，卷积核大小为 5×50，卷积核数量为 6 个，卷积核选择 ReLU 作为激活函数；第三卷积层，卷积核大小为 3×50，卷积核数量为 4 个，卷积核选择 ReLU 作为激活函数；一个批量归一化层，用于加速初始深度卷积神经网络模型训练过程，减轻过拟合程度；一个 Dropout 层，以概率 p 随机选择批量归一化层的神经元，使神经元不输出，减轻过拟合现象，$p=0.35$；一个最大池化层，池化核大小为 2×2；一个 Flatten 层，用于将多维的输入一维化；一个全连接层，选择 ReLU 作为激活函数，选择 L2 范数作为正则化项，L2 范数设置为 0.0006；一个激活层，激活函数选择 softmax，激活层的输出即为多功能机组状态数据分析模块输出的温度信号辨识结果，共有正常、温升过快、温度过高 3 种情况，通过人机交互界面向运维人员展示。

（5）多功能机组状态数据分析模块采用时域分析方法对功率仪的数据进行分析。设置多功能机组系统功率超限阈值，对功率仪采集的运行功率信号进行幅值检测，幅值大于超限阈值时，多功能机组状态数据分析模块将设备当前的运行功率通过人机交互界面向运维人员展示，并发出警报，运维人员应立刻停止多功能机组运行，通知检修人员进行故障检修。

多功能机组在线检测诊断系统中人机交互界面可以通过相关设置改变当前显示内容，包括单传感器信息曲线实时显示、多传感器组信息曲线实时显示、故障信息显示与检修建议。用户可以通过人机交互界面中的相关设置改变多功能机组运行状态监测系统中的传感器采样速率；通过交互界面自带的设置窗口，设定现场所需的报警阈值；通过人机交互界面导出历史数据，并可设定数据保存时间节点。

4 系统的应用效果

通过实践，该系统实现了实时监控每台多功能机组的主要机构运行状态、实时监控天车的各种开关信号、实时监控天车各主要电气元件的运行状态、实时监控各电解铝车间每台天车作业状态、机组部件故障实时报警、PC端远程运维（对设备实时监控，远程发现故障，技术运维人员可以在远程修改程序）。系统无线通信距离为5km，读取天车参数时间≤2秒。使用该系统能够提高检修工劳动生产率20%，减少故障停机次数30%，减少非计划检修45%。车间调度准确性极大增强，移动设备（机组）联入电解管控网，管理加强，为智能工厂做好前期准备。同时系统可以提供大量故障信息数据，通过后续大数据分析，找出机组集中故障，提出优化解决方案；可作为新入职检修员工的地面培训平台；为电解铝正常生产提供有力保障。

基于电解烟气净化系统原总线的自动控制设计探讨

苏兴旺

(内蒙古霍煤鸿骏铝电有限责任公司，内蒙古 通辽　029200)

摘要：本文根据铝电解烟气净化系统工艺要求，提出了基于目前PLC/DCS架构净化系统的自动控制设计，本文对铝电解干法烟气净化系统自动化控制这一设计进行了探讨，总结并概括了过去传统滞后控制的问题及出现问题的原因，然后通过系统长时间运行，验证了该系统自动控制的可行性。

关键词：总线；电解烟气净化；工艺控制；工艺算法

随着时代的进步，铝电解烟气净化水平在不断提高。烟气净化系统自动化也成为展现电解铝技术进步的一部分，为了避免烟气排放造成的环境污染，保持一定的系统压力、温度、供料量也变得尤为重要。而净化系统每天运行，一些不可避免的外因导致系统不稳定，短时间可能造成个别物料含氟比例过低或过高，长时间造成超标排放，导致环保风险，参考以往经验，除了要对系统的硬件和软件进行总结，还要对控制因素存在的不确定性进行研究。

1 系统控制目标

1.1 烟气压力控制

电解烟气从电解槽排出需要动力，而如何保证每台电解槽的排烟量是通过压力的稳定性来判定的，将二次表采集的数据发送给PLC或DCS，处理器根据算法测算出稳定的压力数据目标值，并与实际压力对比，结合PID系统进行计算得到输出型号，将信号结果传递给模拟输出，并执行相应操作命令，如调整部分电解槽排烟支管阀门开度，以此来使压力达到目标值。控制系统网络架构如图1所示。

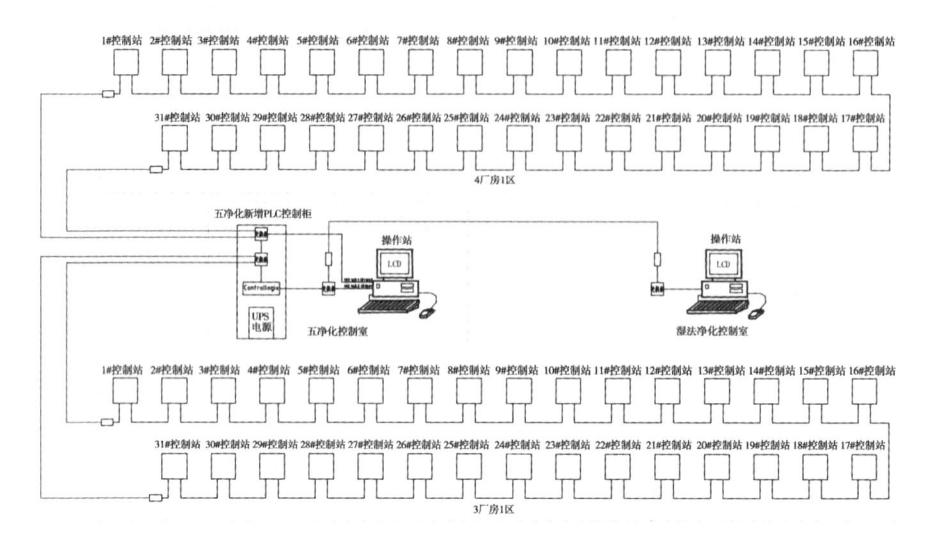

图1 控制系统网络架构图

1.2 物料控制

氧化铝作为铝电解生产的原料，同样还是用于烟气净化的吸附剂。氧化铝的投加量受电解生产限制。如何用有限的氧化铝粉，实现净化目标一直是铝电解烟气净化的追求。作为除电解烟气外第二个关键参数，现场将通过固体流态化流量计信号反馈给PLC或DCS，通过均衡分配装置开度控制实现物料的均衡分配，同时增加循环氧化铝投加量，通过数据采集，处理器合理分配物料均衡投入反应器，实现物料的自动化精准控制，用最合适的物料量达到干法净化的最佳效果，降低传统人为控制造成的物料破损，过投加或少投加造成的黑白料问题，降低电解槽效应系数。氧化铝控制计量处理系统如图2所示。

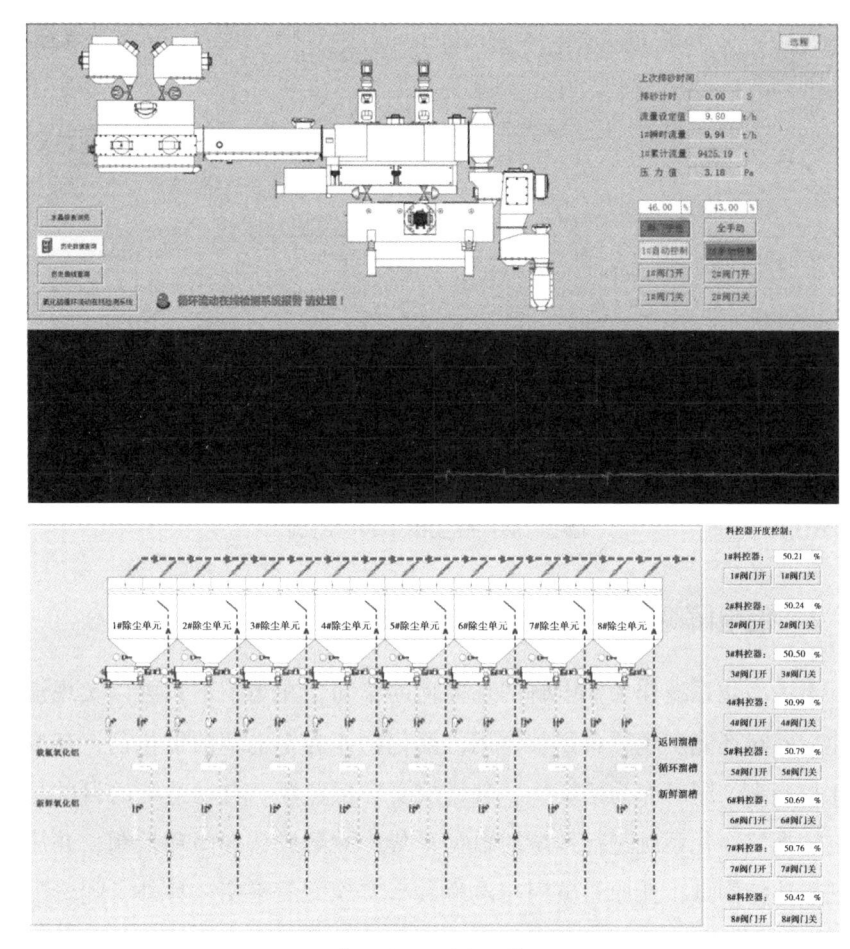

图 2 氧化铝控制计量处理系统

1.3 除尘器控制

除尘器作为电解烟气净化的主要设备，它的运行稳定性是净化系统的重中之重，目前袋式除尘器采用脉冲或反吹气缸控制，粉尘的分离效果由安装在出口的粉尘检测设备提供，动作数据采集与粉尘趋势数据采集形成了闭环控制的条件，经过 PLC 处理器的计算后，可实现在除尘器布袋失效（破损）前预测这一现状。停止反吹气缸或脉冲阀动作并报警，提示给运行管理人员，极大降低粉尘外排的环保风险，从风险源头做事前控制。脉冲除尘器漏袋检测如图 3 所示。

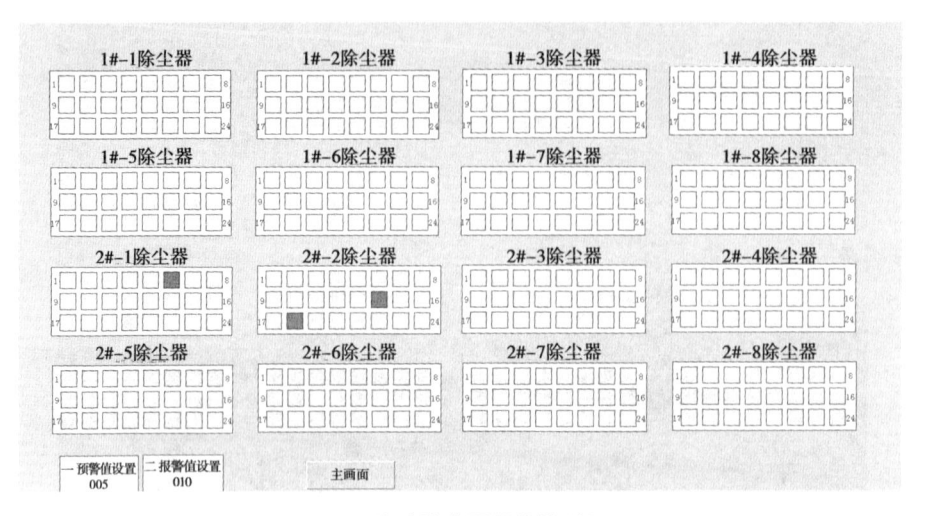

图3 脉冲除尘器漏袋检测图

2 铝电解烟气净化自控系统的重要性

干法净化系统作为铝电解的重要辅助车间，在当下不只可以实现烟气净化，同时还能实现原料回收作用，氟化物作为铝电解的催化剂，其成本占比相当高，同时作为污染物，其排放受环保监测。自动系统的目的是对铝电解烟气净化系统进行系统的数据采集，并形成数据闭环控制，并从中找到最佳控制点，让原料破损与电解效率实现完美平衡。另外，随着国家的环保要求日益严苛，我们作为净化人，要走在前列，通过自动化控制手段保证系统运行稳定性，同时进一步提升运行效率。从管理、设备、工艺运行多角度实现多维寻优，减少传统人员盲目控制带来的不必要能源损耗。

3 基于5G云管平台

随着国家关键通信技术的开展，铝电解行业作为国家支柱产业，在通信控制领域同样需要树新风。基于5G通信的自动控制系统对人员工作地点、位置降低了限制，通过可视平台能随时随地实现管控区域的监控。在个别高危工作区域实现自识别、自查等关键技术，能够减少对人员的依赖，给企业降低安全管理风险。5G云管平台如图4所示。

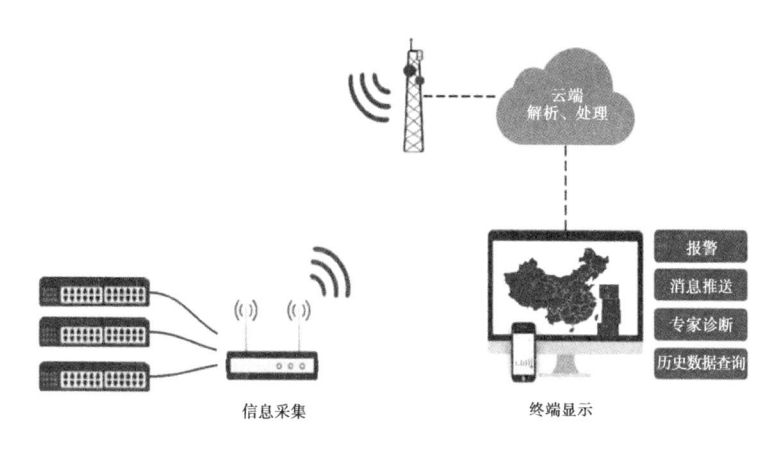

图 4　5G 云管平台

4　结语

电解烟气净化系统是一个工业场所，工厂环境保持、设备的稳定性对企业的生存有着直接影响。因此做好铝电解烟气净化工作是十分重要的。随着当前科学技术的发展，PLC 控制系统在多个领域得到应用。但是，在铝电解行业自动控制系统压力、流量等闭环控制还需要进一步提升，从而让企业面对国家双碳、节能、减排方面有更多空间。本研究基于 PLC 与 DCS 系统，对系统总体设计进行介绍。目前该项目已交付使用，系统运行稳定，能够满足铝电解烟气净化系统的应用需求。

参考文献

[1] 邓翔，维宁. 铝电解烟气干法净化系统的研究［J］. 轻金属，2009，7，56-59.
[2] 宋海琛. SAMI 电解烟气净化技术［J］. 轻金属，2014，9，73-76.

浅谈 BJ6123 型纯电动流动疫苗接种车改造

王洪林　刘胜利　吕国良　白义栋　邢艳利　尚国强　王　利
夏　松　孙建升　吕国震　付冰健　张　利　代　利　王　胜

(沧州公共交通集团有限公司，河北 沧州 061000)

摘要：随着新冠疫苗研发不断取得成果，紧随其后的疫苗接种工作也成了重中之重。经与上级相关部门沟通，沧州公交集团改造 1 台 BJ6123 型纯电动公交车作为疫苗接种车，用于疫苗接种使用。

关键词：疫苗接种车；电气改造；设施

1　什么是流动疫苗接种车

流动疫苗接种车从外观看与普通公交车没有差别，但车内却别有洞天：从等候席到信息录入席，再到疫苗接种席，还配备新冠疫苗冷藏的专用冰箱及相应的应急处置医疗用具，车上可以完成疫苗接种的全过程。

2　面临问题

首先要解决的 2 个问题：一是与车辆各配套设备设施生产厂家对接，沟通车内可安装电气设备的最大使用功率；二是对公交车内部分栏杆扶手进行拆除。

3　改造方案

3.1　原车内设施及电路的处置与改造

技术小组对 BJ6123 型纯电动公交车内部空间进行实际测量，根据测量数值，制作详细设计图。

3.2 电气改造方案

（1）车内安装配电箱，配备 2 台电压 24V~22V、额定功率 3000W 的逆变器（1 台使用，1 台备用），经测试全车用电最高峰值 1500W，逆变器安装位置在低压配电盒下方。安装 40A 保险位置，如遇突发问题可以直接断开。

（2）原车内电路调整改造：车内安装车载逆变器（最大输出功率为3000W），逆变器输入端正极与低压保险盒内预留 40A 保险相接，负极与低压电瓶相接，逆变器输出端与稳压漏电过流保护器（最大输出功率1500W）连接，全车采用电线规格为 300/500V。

（3）将空调高压用电线从主正继电器后端调整到主正继电器前端，实现点火开关至"ON"档时，空调正常使用，同时可以给低压电池进行充电。

3.3 疫苗接种车改造计划

（1）布置制作 2 张长 75cm、宽 22cm 的问询台。

（2）车内布置 2 张长 80cm、宽 52cm 的信息采集台，可独立完成整体信息采集记录工作；车内布置 1 张长 200cm、宽 40cm 的疫苗接种台。

（3）车内设置的异常反应处置区包含 1 张长 200cm、宽 50cm 的处置床，周边配备急救专用设备。

（4）疫苗接种车车门位置设置无障碍专用连接踏板，满足行动不便人群的车内接种需求。

4 流动疫苗接种车制作完成后具备的功能

（1）车内两侧顶部都有紫外线杀菌消毒灯。

（2）配置应急处置台，以应对留观接种人员出现突发情况后的应急处置工作。

（3）全车配备足够功率的逆变器，满足日常低压用电与高压用电需求。

（4）车上还专门配备了新冠疫苗储存冰箱，冰箱可以储存超 1000 支疫苗。

5 产生的效果以及影响

经过为期 2 个月的使用，车辆技术状况良好，每日提供 1000 人左右的接种服务，在全民接种的背景下，能够有效分担医院及社区的疫苗接种压力；此改造资金投入 5 万元，参照购置同车型疫苗接种专用新车 200 万元，为政府节约财政资金 195 万元。

纯电动公交车涉水监测仪的设计研发与应用

王洪林　刘胜利　吕国良　白义栋　郑　鹏　高文奎
刘晓亮　张　松　李　孟　李广凯　张洪涛

(沧州公共交通集团有限公司，河北 沧州 061000)

摘要： 由于纯电动公交车未安装涉水监测装置且车辆涉水时 ECAS 系统无法自动调节车身，仅依靠车长驾驶经验判断涉水深度远远不够，为此研发了纯电动公交车涉水监测仪，此项成果已在沧州公交全部推广使用，应用效果良好。

关键词： 电动公交车；监测装置；设计应用

1 纯电动公交车涉水监测仪项目研制背景

沧州公交逐步由新能源纯电动公交车代替了借助发动机运行的柴油和 LNG 为燃料的传统公交车。虽然纯电动公交车具有零排放、无污染、噪声低、运行稳定的优点，是理想的城市公交车类型。但是纯电动公交车没有发动机，完全依靠动力电池为电机供电驱动，其底盘线路错综复杂，大部分线路为高压线路，在通过积水路段时存在安全隐患。

2 水情观测现状

传统的城市内涝检测系统预警时效性无法得到保证，道路积水情况只能依靠由电视、广播、交通、气象部门等部门进行反馈，无法满足公交车辆营运时对水情观测需求。

3 研制必要性

由于纯电动公交车未安装涉水监测装置且车辆涉水时 ECAS 系统无法

自动调节车身，仅依靠车长驾驶经验判断涉水深度远远不够，为此研发了纯电动公交车涉水监测仪。

4 纯电动公交车涉水监测仪装置介绍

纯电动公交车涉水监测仪主要由单片机控制模块、传感模块、蜂鸣报警装置、水位深度指示灯等部件组成，涉水报警仪为24V变5V，涉水监测仪通过5V电控制集成模块，当区域探头入水时通过声光报警，涉水监测仪设定了3个涉水深度：10cm、15cm、25cm，涉水监测仪显示涉水深度由浅到深指示灯分别为绿色、黄色和红色，红色报警灯亮起时严禁通行。

5 纯电动公交车涉水监测仪应用效果

在积水路段进行实地测试，对纯电动公交涉水监测仪进行现场观察后得出结论，纯电动公交涉水监测仪性能稳定、监测准确且灵敏度高，兼容现役所有纯电动公交车型，适合在所有城市道路下安装使用。

6 设备优点

（1）纯电动公交涉水监测仪单个设备制作安装总体成本不超过100元。

（2）能有效减少因纯电动公交车涉水造成的潜在经济损失和安全隐患。

（3）支持接入ECAS系统，当涉水深度达到30cm时提示灯亮、蜂鸣器响起，涉水信号传输至ECAS系统，ECAS系统起动自动调整底盘高度，具备紧急避险的功能。

7 经济与社会效益

基于目前市场上公交车动力电池更换1次需要60万元计算，更换3~4次，就相当于购买1台新车费用。该创新成果通过了客车厂的评审，已在沧州公交集团新购置的纯电动公交车上安装应用，保证了运营安全。

双极板式原油储罐智能自动计量盘库装置研究

刘同玲 黄业基 刘东章 朱彩红 范 璇 纪宪顺

(胜利油田分公司河口采油厂,山东 河口 257200)

摘要:计量盘库能核实标定生产产量,真实反映油田区块生产状况,是油田生产的必要环节。胜利油田大部分站库由于传统计量仪表误差大而仍沿用人工计量方式,存在一定安全环保风险、劳动强度较高。本成果基于边缘计算的数据采集结构、梯度温度补偿原理,研发的对称双极板结构保障了含水测量的可靠性。

关键词:计量盘库;创新;效益

1 双极板式原油储罐智能自动计量盘库装置研制背景

1.1 石油行业原油计量现状

胜利油田大部分站库由于传统计量仪表误差大、数据漂移等问题而仍然沿用人工计量、人工取三级样、人工化验的工作方式。存在测量数据误差大、职工劳动强度高、登高作业和罐顶硫化氢中毒的安全隐患,以及恶劣天气无法上罐造成计量滞后等问题。因此,研制一种新型的自动计量盘库系统,实现自动计量对于原油生产运行具有重要指导意义。

1.2 石油行业原油计量研制必要性

计量盘库指业务管理部门对所管辖油田区块油气水生产产量进行核实标定,是油田油气生产的重要工作之一,用来真实反映油田区块实际生产状况,便于指导下一步生产和措施的有效实施,是油田日常生产非常重要和必要的环节。测量罐中原油的净油量时,仅测量某点原油的含水或密度值，在一般情况下是没有代表性的。而且在原油罐特别是沉降罐中存在着乳化层，乳化层内含水原油的含水率和密度值的分布没有规律，无法测得准确的油水界面，同时罐中原油的含水率如何自动测量，也是一个难以解决的问题。

2 双极板式原油储罐智能自动计量盘库装置介绍

2.1 双极板式原油储罐智能自动计量盘库装置结构

双极板式原油储罐智能自动计量盘库装置主要由传感极板、检测电路、耐腐蚀水下连接器、保护封装壳体等部分组成。

主要技术指标如下。供电：8~36V；工作温度：-20℃~105℃；界面精度：0.1级；液位精度：0.1级；温度精度：0.1级；综合含水：0.1级；盘库精度：0.5级；本安防爆：EX ia IICT4 Ga；通信：CAN总线/RS485/RJ45。

该装置主要应用在油田站库内的储油罐、沉降罐、采出水处理罐等生产设施上，采用电容法原理来检测油水处理设施内部介质液位、水位、乳化层、综合含水、温度等各项参数，通过分析和计算获取设施内的含水分布情况、温度分布情况、液位高度、水位界面、油厚、乳化层厚度，并结合设施容积表、原油密度、底面积等参数计算得出设施内油量。

2.2 装置原理

智能分布式含水分析仪采用双极板矩阵阵列分布式电容传感器作为检测单元。检测单元采用聚四氟乙烯防挂壁材料封装，非接触式分层检测装置内的含水率变化情况和温度变化情况。检测电路采用LC谐振和基于电荷放大器的电容检测电路，检测精度高；分析仪分段内置温度传感器，补偿测量过程中温度变化的影响，具体公式及原理见图1。

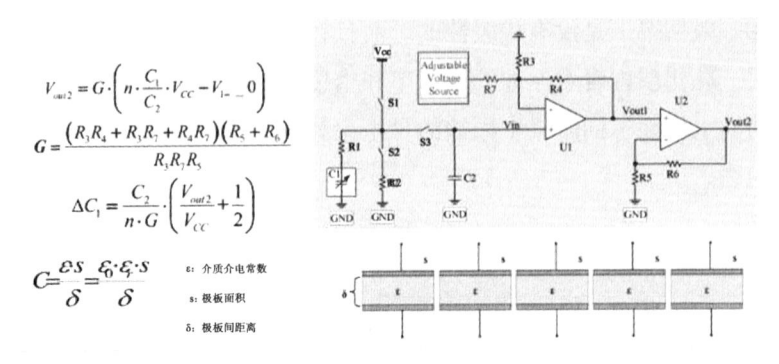

$$V_{out2} = G \cdot \left(n \cdot \frac{C_1}{C_2} \cdot V_{CC} - V_{1-} - 0 \right)$$

$$G = \frac{(R_3 R_4 + R_3 R_7 + R_4 R_7)(R_5 + R_6)}{R_3 R_7 R_5}$$

$$\Delta C_1 = \frac{C_2}{n \cdot G} \cdot \left(\frac{V_{out2}}{V_{CC}} + \frac{1}{2} \right)$$

$$C = \frac{\varepsilon S}{\delta} = \frac{\varepsilon_r \cdot \varepsilon_r \cdot S}{\delta}$$

ε：介质介电常数
s：极板面积
δ：极板间距离

图1 具体公式及原理

2.3 双极板式原油储罐智能自动计量盘库装置关键技术创新点

2.3.1 检测机构采用双极板构造优势对比

（1）传统的射频导纳类仪表测量原理：$C = KA/D$。式中，C：测量所得电容；A：探头测量区域；K：介质介电常数；D：探头和罐壁。

从图2可以看出，探头测量区域大，界面是根据电容值综合推算而得出的。当油厚大、上层含水小的时候，测量界面的位置可能处于油层中间甚至偏上的位置。同时，仪表位置和 D 无法准确对应。

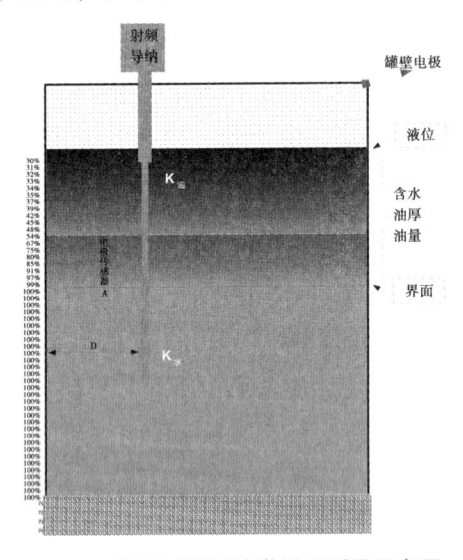

图2 传统射频导纳类仪表测量示意图

（2）罐壁为极板的各类仪表测量原理：$C_1 = KA_n/D$。其中，C_1：小极板测量所得电容；A_n：小极板探头测量区域；K：介质介电常数 ；D：探头和罐壁距离。

这类仪表以罐壁为电极，图 3 中传感器 A_1 和 A_5 和罐壁形成的电容有效区域有大幅度的重合，同时由于电容的不对称性导致电容边缘畸变，严重影响了电容的准确性。和射频导纳同样的测量值是一个大范围的综合推算值，通过数学差值计算可以过滤一部分重叠区域，但无法消除。

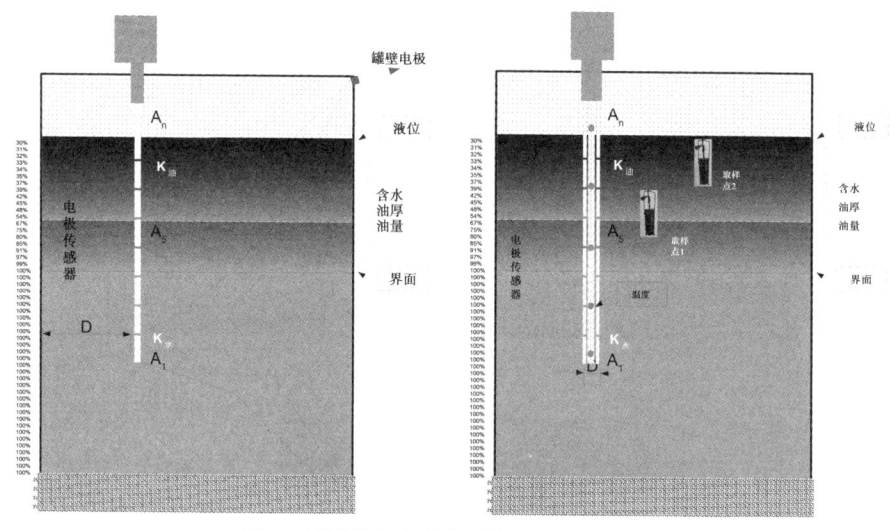

图 3　罐壁为极板的各类仪表测量示意图

（3）双极板测量原理。

双极板测量特点如下。

①传感器极板采用薄铜板精确加工，平行间隔。

②多个传感器均匀排列固定，形成传感器矩阵。

③采取平行对称小极板作为传感器，减小电容边缘畸变。

④消除传感器间测量重复区域。

⑤ 控制极板间距 D 不变。

⑥采用 CAN 总线方式，减少布线电容影响。

⑦差分模拟采集，减少干扰。

团队自主设计研发了对称双极板结构，以此制作传感器，电极板采用一种不沾油的材料制作，在两极板之间可以形成稳定的平行环形电场检测环境，能保障测量可靠性。平行电极下极板距离确定，双边极板彼此独立且面积均等,故测得的电容值直接反映了介质的差异和含水变化。在传感器内布置电容测量矩阵,能够逐层测量原油净化油罐、沉降罐、采出水罐的液位、界面、含水率、油厚,结合储罐容积及原油密度,就能准确计量出罐内原油存量,实现自动计量盘库。

2.3.2 检测单元一体化

本装置的工作场合为油田原油储罐,温度高、腐蚀性强,为适应恶劣的工况环境,提高检测精度,电极板采用特殊材料制作,同时为满足高热导率和一定的耐腐蚀要求,兼顾低介电常数和低介电损,装置在聚四氟乙烯材料上沉着金属,应用边缘计算原理,简化了前端数据采集结构,检测电路置于传感器内部,实现了敏感元件和转换元件的有效组合,工作状态下可以直接将模拟信号转化为数字信号,降低了传感系统误差(见图5)。

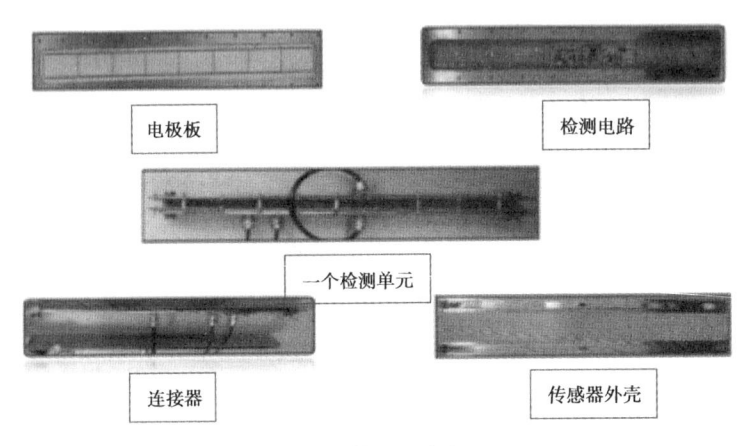

图 5 装置示意图

2.3.3 计量方式增加补偿技术

该装置采用自主设计研发的梯度温度补偿技术,增加梯度温度检测单元,并通过大量的线下模拟试验,对仪表输出零点进行不断校正,不断构建仪表随温度变化的灵敏度曲线方程,并通过一定的信号转换,最终达到自动改变仪表零点及灵敏度的目的。经过现场试验,该技术能自动修正测量数据,提高了检测精度。

2.3.4 检测点位实现高密度分布

该成果内置的含水检测传感器沿着竖向极板方向一组组拼装组合,形成了纵向多点高密度布置，检测密度和检测精度有了实质性的提高，实现储罐内部含水分层检测的连续性。且采用高精度电荷放大器两级放大，电容分辨率可达 0.001pF。

3 双极板式原油储罐智能自动计量盘库装置应用效果

3.1 测量效果

液位测量结果见表 1。

表 1 液位测量结果

日期	油水界面高度（m）		水位（m）	
	实测高度	电脑显示高度	实测水位	电脑显示水位
2021 年 9 月 9 日	11.83	11.74		
2021 年 9 月 12 日	11.92	11.85		
2021 年 9 月 15 日	11.77	11.80		
2021 年 9 月 19 日 08：00	11.90	11.88	10.60	10.53
2021 年 9 月 19 日 09：00	11.94	11.92	10.60	10.65
2021 年 9 月 19 日 11：00	12.30	12.14	11.00	11.08
2021 年 9 月 23 日 11：00	12.10	12.08	11.60	11.58
2021 年 9 月 24 日	12.00	12.03	11.00	11.08
2021 年 9 月 25 日	11.90	11.86	11.00	11.10
2021 年 9 月 30 日	12.10	11.98	11.60	11.58
2021 年 10 月 27 日	12.00	12.00	11.20	11.30
2021 年 10 月 28 日	11.75	11.81	10.90	10.88
2021 年 11 月 2 日	11.60	11.63	10.60	10.58
2021 年 11 月 10 日	11.70	11.80	10.90	11.00

本成果在胜利油田河口采油厂油气集输管理中心埕东联合站（5#罐、6#罐）、首站（4#罐）、陈南联合站（4#罐、3#罐）、胜利油田石油开发中心胜科管理区草南联合站（4#罐）、草 104 联合站（2#罐）安装 7 套。在埕东站 6#罐应用数据如表 2。

表2 埕东站6#罐应用数据

油厚（m）			含水率（%）			纯油量（t）		
仪表油厚	实测油厚	绝对误差	仪表含水率	化验含水率	绝对误差	仪表纯油量	实测纯油量	绝对误差
0.68	0.5	0.18	31.58	29.5	2.08	203.567	149.857	53.71
1.035	1.5	-0.465	34.97	31.5	3.47	304.092	436.785	-132.693
1.61	1.9	-0.29	40.48	38	2.48	430.122	500.748	-70.626
1.79	2.1	-0.31	37.17	34	3.17	480.746	589.156	-108.41
0.83	0.75	0.08	29.42	28.5	0.92	270.04	243.166	26.874
0.98	0.9	0.08	29.29	28	1.29	300.602	275.473	25.129
1.96	2.2	-0.24	32.36	30.8	1.56	575.048	647.133	-72.085
1.226	1.4	-0.174	30.52	27.5	3.02	383.968	431.475	-47.507
2.35	2.5	-0.15	31.76	28.5	3.26	696.16	759.805	-63.645
2.4	2.3	0.1	32.69	29	3.69	686.673	694.142	-7.469
1.7	1.9	-0.2	34.4	31.2	3.2	474.059	555.668	-81.609
1.6	1.8	-0.2	38.73	36.5	2.23	416.726	485.872	-69.146
0.87	0.8	0.07	35.43	33.2	2.23	247.045	227.182	19.863
2.541	2.2	0.341	33.09	31.2	1.89	739.465	643.392	96.073
1.56	1.2	0.36	35.66	33.3	2.36	437.606	340.253	97.353
1.73	1.9	-0.17	31.34	29.8	1.54	525.354	566.976	-41.622
1.8	1.9	-0.1	30.3	28.6	1.7	533.312	576.667	-43.355
2.058	2.1	-0.042	34.87	32.8	2.07	581.39	599.868	-18.478
1.44	1.3	0.14	37.35	34.1	3.25	399.483	364.183	35.3
1.59	1.6	-0.01	35.97	33.6	2.37	435.498	451.617	-16.119
绝对误差平均		-0.05	绝对误差平均		2.389	绝对误差平均		-20.9231

人工测量和该装置测量油厚偏差为0.05m，人工测量和该装置测量含水率偏差为2.389%。人工测量和该装置测量油量误差在20.92t，对于5000立方米储罐而言，仪表与人工数据绝对误差在0.87t/h左右，偏差率在0.4%。完全满足生产需要。

3.2 经济与社会效益

装置经现场反复试验对比，该装置计量精度明显提高，克服了油水过渡层波动、温度变化等突发状况，已成为计量主导产品。在随后7座储罐现场的不同场景应用表明，此装置可实现自动计量盘库，一个站库节省企业用工3人，人工成本10万元/人·年，该成果已在11个站库推广应用14套，替代用工33人，节约用能和药剂消耗，创效800.8万元，可推广至胜利油田62个联合站300多座油罐上，经济社会效益巨大。

加强航空装备修理企业设备全寿命管理思考

王 永 余 震 冯广飞

(中国人民解放军93131部队,北京 100843)

摘要：本文以航空装备修理企业设备管理工作为研究对象,基于能力、效益和安全,从统筹谋划设备发展建设、稳步推进设备项目实施、扎实做好设备使用维护和突出抓好设备安全管理等方面进行梳理分析,研究提出措施建议,对加强企业设备全寿命管理具有一定借鉴意义。

关键词：航空装备修理企业；设备；全寿命管理

"工欲善其事,必先利其器",在航空装备修理企业,设备是重要生产资料,是装备修理能力构成要素之一,呈现品种型号多、技术含量高、价格昂贵、操作复杂、维保要求严等特点,其建设与管理水平直接关系航空装备修理质量效益,影响飞行安全。因此,航空装备修理企业必须高度重视设备建设和全寿命管理工作,坚持以优质高效修理保障为目标,以装备修理能力建设为牵引,以体系融合、系统配套为导向,抓好设备立项论证、研制采购、运维管理等工作,全力满足装备修理任务需求,促进装备修理提质增效。

1 紧紧围绕修理能力,统筹谋划设备发展建设

1.1 注重体系管理

设备管理作为企业管理的重要方面,要在企业决策层领导下,由设备管理部门总体牵头,构建要素齐全、协调顺畅的设备管理组织体系,明确各部门在设备立项、实施、使用、维护等管理工作中的具体职责,形成齐抓共管合力和高效运行机制。在组织体系的统一领导和统筹协调下,组织

专业力量开展设备资源规划与配置管理，协调各部门、各车间进行设备综合利用效能及绩效评价，群策群力加强设备全寿命管理。

1.2 注重技术领先

在筹划设备建设时，应根据企业发展态势和行业发展趋势，充分考虑选型设备的环境适应性、功能拓展性和系统匹配性，重点配置支撑新材料、新技术、新工艺研究及工程化应用所需的新设备，设备性能体现行业先进水平。积极开展数字化、柔性化修理线建设，推动自动化设备、智能物流、工业网、5G 网络等在装备修理领域应用，支撑企业向数字化、智能化修理转型。

1.3 注重自主可控

遵循"技术先进、生产适用、运行可靠、便于维修、经济合理"的原则，优先选用国产设备，其核心元器件及软硬件、原材料等尽可能自主可控。因设备精度、工艺技术等原因确需选择进口设备时，应约定后续备件保障、软件升级、设备资料等条款及渠道，以支撑装备应急修理任务，支撑企业自修、自制能力拓展，避免设备保障受制于人。

1.4 注重统筹协调

增强设备投入的系统性、综合性、长远性，统筹兼顾修理线建设与技术改造项目、中长期发展规划与年度投资计划、老旧设备升级改造与新设备研发添置、立足自身形成能力与就近就便外协外委等关系，提高设备投入产出比，推动企业统筹、协调、可持续发展。

1.5 注重建管并举

坚持一手抓设备规划建设、一手抓设备使用管理，从装备修理保障需求根本出发，统筹规划设备研制开发、更新换代和升级改造，同时加强设备管理理论研究和技术创新，实行设备需求论证、立项评估、采购配置、验收投用、使用维护、报废处置全寿命系统化管理，充分挖掘现有设备功能应用潜力，提升设备完好率和综合利用效能。

2 紧紧围绕规划计划，稳步推进设备项目实施

2.1 强化需求论证

积极顺应市场需求，以快速形成新装备修理能力为牵引，从装备技术状态、产能及安全、经济性等出发，从宏观和微观两个层面开展论证。宏观上，统筹整条修理线设备资源，结合装备修理全流程，从产品加工量、工艺流程、生产节拍及产能、工艺布局和物流等方面系统性开展需求论证；微观上，重点论证产品技术指标、产品和人员及环境安全、相关防差错设计、风险防控等需求。

2.2 强化立项评审

在企业内部，以各专业技术骨干为主体，建立设备论证评估专家库，针对设备立项需求抽组相关专业专家，同时邀请同行业专家成立评估小组，对项目立项的科学性、合理性、可行性等进行审查评估。必要时，委托第三方咨询机构开展重要设备立项评估工作，充分利用其技术、专业、信息优势，提高评估质量，有效规避项目风险。依据评估结果，按照规定管理权限严格办理项目审批。

2.3 强化项目推进

严密组织技术指标及要求确认，严肃规范招标及评标活动，严格控制采购研制周期，确保设备符合产品需求，各环节合规合法、周期可控。区分一般设备与关重设备、国内采购与国外引进、升级改造与开发研制等不同情况，分类分级实施项目管理，做好合同签订、生产交付、安装调试等节点考核，及时协调解决矛盾问题，确保如期完成建设任务。

2.4 强化工程验收

建设项目达到合同约定技术指标后，方可进行试验验证及验收，大型设备、自动化产线、整机测试设备在完成建设后应先进行预验收，经工艺试验、产品试生产合格且运行稳定后才能正式验收。对于大型非标设备研制，还应对照技术协议定期开展阶段预验收，确保研制的设备符合产品设计要求，投产后能够达到预期目标。

3 紧紧围绕运转效率，扎实做好设备使用维护

3.1 规范操作使用

规范编制设备操作手册，明确安全操作流程、方法步骤，做到有章可循。定期开展设备操作培训带教，增强一线修理人员业务能力和实操技能。采用图文并茂形式，逐一设备对应展示清洁清扫要求、润滑工作操作说明、计量器具及承力件定期工作内容及要求、主要部位点检和巡检内容等，同步采取交叉互检、班组长把关等措施，最大限度减少人为差错。

3.2 规范维修维护

规范编制设备维护手册，设备使用单位严格按手册开展日常工作，防止设备过修和失修。梳理和修订关重设备巡检单，切实做好使用前、中、后例行检查并进行日点检记录，及早发现故障并及时处理。建立设备配件应急筹措渠道，特别是关重设备应保持一定备件安全库存量。推行预防性维修保障模式，以关重设备或"独子设备"为重点，制定预防性维修方案，纳入定期维修计划及日常保养工作，提前预判，提前处理，降低设备故障率。

3.3 规范数据治理

建立设备信息化管理系统，实现可视化管理、信息共享、数据自动采集与分析，实时反映设备使用维护信息。建立设备全寿命周期档案、设备维护维修数据库，做好设备使用工时和故障、维修方案等数据统计分析与利用，动态展示各使用部门设备使用情况，为设备预防性维修、科学排产做好数据支撑。整合设备管理流程，使工装设备立项、采购、使用、报废等业务流程可视化关联，保证每台设备全寿命过程的动态管控，打通数据传递渠道，有效降低管理成本，提升管理质量。采用MDC等手段，实现设备的联网管控，对设备运行状态、故障停机时间、利用率等数据进行统计分析，科学直观地反映设备利用效能。

4 紧紧围绕风险防控，突出抓好设备安全管理

4.1 厘清管理责任

立足设备全寿命周期，聚力设备综合利用效能，厘清论证、实施、验收、使用维护、维修保养、资产管理等各环节职责，健全设备管理责任体系，压实设备主管部门系统化管理责任、使用部门安全操作和日常维护责任、维修部门故障处理和预防性维修保养责任。推行设备使用维护包机人制度和维修包机人A/B角管理模式，落实产品技术员产品及设备技术需求责任、设备技术人员技术评估确认责任、包机人设备现场管理责任、资产管理人员设备资产管理责任。

4.2 完善管理制度

持续推进设备立项论证、项目实施、使用维护、资产管理、报废处置等工作制度与流程优化，既确保快速、优质配置资源，又保证高效、安全使用设备。依法依规确定设备采购方式，具备条件的优先采取竞争性采购，加强过程监督，防控廉政风险。建立分级巡检、定点巡检和组合巡检制度，及时发现和解决设备存在隐患问题。制定完善设备报废处置制度规定，规正处置方式和渠道，搞好残值回收、利用。

4.3 健全激励机制

开展设备管理与使用维护先进评比，正向激励全员管好、用好、维护好设备。鼓励员工开展技术革新和手段创新，对设备进行自主维修或升级改造，根据其生产效益予以专项奖励。将设备完好、使用维护、维修保障等情况作为重要内容纳入绩效考核，本着按劳分配原则健全奖惩制度，激发落实安全管理责任的自觉性、主动性。

4.4 筑牢安全基础

常态开展全员安全防事故警示教育，使设备管理职责和安全制度规定深入人心，形成人人抓安全、事事想安全、时时保安全的良好氛围。定期组织设备安全风险评估，对操作人员、设备状态、运行环境等要素进行分析研判，特别关注高温、高压、易燃、易爆等高风险部位，检查防雷、防

静电、消防等系统可靠性，从源头追溯并根除隐患。积极推行设备安全可视化管理，通过管理信息系统实时监控设备运行维护状态，实现安全风险自动预警和及时隔离，防止安全事故问题发生。

5 结语

航空装备修理企业设备全寿命管理是一个系统工程，需要纵向各级、横向各部门齐抓共管，形成合力；需要加强顶层设计、注重体系融合、实现系统配套；需要从立项论证、项目实施、投产使用、运行维护直至报废处置，进行全链条、不间断管理；需要应用新技术、新方法、新手段，提升信息化、智能化管理水平，促进航空装备修理企业全面提质增效。

参考文献

[1] 郭明伟.企业设备安全风险管理和隐患管理方法探讨[J].中国设备工程，2021（02下）：36-37.

[2] 李葆文.设备管理新思维新模式[M].北京：机械工业出版社，2019.

[3] 刘炜光.企业设备技术创新[M].北京：中国石化出版社，2018.

智能装备技术在酸轧机组中的创新实践

汤 伟 李家富 王 洪 郑世林 张永文 张 波

(攀钢集团西昌钢钒有限公司,四川 西昌 615000)

摘要： 本研究以攀钢集团西昌钢钒有限公司板材厂酸轧机组设备为基础，在现有的设备控制平台基础上，通过对全线设备逻辑程序进行优化，以二级模型功能研究等自主管理创新为抓手，实现在钢铁冷轧行业酸轧生产线上的设备功能无缝衔接，提升酸轧机组"智造"水平，助力科技强国的高质量发展理念。

关键词： 酸轧机组；程序优化；智能装备；全自动生产

当前数字化智能化转型已成为众多制造业企业发展的时代趋势，提升板材工序酸轧机组的产品质量与效率迫在眉睫。目前，钢铁行业酸轧工序人工干预较多，致使产品质量和效率较为波动。通过"四化"创新，推动生产线自动化、信息化、数字化、智能化转型升级，实现上下工序的自动衔接，减少人工干预，提高酸轧工序的产品质量和生产效率，提高酸轧机组"智造"水平。

1 酸轧机组智能装备技术应用研究

1.1 智能装备技术应用目标

本文通过对现有的工艺及功能进行创新研究，以智能装备和自动功能开发作为出发点，通过开发、优化、改造等手段，完善了控制程序，创新了设备结构，减少人为干预，实现各工序的无缝衔接，提高机组"四化"水平。操作人员只需要在酸洗入口焊机位置确认完焊缝质量后执行"启动按钮"信号，就能达到酸洗入口操作、酸洗出口操作、工艺段速度给定、三个活套速度匹配、拉矫机速度和延伸率控制、轧机运行速度和参数预设等全程无须人为干预，实现"一键生产"功能，提高生产效率和产品质量。

1.2 智能装备技术应用方案

1.2.1 酸轧工序入口段实现"一键生产"功能

本研究完善了酸洗入口全自动一键放料功能：包括步进梁二次对中功能、开卷机宽度对中功能、焊机二级模型数据优化、活套套量自动动态速度调节功能等技术管理问题，实现了入口段操作工在焊接完成后，只要按"启动按钮"后，入口段所有功能即可全自动执行，达到了"一键生产"的目的，缩短了各工序间的衔接时间，减少了人工操作环节。

（1）开发步进梁二次对中功能。通过传感器检测数据，判断对中后的钢卷精度是否满足要求，如不满足对中精度要求，系统触发报警，根据数据化检测结果自动执行二次对中程序，无须操作工现场测量、手动调整，实现全自动对中功能，如图1所示。

（2）优化开卷机宽度对中功能。通过在开卷机卷筒入口侧新增钢卷宽度检测装置，在入口 1#、2# 钢卷车上卷过程中，检测出钢卷宽度数据，通过新开发的程序算法（$L'=L_1/2+L_2+L_3/2$），提前对 1#、2# 钢卷车目标位置进行计算，在生产不同宽度的钢卷时，钢卷车可智能判定移动到不同的目标位置，避免操作工手动调整、纠偏，让整个工序的衔接更加流畅，减少了操作人员的工作压力。

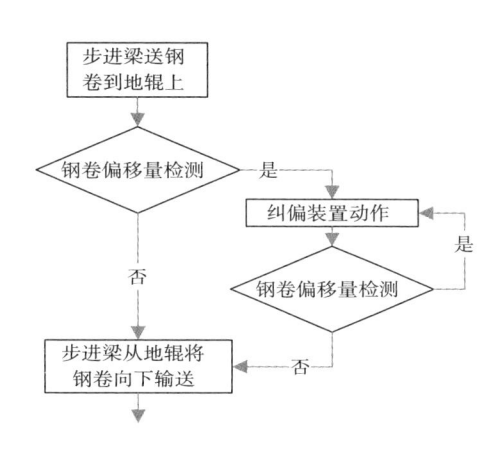

图1 步进梁对中功能算法

（3）优化焊机二级模型数据。通过对焊缝质量不稳定的钢种线下用样板反复焊接测试，以杯凸、折弯手段检验，针对不同钢种总结出一套最优的焊接参数，对现有的二级模型参数进行优化、固化，实现焊接过程中自动调用焊机模型表中的焊接参数，避免操作工手动干预。

（4）开发活套套量自动动态速度调节。以酸洗段均匀运行速度为前提，将 1#、2#、3# 活套运行速度和套量作为计算依据，构建出 1#、2#、3# 活套套量自动动态速度调节数学模型，确保酸洗质量的稳定，如图 2 所示。本功能投用后，酸洗段三个活套的运行速度根据模型可自动匹配，机组 3 个操作室内无须操作工手动升速、降速。

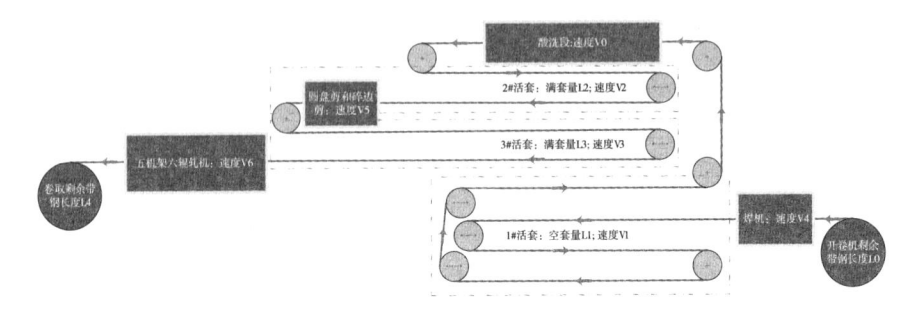

图 2　活套套量自动动态速度调节数模型示意图

由图 2 原理图，构建数学模型为：

$$1^{\#}活套速度\ V_4 = 4V_1 = L_0V_0 / (L_0 - L_1) \tag{1}$$

$$2^{\#}活套速度\ V_2 = (V_5 - L_2^2 / (V_5 - V_0)) / 2 \tag{2}$$

$$3^{\#}活套速度\ V_6 = 2V_3 = V_5 \cdot L_4 / (L_4 - L_3) \tag{3}$$

经过入口段的技术攻关，入口操作室操作工不需要手动去操作相应设备，不但降低了操作工操作负荷，同时实现了自动化控制要求，也使入口段运行状态得到了较大改善，"一键生产"功能得到了实现，入口段故障停机次数、减速、单线等明显减少。

1.2.2　酸轧工序中央段实现"全自动生产"功能

通过研究完善了中央段全自动生产功能：包括新增酸洗模型及自动升降速功能、酸洗段速度自动控制功能、开发浅挖边功能等技术管理问题，实现了中央段拉矫、酸洗、切边等工序"全自动"投用，同时实现中央段速度数字化、智能化给定，达到中央段"全自动生产"转型升级的目的，实施情况如下所述。

（1）新增酸洗模型及自动升降速功能，实现生产标准化。对酸洗段 L_1 跟踪及速度控制功能进行优化，实现带头尾经过酸洗槽时自动降速及升速的功能，解决了各班组带头尾酸洗速度控制的不一致性、达到生产标准化。通过数据收集，分析总结出不同规格带钢可满足的最大酸洗速度，并将其在模型中进行优化，针对不同的强度、宽度、厚度的带钢设定不同的酸洗速度，通过模型设定后操作工无须频繁干预酸洗速度，可实现酸洗速度自动调节。对在线酸浓度测量系统的数据进行统计分析，优化酸浓度控制模型的函数参数，提高酸浓度检测的准确性，保证3个酸槽浓度控制的精度，避免由于酸值原因产生带钢酸洗质量问题。

（2）改进酸洗段速度自动控制功能，实现自动升速。针对活套控制功能新增工艺段速度自动控制功能，根据1#活套车的不同位置和焊机焊接完成情况，进行判断控制工艺段自动升速，达到最大速度，无须操作工手动按升速按钮，提升了生产效率。

（3）开发浅挖边功能，减少轧机断带。当焊缝前后宽度规格过渡较大时，焊缝位置在圆盘剪前需挖边，但由于目前挖边深度较深，当该深挖边经过轧机时为避免挖边位置断带或者伤辊，操作工人工降速及手动打开辊缝，慢速通过。

经过中央段技术攻关，中央段运行状态得到了较大改善，"全自动生产"功能得到了实现，设备非计划停机次数有效降低，生产质量及效率稳步提高，详见表1所示。

表1 酸轧机组中央段运行情况统计表

酸轧机组中央段运行指标	2020年				2021年				比较
	7月	8月	9月	平均	7月	8月	9月	平均	
故障停机次数（次）	3	2	5	3	1	1	0	1	-3
故障停机时间（分钟）	130	40	138	103	44	76	0	40	-63

1.2.3 酸轧工序轧机段实现"全自动生产"功能

本研究完善了轧机段全自动生产功能：包括表面质量检测系统与轧机控制系统互联、轧机加减速过程中的厚度控制功能优化、新增贴标签机器人等技术管理问题，实现了轧机段质量判定、精确控制带钢厚度、运行升降速、钢卷贴标签等功能"全自动"投用，操作人员无须干预，达到"全自动生产"的目的，实施情况如下所述。

（1）表面质量检测系统与轧机控制系统互联，降低了轧机断带次数。通过软硬件优化，提取表检仪缺陷信号，并将缺陷信号引入机组控制系统，根据缺陷类型，系统自动触发相应的控制程序，精确控制轧机段生产速度，避免轧机高速断带和断带次数；同时触发声光报警灯，及时提醒操作工采取对策。

（2）优化轧机加减速过程中的厚度控制，避免带钢厚度不均现象。通过优化各机架AGC的控制程序、激光测速仪参数、传动参数，保证激光测速仪数据与传动系统速度的匹配，提高了秒流量控制精度，有效避免了出口带钢减薄现象。

（3）开发轧机自动升速功能，提高生产效率和产品质量。通过优化轧机速度控制功能和时序，增加轧机飞剪剪切后根据不同带钢厚度自动升速功能，根据带钢厚度等参数，实现飞剪剪切后转鼓角度、升速时间点、速度、升速斜率的匹配，从而实现自动升速功能，避免升速太快产生大卷径而报警停机，提高生产效率和产品质量。

2 实施效果

通过不断优化智能装备创新技术的管理研究，提高了酸轧工序自动化、信息化、数字化、智能化水平，解决了操作负荷大、操作标准不一的问题，夯实了酸轧机组智能装备技术创新建设基础，实现了酸轧机组智能、高效、优质、稳定运行的目的，实施效果明显，产品质量及产量得到了有效提高，详见表2所示。

表2 酸轧机组生产运行统计数据

项目	2020年 7月	8月	9月	平均	目标值	2021年 7月	8月	9月	平均	比较
生产产量（t）	113715	146254	156243	138737	≥16000	160292	180656	176230	172393	33655
小时产量（t/h）	267.28	279.43	271.75	272.82	≥280	287.30	293.09	297.88	292.76	19.94
一次兑现率（%）	99.06	97.27	98.48	98.27	≥98.50	98.83	98.70	99.39	98.97	0.70
故障时间（h/m）	5.63	0.00	7.57	4.40	≤5	1.68	4.78	0.70	2.39	-2.01

船舶系统智能仿真设计研究

王 冠 郭 育 卫 宁

(中国船舶集团有限公司船舶系统工程院，北京 100094)

摘要：船舶系统需要在复杂环境下进行快速稳定的仿真，并具备应对非预期状态的能力。考虑到船舶系统所处环境具有多样性、复杂性、高动态性和不确定性的特点，如何在算力有限的情况下，对环境和态势进行准确仿真是亟待解决的关键问题。利用强化学习平台进行船舶系统智能仿真是很好的解决方案。强化学习通过与环境的自主交互过程来学习仿真策略，使得仿真策略的长期累积奖励值最大，本研究通过强化学习平台和仿真平台的对接来进行仿真模型搭建和智能体训练，并通过对智能体输出策略的控制来实现。船舶系统智能仿真是未来的发展趋势。

关键词：船舶系统；智能；仿真；设计

随着智能时代的到来，船舶系统智能仿真设计逐渐成为船舶行业的关注重点。强化学习是解决智能仿真设计问题的途径之一，适用于船舶系统复杂任务、集群任务和交互式任务的智能仿真。在实际应用时，由于船舶系统的任务环境存在部分可观测性以及可能存在对抗行为，因此仿真时所依赖的环境是不确定且动态变化的。综合考虑任务的不确定性与突发性，克服环境不确定性与动态性所带来的影响，作出整体效果最优的仿真结果，是船舶系统智能仿真设计的目标。

1 强化学习的特点

随着人工智能、仿生、机器学习等颠覆性前沿科技的发展，催生了仿真设计的革命性变革。强化学习任务通常用马尔可夫决策过程来描述。强化学习的基本思想是通过最大化智能体从环境中获得的累计奖赏值，以学习得到完成目标的最优策略。因此强化学习方法更加侧重于学习解决问题的策略。强化学习的特点有：无监督学习、奖赏的反馈有延迟、智能体选择的动作会影响之后接收的数据等。强化学习必须在利用和探索之间进行折中，即在已知的信息下进行最优策略选择和新路径探索之间的折中，使智能体能够与其所处的环境进行交互，根据环境反馈学习最佳行为，并通过反复实验不断改进。总之，强化学习赋予智能体自监督学习能力，使智能体能够自主地与环境交互，在试错中不断进步。

2 强化学习在船舶系统智能仿真中的应用

强化学习在船舶系统智能仿真中应用的具体流程见图1。

2.1 定义状态空间和动作空间

定义状态空间的实质是定义仿真系统可处的状态，定义动作空间的实质是定义智能体可执行的动作。首先，将船舶系统中需要仿真的具体业务问题封装成一个环境类，环境类是要解决的业务问题与强化学习平台之间的接口，其基类为单智能体环境和多智能体环境。强化学习平台通过环境类获取该业务问题的相关信息，控制该业务问题中的智能体与环境进行交互，并产生反馈。将该业务问题封装成一个环境基类的派生类后，强化学习平台获得所有智能体在当前时间点意图执行的动作，并令环境处理这些动作，产生交互，将智能体所处的新状态表示为转移函数，将智能体获得的奖励表示为奖励函数。然后，定义环境中智能体的观测空间状态（例如离散型空间、连续型空间、混合型空间）和动作空间状态。有时船舶系统在仿真时不能完整并准确地观测到自身所处状态，则仿真问题从完全可观测问题转化为部分可观测问题，此时需要定义观测空间。

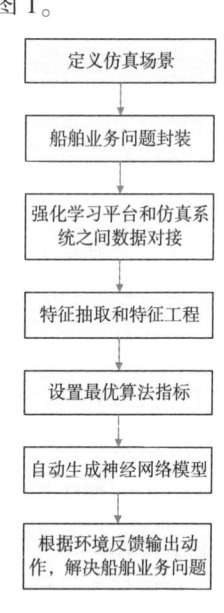

图1 船舶系统智能仿真设计

2.2 定义转移函数

定义转移函数的实质是定义仿真系统在某种状态下，执行某个动作后，进入何种新状态。仿真时给状态和动作加上代表时间的下标，新状态只由当前状态和动作所决定。仿真时强化学习平台的智能体按照一定的仿真策略与环境进行交互，根据当前状态决定下一步采取的动作，并进入新状态。仿真策略是仿真系统用来决定如何采取动作的机制,可以是确定性的,也可以是随机性的。

2.3 定义价值函数

首先,定义仿真路径,即强化学习平台的智能体与仿真环境交互过程中产生的状态-动作序列。然后,计算累积奖励,即强化学习平台的智能体在一段时间内累计的奖励总值。定义状态-价值函数的实质是定义从某种状态开始,按照一定的仿真策略与仿真环境进行交互,强化学习平台的智能体可以获得的累积奖励。定义动作-价值函数的实质是定义某种状态执行某个动作之后,按照一定的仿真策略与仿真环境进行交互,强化学习平台的智能体可以获得的累积奖励。

2.4 确定强化学习算法

首先确定仿真环境初始化方法,然后确定仿真环境与强化学习平台的智能体交互的方法。一个仿真环境可以使用不同的配置创建多个仿真场景,每个仿真场景都有最优算法以及算法对应的最优奖赏值(如果是多智能体,则为多智能体的加总),通过最优算法曲线(见图2,横轴为交互次数,纵轴为奖赏值)展示,并展示不同超参组合下的效果变化。设置最优算法指标,例如当前表现最好算法对应的奖赏值、迭代数、交互次数和收敛趋势等。收敛趋势的定义为:每 N 次模型更新为一个阶段,对每个阶段计算训练开始至今的最大奖励,计算每个阶段与前一个阶段的最大奖励增幅,如果某阶段结束后,最大奖励增幅相较前一个增幅不提升,则认为出现收敛趋势,增大 N 的取值会增大出现收敛趋势的理论最短时间。

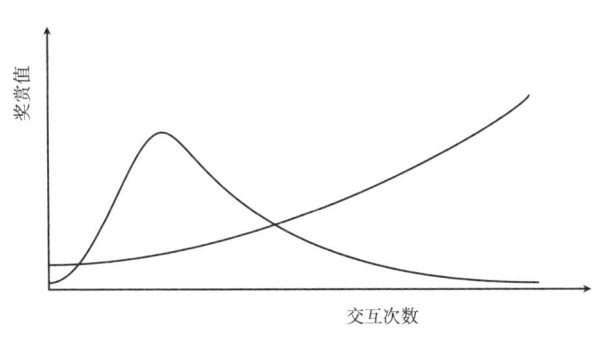

图 2 最优算法曲线示例

2.5 调参

初始化参数，设置调参参数空间，连续型参数为 list 数据类型，初始化参数在 list 范围内采样；离散型参数为 tuple 数据类型，初始化参数在 tuple 中随机采样。调参过程如图 3 所示。

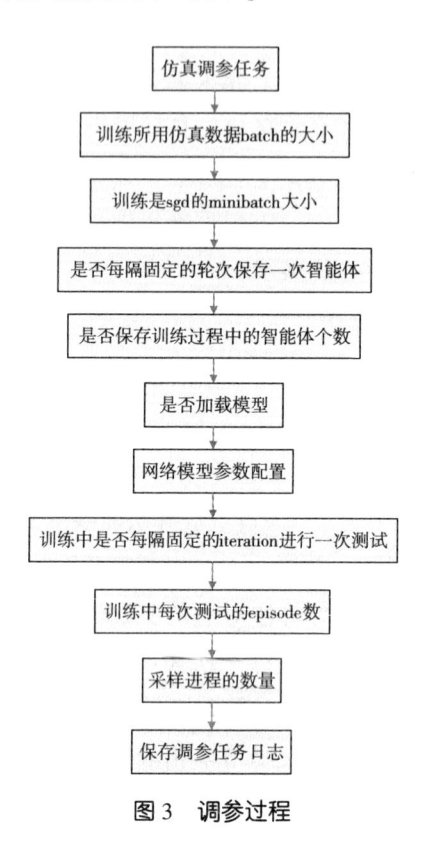

图 3　调参过程

2.6 仿真结果

收敛后将训练完成的场景发布为服务，发布服务后即可对接仿真环境给出仿真结果。仿真结果可以展示为柱状图（见图 4，离散值，横轴为不同动作及其取值，纵轴为不同动作及其取值执行的胜率）或折线面积图（见图 5，连续值，横轴为单个动作所有取值，纵轴为所有取值对应的概率分布）。通过强化学习平台和仿真系统之间的数据对接，将仿真系统中的实时态势转化成智能体的观测，并将智能体的动作转化成仿真系统的指令。根据仿真环境，选择适用的算法，自动生成神经网络模型。根据智能体训练的需要，进行规则设定，将设定好的规则在强化学习适配器中进行编程实现，并融入强化学习平台智能体训练。最后将训练好的智能体导出到真实环境。

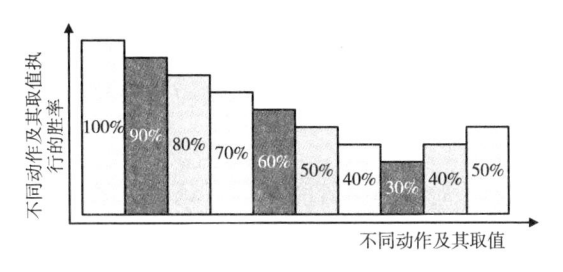

图 4　仿真结果柱状图示例

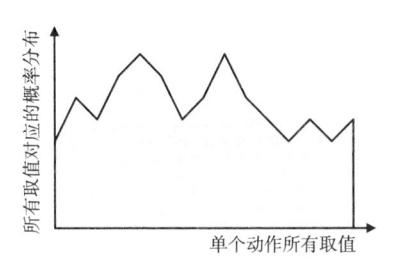

图 5　仿真结果折线面积图示例

3　结语

　　强化学习是机器学习领域的重要分支，也是人工智能领域的一个研究热点。强化学习是船舶系统智能仿真对复杂及不确定环境具备良好适应性的有效手段，也是智能仿真设计的核心技术之一。强化学习的实质是智能体从环境到动作映射的学习，以使奖励函数值最大。强化学习算法通过与所处环境不断进行自主交互来得到策略，将强化学习的决策能力与智能体的感知能力相结合，通过端对端的学习方式，实现从仿真数据输入到输出的直接控制。目前虽然应用强化学习已经取得实质性突破，但是强化学习通过与环境交互习得任务的决策策略，具有自学习和在线学习的特点，这种交互试错机制导致算法的运行效率比较低，收敛速度比较慢，因此调参过程非常重要。由于没有明确的监督信号，强化学习的学习速度比较慢，尤其是在许多需要感知高维度输入数据的船舶系统仿真任务中，智能体在与环境交互时只能通过反复试验并依靠奖励信号来调整动作，选择最优算法。强化学习的这种特性必然会使智能体的学习时间增长，如何提高强化学习的速度是一个重要问题，需要通过应用分层强化学习、分形强化学习、多智能体强化学习、多任务迁移强化学习、基于推理的强化学习等定性强化学习来改善。未来强化学习技术将在船舶系统智能仿真设计中发挥不可替代的作用。

船舶系统智能仿真设计通过创建强化学习场景，采用特定的训练方法学习模型参数，可以提高船舶系统仿真设计的智能化水平。该项研究已经成功应用于十多个船舶型号的设计中，为船舶智能设计实施单位节约了7000多万元的成本投入。

参考文献

[1] 刘全，翟建伟，章宗长，等. 深度强化学习综述 [J]. 计算机学报 (1), 2018: 1-27.

[2] 万里鹏，兰旭光，张翰博，等. 深度强化学习理论及其应用综述 [J]. 模式识别与人工智能，2019 (1): 67-81.

[3] 严浙平，杨泽文，王璐，等. 马尔科夫理论在无人系统中的研究现状 [J]. 中国舰船研究，2018, 13 (6): 9-18.

[4] GOODLELLOW I, BENGIO Y, COURVILLE A. Deep learning [M]. Cambrige: MIT Press, 2016.

[5] SUTTON R, BARTO A. Reinforcement learning: An introduction [M]. Cambrige: MIT Press, 2017.

基于 MTBF 的"经济备件"策略研究

严世洪 刘苏雯 隋景阳 宋 明 傅可新 张 旭

(中车大连机车车辆有限公司,辽宁 大连 116021)

摘要:本研究基于可靠性 MTBF 数据计算备件需求量,改变了备件传统的粗放管理,将备件库存、清单等要素由经验确定,转变为基于可靠性计算与成本、库存的风险分析,降低备件成本,减少备件风险。

关键词:备件管理;可靠性;风险分析

中车大连机车车辆有限公司(简称"大连机车")是中国中车股份有限公司全资子企业,其设备规模庞大、设备类别复杂多样,为保障这些设备正常运行,需要有大量的备件储备作为支撑;而企业经营需要降低成本,减少备件资金的占用,限制了备件存储量。寻找备件和资金的平衡,将备件管理风险控制在合理范围,成为企业设备管理无法回避的难题。

1 主要做法

传统备件管理粗放,备件库存、备件清单等管理要素主要由经验确定,库存和资金矛盾难平衡,备件风险较大。公司在备件层面引入设备可靠性指标 MTBF(mean time between failure,平均无故障工作时间)、MTTR(mean time to repair,平均修复时间),将可靠性风险控制的思想、方法落实到备件管理中,将备件风险控制在合理范围。在设备运行维护中,不断积累完善修理备件的更换信息,运用表单工具、统计分析方法研究设备故障及备件更换规律,以 MTBF 数据分析备件需求、确定备件库存,实现风险可控的经济备件策略(见图 1)。

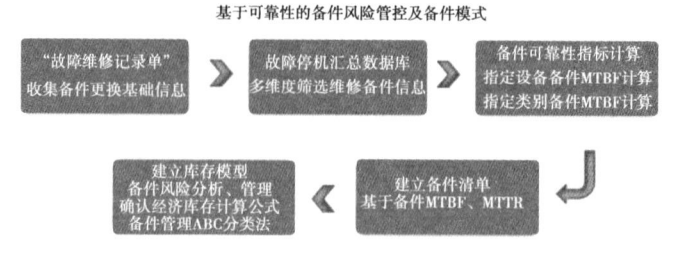

图 1　基于可靠性（MTBF）的"经济备件"策略

1.1 基于备件可靠性，分析风险、计算备件经济库存量

1.1.1 获取备件数据、计算可靠性指标

（1）从设备故障维修中，采集备件换件信息。在每次设备维修后，详细记录修理内容及更换备件信息、进行故障分析，以此作为备件可靠性数据统计的基础信息。

（2）进行设备故障停机汇总，建立多维度数据库统计、分析故障换件信息。故障维修记录单据在"故障停机汇总表"中进行整理，利用汇总表可方便地筛选设备故障数据、备件换件信息，用以分析、统计可靠性指标（见图2、图3）。

图 2　故障停机汇总表（按设备筛选）　　图 3　故障停机汇总表（按备件筛选）

1.1.2 故障分析及数据处理，基于 MTBF 建立备件清单

（1）对指定设备备件、指定类别备件，从故障停机汇总数据库筛选换件信息，计算可靠性 MTBF、MTTR 指标，为后续备件清单建立、风险分析、备件库存量计算提供数据支撑（见图4）。

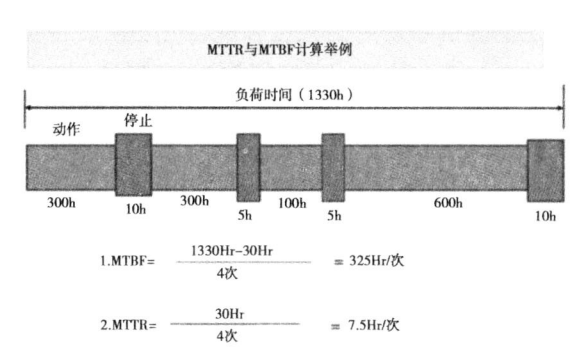

图4 MBTF 与 MTTR 指标计算

例如，以设备为关注单元，从设备维度筛选出指定设备的备件故障换件信息为：备件在1330小时负荷时间里，分别出现4次故障，故障处理时间分别为10小时、10小时、5小时、10小时，其 MTBF 为325小时，MTTR 为7.5小时

（2）基于 MTBF 建立备件清单。根据设备故障换件数据，整理备件信息、计算可靠性指标 MTBF 和 MTTR，以此为基础建立备件清单，识别备件的关键信息（见图5）。

序号	备件名称	型号/规格	适用类型	单位	库存管理 额定	库存管理 最小	库存管理 最大	供应渠道	换件周期	库房
1	溢流阀	24D0-B10H-T-R	1250吨油压机	个	1	1	5	物资部	1年	备件库
2	电磁换向阀	34DY-B10H-T	100吨油压机	个	1	1	5	物资部	6月	备件库
3	齿轮	210*45	刨边机	个	2	1	5	物资部	1年	备件库
4	电控换向阀	K25JD-8	蒙皮预拉伸胎	个	1	1	5	物资部	6月	备件库
5	单向节流阀	L2-25	蒙皮预拉伸胎	个	1	1	5	物资部	6月	备件库
6	换向阀	22D-25B	100吨油压机	个	3	1	5	物资部	6月	备件库
7	换向阀	22D-25BH	100吨油压机	个	1	1	5	物资部	6月	备件库
8	电磁溢流阀	Y1EH-F100	蒙皮预拉伸胎	个	1	1	5	物资部	6月	备件库
9	接触器	PT403011(500A)	电焊机（松下）	个	1	1	1	物资部	1月	备件库
10	接触器	PT323010(350A)	电焊机（松下）	个	1	1	1	物资部	1月	备件库
11	吊车触点（凸轮）	KT10-60A	桥式起重机通用	个	50	1	50	物资部	2月	备件库
12	行程开关	L×10-32	桥式起重机通用	个	1	1	5	物资部	1月	备件库
13	钢带	0.6×25	数控火焰切割机	米	50	10	50	物资部	3月	备件库
14	钢带	0.3×50	数控火焰切割机	米	50	10	50	物资部	3月	备件库
15	电动减速机	XLD-5	蒙皮拉伸胎	台	1	1	5	物资部	6月	备件库
16	丝杠	0.6×28	蒙皮拉伸胎	根	4	1	5	物资部	6月	备件库
17	丝母	0.6×29	蒙皮拉伸胎	个	1	1	5	物资部	6月	备件库
18	带槽压轮轮	1.6mm	IGM焊接机器人	个	3	1	5	物资部	6月	备件库
19	锁紧螺母		IGM焊接机器人	个	5	1	5	物资部	6月	备件库
20	焊机气阀		IGM焊接机器人	个	5	1	5	物资部	6月	备件库

图5 备件清单

1.1.3 基于可靠性，实施备件风险管控

（1）备件三大维度风险管理。在企业设备管理中，保障设备运行的可

靠性需要备件作为必要的物质基础，在客观物质层面设备维修风险识别主要为备件风险，备件风险管理主要分为设备可靠性维度风险管理、备件库存量维度风险管理、备件资金占用风险管理（见图6）。

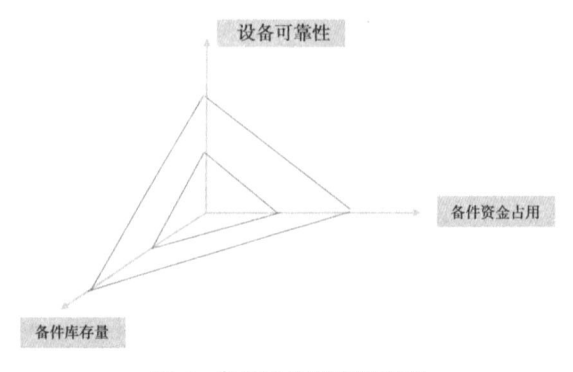

图6　备件风险管理识别图

从图6中可以看出，设备可靠性风险是由备件库存量支撑，同时备件库存量增大，势必造成备件资金占用高，增大了企业资金管理风险。反之，降低备件资金占用，就降低了备件的库存量，同时降低了设备的可靠性，提高了设备故障停机的风险。换言之，备件资金、可靠性、库存量间相互制衡，合理控制备件库存是平衡资金占用与设备可靠性的唯一手段。

（2）备件库存量模型的建立与分析。设备在生产线中运行，某一零件损坏而此零件的备件出现库存空缺时，设备将停止运转，导致设备的有效稼动率降低，而造成停产损失，因此备件（特别是重点设备的关键备件）一般情况下是不允许空缺的，此时的值定义为最小备件量。正常而言，在一定范围内，随着备件数量的提升，设备可靠性等比例增长，但因为实际生产中设备故障不会无限发生，当备件库存量超过一定范围后，随着备件库存量增长，设备可靠性将逐渐趋于稳定，此时的值定义为最大库存量。备件库存超过最大库存量后，即为呆滞库存，其所需的备件资金占用即为呆滞资金。如图7所示。

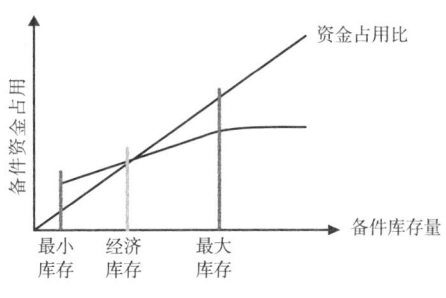

图 7　备件库存模型图

（3）备件库存模型分析。根据库存模型分析，整理经济库存量计算公式如下：

$$Q = \sqrt{2KD/K_c}$$

其中，Q：经济库存量。

K：备件采购成本。

D：备件需求量。

K_c：存储成本。

对备件需求量 D 进行统计，引入可靠性指标 MTBF 后积极性备件库存表达为：

$$Q' = K\sqrt{2tf/x}$$

其中，K：采购资金、储存成本相关的常数。

t：计划工作时间，与计划采购周期相关。

f：系数，取 1.5~3，与生产频率相关。

X：MTBF，可靠性指标。

经济公式淡化了设备人员不可控的采购资金、存储成本等要素，增加了 MTBF 和生产频率 f，以数据统计方法确定备件需求量及采购量。

1.1.4　将 ABC 管理法用于备件管理

通过对备件的品种、资金占用量、重要程度、消耗频率等因素的统计、分析、确定管理的重点对象和一般对象，分别采取不同的管理对策，以取得较高的经济效果。根据设备的重点程度，人为地将设备分类、排序，A 类是指金额大、数量少、对生产影响较大的设备，比重次之的为 B

类设备，低值设备为 C 类（如表 1 所示）。

表 1　ABC 分类管理

项　目	A 类	B 类	C 类
控制程度	严格控制	适当控制	略加控制
库存量控制	详细计算优化	参照以往记录	根据经验确定
备件检查	经常检查	定期检查	定期抽查
安全库存量	较多	稍低	尽量低

结合经济库存量计算公式，制定 A 类设备备件库存量，同时降低 B、C 类设备备件库存量，B、C 类设备备件以现有备件库存量为基础，逐渐消耗，并结合以往故障修理经验，逐步降低。

2　结语

基于可靠性 MTBF 数据支撑经济备件，促进了设备可靠性的提升，公司年度设备平均无故障时间（MTBF）延长 108 小时；平均维护时间（MTTR）缩减 1.3 小时，重点设备完好率达到 97.1%（比目标提升 2.1 个百分点）；故障停机率达到 0.78%（比目标降低 1.22 个百分点）；同时，运用 ABC 管理方法，根据设备重要性采取不同的备件管理对策，进一步减少了企业资金占用，节约了备件采购、管理成本，为企业降本增效、高质量发展提供了保障。

浅谈企业设备搬迁的管理创新与提升

蔡 宏 严世洪 程 琦 曲荣斌 倪忠强 程 航

(中车大连机车车辆有限公司，辽宁 大连 116021)

摘要：中车大连机车车辆有限公司经过百年发展，拥有的设备数量多、种类杂，给企业搬迁带来挑战。本公司设备搬迁管理和执行中，资产管理系统员工发挥创新驱动力，多措并举，在服务商筛选、搬迁安排、方案制定、环境保护等方面践行改善与创新，以高质量设备搬迁管理，为企业生产经营提供基础设施的支撑和服务。

关键词：多措并举；设备搬迁；绿色搬迁

随着社会经济的高速发展，各行业企业生产规模不断壮大。生产规模扩大的过程中，企业管理者面临着原有设备搬迁、资产管理等难题，其中涉及部门多、流程复杂，需要各部门协同合作有序推进，在保证设备安置安全的基础上，减少不必要的损失，全力保障、助力企业生产的稳定发展。

1 搬迁需求

旅顺新厂区是公司重点建设项目，涉及搬迁任务繁重，需要搬迁的设备数量大、任务重，其中已完成的一期板块（城铁分厂）、二期板块（柴油机公司、机械装备分厂）搬迁就涉及了千余台设备，仅专业搬迁设备就有数百台。在老厂区，还有 8 个设备使用单位面临搬迁，将有 3000 余台设备需要进行搬迁或处置。要完成这么大数量、这么多单位的设备搬迁，需要方方面面的合理分工和相互协作。公司要求搬迁的同时生产不停产，故还需要解决搬迁与生产的冲突，做到搬迁、生产两条线不耽误。这需要我们不仅在技术层面把握设备搬迁方案，还需要与搬迁单位、生产部等单位在项目管理上综合平衡,在设备搬迁中践行管理和技术创新,以高质量的设备搬迁,为企业生产经营提供有力的支撑和服务。

2 保障措施

设备搬迁工作是一项系统的工程,公司经过百年发展,拥有的设备数量多、种类杂,搬迁工作面临挑战,特别是公司大量的数控及进口设备机械化程度高、精度高、复杂系数高(机械、电气复杂),工程难度相对较大。为了有效开展工作,顺利完成设备专业搬迁项目,资产管理部门在公司统筹安排下充分调动各部室、生产单位设备管理和技术人员(将部门和分公司的主管领导、设备工程师、管理人员、维修电工、钳工、操作者等骨干都发动起来,与战略投资部、武保部等业务单位密切联系),合理组织、周密安排、多措并举,确保各项搬迁工程有序推进,新区设备工作取得了阶段成果。主要技巧与措施包括以下几个方面。

2.1 推行项目负责人制

引入项目管理模式,在搬迁执行中推行搬迁项目负责制,将每个涉及搬迁的单位作为一个搬迁项目,落实一个分管责任人。从前期设备情况摸底、搬迁方式确定、技术交流、招标技术文件编制,到后续搬迁施工组织的拆卸、运输、安装、调试、验收,项目负责人全程管控和服务,确保搬迁工作按照公司时间节点、内容,保质保量完成。

2.2 筛选优秀服务商

公司有大量高精尖设备(数控、引进、大型设备等)且不具备自主搬迁能力,必须引入专业的设备资源为企业提供服务。在搬迁的筹划过程中,资产管理部积极开展设备资源调查,一方面与设备原生产厂家联系,进一步了解设备技术参数和经济指标等相关信息,了解其是否有参与搬迁意愿;另一方面,了解设备市场信息,发掘有技术、有资质的设备厂商,选择信誉好、能力强的厂家进行接洽。同时,筛选以往有成功合作案例、能力强的单位,确认其参与搬迁意愿。对有参与意愿的厂商,要求其到公司进行设备现场了解并提出合理的搬迁方案,方可参与搬迁。

在最初的一期城轨板块搬迁启动过程中,搬迁工作遇到不少问题,加工城铁产品的一些进口、大型、精密设备机械化程度高、精度高、专业性强，原来设想请原生产厂家参与搬迁，经过交流后，发现方案工期长、费用高，资产管理部门接手这项工作后，集思广益，把目光放到国内寻找有资质、有实力、有经验的专业厂家，通过交流筛选，最终经过公开招标的形式选定厂家，确保按照规定的时间节点，保质保量地完成城铁板块的全部设备搬迁任务。

2.3 搬迁方案接地气

搬迁方案的好坏决定着设备搬迁的最终效果，资产管理部组织部门和生产单位的设备工程师反复深入现场调查，将设备运行状态、技术参数摸查清楚，制定合理、有效、接地气的搬迁方案。

每次搬迁技术方案的编制和敲定，资产管理部门与生产单位管理和技术人员既有密切配合，又有合理分工，分厂（分公司）技术人员从设备重要性、技术状态、生产安排等方面重点考虑，制定初步方案；资产管理部技术人员从设备技术参数、项目工期和费用等方面重点考虑，对初步方案进行优化，确定最终方案。从开始的城铁分厂搬迁到后续的柴油机公司、机械装备分厂搬迁，大家群策群力编制了数百份技术方案，保障了设备搬迁的顺利进行。

2.4 合理安排，分批次搬迁设备

旅顺项目涉及了大规模的设备搬迁，一期城铁板块、二期柴油机搬迁过程中，仅专业搬迁设备就有数百台/套，为了使搬迁有序进行，设备搬迁分阶段、分批次进行，将生产影响降到最低。搬迁计划制订及施工安排，充分考虑生产任务及设备重要性：如在柴油机分厂的搬迁设备中，很多数控机床、加工中心都承担着关键工序的生产任务，我们采用见缝插针、快速出击的搬迁方针，在设备生产任务少的空档抓紧搬迁，减少生产损失；重要设备优先安排，让新厂区及时形成生产能力。

2.5 提前做好现场准备

按项目计划招标后，资产管理部组织协调服务商、设备使用单位，一起沟通确定具体搬迁措施。服务商随时做好准备，保证搬迁的技术力量、物资到位，接到通知立即投入搬迁施工；生产单位进行预生产，提前安排

好产品加工，满足正常生产需求，减少对生产进度的影响；有地基的设备，资产管理部提前安排基建施工，完成设备地基准备。

2.6 做好搬迁质量控制

资产管理部门对设备搬迁项目各阶段的施工质量进行全过程管理和监督。从设备搬迁方案制定到搬迁施工时的测绘、拆卸、打包、运输、安装、调试、验收等一系列工作，指定专业人员跟踪管理，全程监督管控搬迁施工的进度、质量，确保所有设备按技术要求进行搬迁。

在老厂区，设备搬迁前资产管理部组织服务商、使用单位技术人员及操作者全面检查设备整体状态，进行动态、静态检测，对机床机械、电气、液压等各个系统预检测绘，保留检查记录，必要时拍照或录像。检查作出详细的记录，并交双方现场代表签字，作为后续安装依据。在旅顺新厂区，指定专业人员协调安排搬迁事务，进行设备安装调试的跟踪和监督，保证设备搬迁施工的进度和质量。

2.7 减少环境污染，绿色搬迁

设备是由机械、电气、液压等组成的复合体，设备搬迁过程中难免会有油品、面漆、电子元件废弃物等各种污染。为了加强环境保护，我们安排好对搬迁垃圾、费油处理，减少作业环境污染；要求服务商对喷漆环节安排专门场地，避免油漆污染。确保搬迁施工从测绘、拆卸、打包、运输到安装、调试、验收等各环节现场无污染、无垃圾残留，做到绿色搬迁（见图1）。

图1 绿色搬迁施工后的现场（机械装备分厂老厂房）

3 实施效果

3.1 取得了显著效益

企业搬迁是被广泛验证的"烧钱"项目，公司百年积攒的家当搬迁更需要巨额的资金预算，搬迁工作是挑战也是机遇。面对设备数量大、技术难、资金紧等搬迁困难，设备系统员工发挥不怕困难、敢打硬战的作风，经受住了困难的考验并创造了可观效益。如在一期城铁项目搬迁过程中，城铁分厂引进的数台大型、精密的焊接机器人，其因为机械化程度高、精度高、专业性强，想请原生产厂家参与搬迁，但深入交流后发现搬迁所需的工期、费用较大超出了我们的预期。通过兄弟单位的经验分享和市场调查，把目光放到国内设备资源市场寻找专业化搬迁服务商，通过交流筛选，最终经过公开招标的形式选定厂家，按照项目要求保质保量地完成了一期项目的设备搬迁任务，为城铁现在的大规模生产打下了基础。同时，将原厂家搬迁方案所需的近3000万元费用，压缩到了600多万元，对比资金节约2200余万元。

二期柴油机板块搬迁过程中，资产管理部门总结一期先进经验，通过采取市场调查、服务商资质筛选、公开招标等多种综合手段，确保了设备搬迁的施工质量，也为公司生产经营节约了大量的时间和资金。例如，搬迁柴油机第一批次47台设备时我们引进了大量专业厂家，并通过交流层层筛选，最后选择了30多家有资质、有实力、有经验的专业厂家，采用了公开招标的形式，将中标国际向我们提供的20多家专业厂家邀请到我公司参与竞标，47台设备分10标段，最终有5家企业中标。在本次招标工作中，原计划费用680万元，通过招标实际费用390万元，为公司节约资金290万元。

3.2 实现了设备状态的显著改善

以往，由于生产需求、技术水平等因素制约，很难有时间和机会对设备进行大范围的调整和维护。在设备搬迁执行时，我们对各台设备都进行了较全面的了解和调查，根据设备的技术参数、生产重要程度等因素，对每台设备分别制定针对性技术方案。状态太差的设备，投入资金在搬迁的同时进行大修或局修，将设备恢复到应有的精度和加工能力。状态好的设备，搬迁时做一些必要的保养，如清理铁屑、油泥，进行必要的润滑，在一定程度上让设备性能也有了较明显的恢复和改善。

3.3 培养了人才队伍

面对设备搬迁的繁杂任务和困难，资产管理系统将其视作锻炼培养人才队伍的机遇，让旅顺新区设备搬迁成为我们的练兵场。设备人员参与搬迁各环节；资产管理部门指定工程师进行跟踪和服务，深入搬迁施工从测绘、拆卸、打包、运输，到安装、调试、验收等环节现场；生产单位的管理技术人员、操作人员、维修人员也密切配合，协助施工队伍共同为设备搬迁做努力。在搬迁中，我们进一步了解了设备的结构，熟悉了搬迁工作流程，丰富了大家的知识和眼界，人员从管理能力、技术能力上都有较大收获，人才队伍的能力明显进步。

4 结语

企业搬迁需要借鉴以往的经验和教训，不断进行总结、改善、创新，强化公司设备资产的服务和保障能力。以优质的设备管理和搬迁工作创新，保质保量完成各阶段新基地的建设和搬迁任务，为公司战略优化和高质量发展打下良好的基础。

食用植物油加工蒸汽余热回收利用研究

吕孔宾　衣雪冬　牟海涛　王永浩

（山东鲁花集团有限公司，山东 莱阳 265200）

摘要：食用植物油加工过程中榨油车间耗热量约占整个生产过程中全部耗热量的一半，而其中大部分热量却以蒸锅乏汽形式排放，未进行有效的综合利用，因此对此部分热能进行回收利用就显得尤为重要。经山东鲁花集团有限公司自主研发、设计的回收系统，最终实现了对此部分热能的部分回收和利用，目前已在多家生产工厂进行推广实施，节能、减排、降耗效果显著。每年按生产 200 天计算，创造的经济效益为 600 余万元，减少碳排放 2400 吨，全国压榨体量在千万吨。

关键词：食用植物油加工；蒸锅乏汽；余热回收

压榨车间花生油加工流程主要包含以下环节：筛选、计量、破碎、轧胚、蒸炒、压榨、过滤等，其中的蒸胚工序需要用到直接蒸汽，其目的主要是为了破坏油料的细胞结构，使蛋白质变性，磷脂吸水膨胀，达到入榨条件，提高出油率，降低油脂中的磷脂含量，提高油品品质，其作用是至关重要的，对于目前的生产技术来说是不可替代的工序。蒸胚工序是把蒸汽直接通入到花生胚中直至满足工艺条件，在这个过程中蒸汽的消耗量是非常大的，而且都是以直接汽的形式工作的，所以蒸汽无法被循环利用。以日加工 1000t 花生原料的生产规模工厂为例，仅蒸胚工序每天就需要直接蒸汽 130t 左右，大约占整个生产过程中的蒸汽用量的一半，并且蒸胚工序中大部分热量都以蒸锅乏汽的形式排放了，排放口乏汽温度有时甚至高达 90℃ 左右，由此可见其间存在着大量的余热可供回收和利用。从目前的发展情况看，利用余热实现节能降耗是我国能源行业发展的一个重要方向和目标，也是我国目前节能降耗的重要途径之一，同时，利用余热为生活供暖、制冷等方面也都有着广阔的前景。余热利用的过程也是对能源资源的综合利用的过程，是将能源高效地转化为产品的过程。所以若是能实现对蒸锅乏汽余热的回收利用，一方面，将会给企业带来可观的经济效益，降低生产成本的同时也提高了产品的竞争力；另一方面，节能降耗减排也符合国家政策方针，能够为我国碳达峰和碳中和积极贡献一分力量。

1 存在的问题及现状分析

我国的榨油企业所生产的主要产品具有不连续、低效率、不稳定等特点，这使得榨油企业的能耗水平居高不下，造成能源资源的严重浪费。对蒸胚工序来说，最主要的能源浪费就是蒸胚乏汽的直接排放，之前的工艺未能对其中存在的余热进行有效的回收和利用。造成蒸胚乏汽不能被利用的主要因素一是乏汽所含成分复杂，其成分除了水之外还有油气、低沸点物质、花生红衣、粉尘等，而这些杂质对换热器的换热效率会产生非常大的影响；二是通过换热会产生大量的冷凝水，而这些冷凝水同样是含有大量的上述杂质，需要有针对性地做预处理，一旦预处理效果不理想就会对后续的污水处理系统产生很大的冲击负荷，严重时甚至会导致整个污水处理系统瘫痪。以上两个主要原因严重制约着乏汽热能的回收和利用。所以想要对蒸胚乏汽所含热能进行回收利用关键是攻克乏汽对换热器的污染问题和冷凝水预处理问题。

2 改进措施

换热器污染和冷凝水污染的污染物是相似或一致的，只不过污染方式不同，前者是污染物附着在换热器管束上，后者是溶解在水中或漂浮（悬浮）在水面上。通过对冷凝水水样水质进行检测后，发现其中化学需氧量非常高，含油、悬浮物也比较多，同时操作不好还会有花生红衣被蒸汽带出，等等，给余热回收带来很大的困难。

2.1 换热器优化

为了解决恶劣环境下确保换热器换热效率的问题，我们调研了大量的数据和实地考察了很多工厂和设备制作厂家，但是都未寻找到合适的方案。最终我们决定自己研究解决，通过大量的试验积累，找到了一种解决目前困境的办法。我们通过研究，配置了一种洗涤剂，这种洗涤剂可以有效地实现对换热器的清洗，这样就能够确保换热器管束的清洁，保障换热效率始终处于高效状态。为此，我们自制了一种带有冲洗装置的换热器——气水换热器，通过试验确定冲洗频率和时间，通过自动化控制很好地实现了自动化管理。攻克了这一制约因素后，接下来就要解决通过气水换热后产生的热水如何运用的问题。

目前，我们工厂主要用于除氧器用水和冬季供暖用水，具体工艺流程如图1所示。将蒸锅乏汽排放管路进行合并，使所有蒸锅乏汽的排放集中到一路，然后通过气水换热器与来自水处理软化水箱的 RO 水（reverses osmosis，反渗透水）进行换热，换热后的水一部分进入除氧器，另一部分通过水水换热器进行换热，为空调提供供暖用水换热后的废气再经过榨油车间的废气处理设施进行集中处理，满足环保要求后达标排放。在不改变锅炉控制程序、利用现有除氧水泵、不增加循环水泵的情况下，完美实现了蒸汽余热除氧及供暖的合理分配，在保证除氧器正常运行的前提下，最大限度保证供暖需求。同时，在利用余热供暖能力不足时，系统设计还具有使用蒸汽补充加热的能力，在充分利用余热的前提下保证了厂区供暖可靠性。

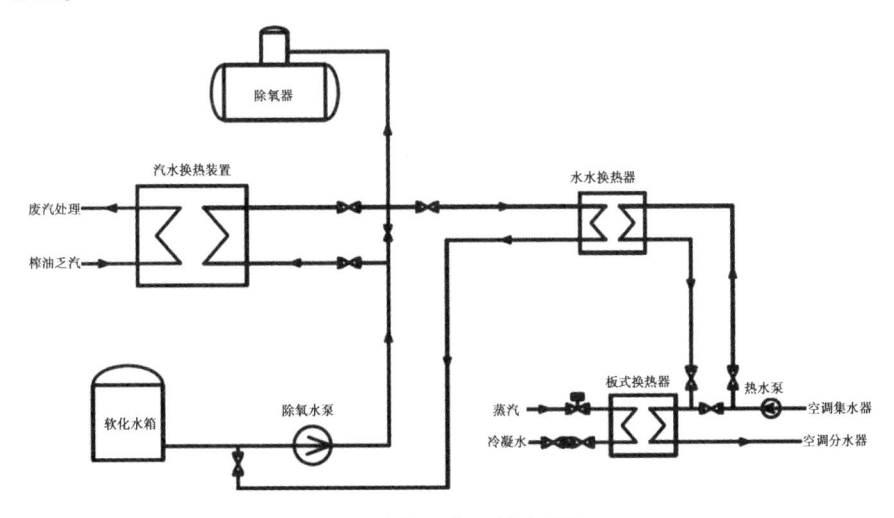

图 1　余热回收工艺流程图

设备布置情况如图2、图3所示。图2所示为日加工1000t油料的压榨工厂，榨油车间配有5台蒸锅，改造前5台蒸锅都有自己单独的拔气筒，蒸胚过程中的乏汽全部通过拔气筒排放，造成了大量余热的浪费。我们对此进行了如下改造：首先将5台蒸锅的排放筒进行合并，并在末端安装了引风机，合并后，5台蒸锅的乏汽仅通过一根主管路进行集中排放。我们在主管路的下游，楼顶主管路旁边安装了三台自行设计制造的换热器，每台换热器的换热面积为60m^2，三台共计180m^2，蒸锅乏汽通过主管路依次进入换热器，同来自锅炉房软化水罐的室温水依次进行换热，通过三级换热后，水温可由30℃提高至80℃左右，换热效果非常理想。换热后的水泵入锅炉房，供除氧器用水；冬季一部分水进入空调系统作为冬季采暖用水。换热后的废气同榨油车间其他废气一同进入废气处理设施，经过三级废气处理后，各项环保指标均满足达标排放的要求，最终达标排放。

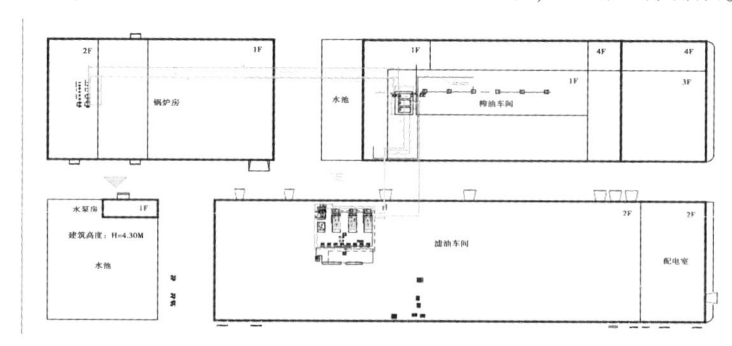

图2　余热回收平面布置图

图3　余热回收现场图

2.2 冷凝水处理优化

我们生产工厂污水处理站采用的处理工艺主要是生化，而换热产生的冷凝水水质复杂，不能满足生化系统的进水条件，若不做预处理直接排入厂区污水站，会对后续生化系统影响比较严重。为解决这一难题，我们对水样进行了大量的预处理试验，最终确定了一种相对比较可靠、运行费用低的预处理方案。冷凝水先通过隔油池，去除大部分植物油，然后再通过气浮机气浮去除悬浮物，再进入污水处理站调节池，同其他废水一并处理。

3 改进效果

3.1 运行效果

为便于量化改进后的效果，我们同样以上述工厂为例来说明。根据现场仪表显示榨油换热器供回水温度，供水温度42℃，回水温度80℃，供暖换热器出口温度46.5℃。设备运行情况良好，达到预期设计指标。

3.2 经济效益分析

根据除氧水泵流量（50m³/h）、换热器供回水温度（t），计算余热回收量（Q）：

$$Q = cm\Delta t = cm(t_1 - t_2)$$
$$= 1\text{kcal}/(\text{kg} \cdot ℃) \times 50\text{t/h} \times 1000\text{kg/t} \times (80-42)℃$$
$$= 1900000\text{kcal/h}（折蒸汽3.16\text{t/h}）$$

按吨蒸汽耗天然气76Nm³，天然气现在价格5.23元/Nm³计，可创造经济效益：3.16×24×76×5.23＝30144（元/天）。减少碳排放量：3.16×24×76×2.2＝12（吨/天）。

每年按生产200天计算，创造经济效益600余万元，减少碳排放2400吨。

4 结语

蒸汽余热利用技术具有节能、减排和可再生等突出优点，随着节能减排技术的不断发展，对能源的利用率不断提高，对余热的回收利用也同样会逐渐得到重点关注和深度挖掘。现阶段虽然对余热回收系统的能量回收技术研究还不够深入，利用条件有限，但随着未来我国节能技术的快速发展以及国家节能减排政策的逐步实施，对余热、潜热的回收利用将会得到更大更快发展。余热回收利用是一个很值得研究的课题，同时也是解决环境问题的一种有效途径，通过上述事例我们可以得出，仅1000吨加工体量的工厂每年都可减少碳排放2400吨，全国压榨体量在千万吨，这个数据是非常庞大的！今后公司会更加深入地研究余热的回收，拓展余热的用途，为进一步节能、减排、降耗作出积极贡献。

参考文献

[1] 李建辉．热管技术在锅炉余热回收中的应用［J］．节能技术，2014，32（2）174-177.

[2] 李亚莉．换热器管束接头泄漏分析与对策［J］．化工管理，2017（11）6.

[3] 张桂莲．锅炉系统节水节能改造［J］．天津冶金，2021，3（3）68-70.

[4] 杨涛，袁益超．管束结构对开缝翅片椭圆管换热器性能的影响［J］．化工学报，2018，69（4）1365-1373.

试论设备故障问题研究及维修经验库建立

吴宗明

(山东五征集团有限公司，山东 日照 262300)

摘要：设备在使用过程中会因工作环境、部件磨损老化等原因发生故障，影响生产效率及订单交付。本研究采用设备故障研究分析方法，找出设备故障真正原因，并制定预防措施，将分析的故障原因和采取的维修手段、措施形成维修经验库，降低设备故障时间，减少设备故障频次，缩短故障维修时间，提高了设备的综合利用率，科学设置备件库存，实现了效益最大化，为企业创造最大价值。

关键词：机械设备故障；故障修复时间；维护保养；能力提升

1 研究背景

1.1 设备故障频繁发生

山东五征集团有限公司设备种类繁多，涵盖起重设备、激光设备、冲压设备、加工设备、自动涂装设备、焊接设备等。设备故障频繁发生，严重影响生产效率，有些设备故障重复发生，没有找到故障的真正原因，维修措施不合适，增加维修成本，有些设备因为备件不足造成备件等待时间浪费。

1.2 设备故障维修时间长

因为故障类型多种多样，维修人员和设备操作人员维修技能不足，造成故障判断，故障排除时间较长，同样的故障有的维修人员可能经常遇到能快速排除，有的维修人员从没遇到过，排除故障时间就较长，维修时缺少可查阅的资料。

1.3 设备故障重复发生

很多重点设备都是自动化控制，设备由电器系统、液压系统、机械系统、各种传感器组成，在设备维修时如果不能研究分析出故障的真正原因，并采取相应的预防措施就会造成设备的故障重复发生。

1.4 设备缺少档案履历，维修经验难以分享

设备故障发生维修后未能详细记录故障原因、维修措施、更换配件明细等信息，造成设备档案缺失，维修过程的经验和失败教训不能分享传承，备件出现不足或过剩现象。维修标准缺失，设备维护保养指导书长时间得不到更新。

2 研究概况

2.1 梳理设备故障记录，确认研究设备明细

每月根据设备维修记录单，从故障影响效率情况停机时间、故障影响质量情况一次合格率、故障影响安全、环保情况以及故障发生频率等方面确定位列前五的故障设备，召开研讨会，组织设备操作人员、设备维保人员共同分析故障发生的原因，并制定有效的预防维护保养措施。

2.2 研究分析故障原因，形成维修经验库

研究分析设备故障形成的原因，形成设备履历表，相当于人体的健康档案，可以追溯这台设备什么时间出现过什么故障、采取了什么措施、更换了什么型号的配件等。建立维修经验库和设备履历表，随时可以查阅，为日后保养设备提供依据，方便各设备管理员与维保员相互交流分享经验。

3 实施效果

3.1 实施故障研究过程，减少故障频繁发生现象

每月收集集团公司所有设备维修记录单，从故障停机影响效率情况、故障影响质量情况、故障影响安全情况以及故障发生频率等4个方面分析研究故障发生的原因，到现场利用专用维修测量设备发现设备运行过程中

存在的故障隐患，如应用温度监测、振动分析、润滑分析、静态无损分析等状态监测与故障诊断技术，依据设备实际状态确定维保时间和内容，减少维修的盲目性，提高维修准确、有效性，解决维修过剩或维修不足问题。制订并实施设备预防保养计划，同时改变以修为主的思想，实行全员参与设备管理，实现设备维保良好、运行正常、减少故障，解决故障频繁发生的现象，更好地为生产服务。

3.2 建立维修经验库，共享维修经验

健全设备故障的分析研讨机制，建立维修经验库。在设备出现故障时，首先要做好设备故障维修记录，详细记录设备信息、维修过程的经验和失败教训、更换配件明细等。其次要评估设备维修后的性能、精度等是否符合使用要求，形成设备履历表。最后汇总为设备故障维修经验库，在公司做一个共享文档，共同分享维修经验，在后期出现设备同类故障时可以查询，缩短故障的判断、维修时间，将故障点作为变化点重点关注。根据故障发生原因更换的配件，共同研讨明确设备备件清单。备件对于消除设备安全、故障隐患，防止事故发生，保证设备安全高效运行起着重要作用。企业应实施设备预防性维护保养工作，减少故障发生，提高设备的综合利用率，根据维修经验库将备件分类，减少备件管理的繁杂工作，减少储备备件的资金，避免造成库存积压和备件过剩，还能保证设备维修的使用。

3.3 提升维修人员和设备操作人员能力

通过设备故障研究提升设备维保人员能力，以前维修人员都是凭借经验进行维修，但是现在设备的智能化、自动化程度越来越高，传统维修方式已不能适应现代设备维修的需要，因此要解决设备维护人员的问题就需要从两个方面进行。一方面利用故障分析研究培养各阶段各种类的高技能专业维保人员，在设备出现故障时相互配合，快速修复设备；另一方面利用维修经验库对当前岗位上的各级维保人员进行技能培训，通过设备故障研讨提高维修人员的设备故障原因分析能力、快速判断故障点的能力、制定最优维修方案排除故障的能力、预防设备故障再次发生的能力。

3.4 完善设备维修标准、提高维修效率

根据故障研究结果，制订并实施设备预防保养计划。建立设备故障研究与经验库就是为了通过故障研究分析完善设备管理标准，根据研究分析出设备的实际运行状态、设备的维护保养周期等，制订有针对性、可实施的设备预防保养计划，根据保养计划对设备进行预防保养，对设备故障的隐患早发现早排除，缩短维修时间，少走弯路，提高维修效率。

4 结语

通过设备故障研究分析、建立设备维修经验库，在设备发生故障时可以查阅设备维修经验库和设备履历表，查找设备曾发生过什么故障、采取了什么措施，提高维修效率，提升维修人员分析故障的能力和排除故障的能力，设备故障分析研究及建立维修经验库提高了设备的综合利用率，降低了设备故障时间，减少了设备故障频次，缩短了故障维修时间，科学设置备件库存，实现了效益最大化，为企业创造最大价值。

一种低温不燃烟成型配套设备的创新研发与应用

李志勇　李新亮　张　鹏　李　娜

（玉溪市新特科技有限公司，云南 玉溪 653100）

摘要：本文简述了一种低温不燃烟成型配套设备的创新研发，可一次性进行加热、加香精和切丝等加工，极大地提高了烟支生产效率，且节能环保，具有较大的突破性和领先性。

关键词：低温不燃烟；成型配套设备；节能环保

近年来，新型烟草行业发展迅速，其中低温不燃烟尤其得到广泛好评，并被视为新型烟草中最具有发展前景的产品。虽然传统烟草机械的生产能力已经十分成熟，但是在新型烟草机械设备领域，很多设备还处于摸索研发阶段，尤其是低温不燃烧烟支生产过程中的加热、加香精和切丝步骤还缺少成熟高效的设备。

1　工作原理

首先，手动将气胀轴放气，这时气胀轴上设有的键条收缩，人工将薄片烟卷物料加载到气胀轴上，再给气胀轴充入压缩空气使气涨轴上的键条伸出，键条固定住薄片烟卷物料使其不会自由移动。

其次，人工将物料卷放入后，物料卷将依次通过张力传感器、无动力辊、纠偏系统、加热装置、香精装置、切丝装置，此时切丝辊通过调节机构分开微小的间距，使物料能够通过，穿好物料后，调节切丝辊，将切丝辊公母辊切纸槽相互咬合，点动控制电机转动，使物料慢慢纠偏找正，保证物料经过切丝辊后被切成宽度一致的丝状烟丝。

最后，在设备自动运行时，由张力传感器检测物料张力，信号反馈给气胀轴，由气胀轴控制磁粉式制动器的离合扭矩，从而张力传感器可以控制气胀轴的放卷速度，确保物料的张力大小恒定或者可调节，具体如图 1 所示。

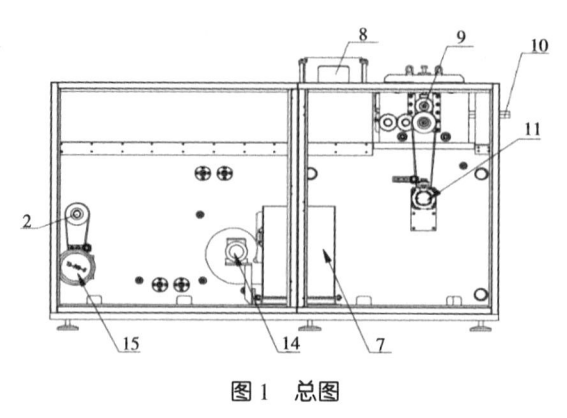

图 1 总图

2 应用实施

在实际应用中由于物料的均匀度、设备的加工和安装精度等因素的影响，物料在走料过程中容易跑偏。纠偏系统可以修正物料卷在向前运动中出现的侧边误差，防止物料在走料过程中跑偏，保证物料在工艺处理段达到工艺标准（见图 2）。

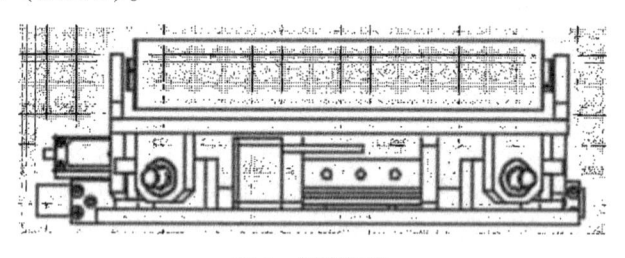

图 2 纠偏系统

设备在自动运行时，按工艺要求需要对物料进行加热处理，也就是物料要通过加热箱，加热到工艺要求设定的温度后进行下一步的处理。加热装置的加热包设置在设备的机壳内，风机将空气吹入加热装置中设有的加热包内，空气在加热包中加热，热空气通过风管后被吹入加热箱中对物料进行加热，加热到工艺要求设定的温度。加热箱中的热空气通过另一风管与风机进气口连接，形成循环，既保证热量不散发到空气中，又能降低能量的损耗，达到绿色节能的要求。加热包由加热管和温度控制器组成，温度控制器可控制加热管的工作，当温度达到设定值时，加热管停止加热，设定温度在一定范围内可调，加热装置如图3所示。

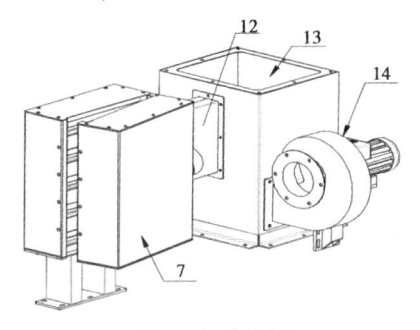

图3 加热装置

香精装置（见图4）上设有的气动雾化喷枪对烟片加香精，香精装置在物料通道进出口分别设有吸风管，吸风管与轴流风机对接，设备运行时，轴流风机启动，可将泄漏出的香精通过吸风管抽走，防止香精外泄污染环境。

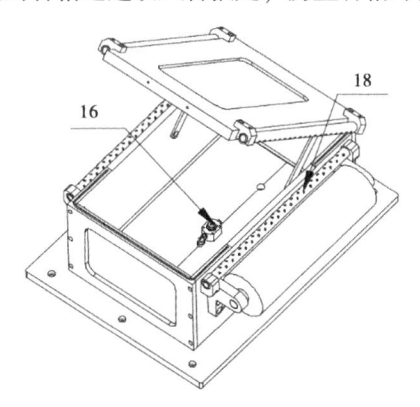

图4 香精装置

设备的压力罐中储存了一定量的香精物料，通过二次压力控制给压力罐增压，香精沿管路进入气动雾化喷枪，通过流量计，记录并反馈信号给PLC（可编程逻辑控制器），PLC根据反馈的数据及工艺要求，控制气动雾化喷枪中电磁阀，通过PWM driver（脉冲宽度调制驱动器）高频驱动阀的通断，可调整喷香精的量的多少，也可以控制连续喷香精或者间断喷香精。同时，CPU（中央处理器）获得设备上编码器的信号，通过控制单向电磁阀的通断，压缩空气进入气动雾化喷枪，将香精雾化，此时需与气动雾化喷枪中电磁阀同步设置通断，方可精准掌握喷香精的量和喷洒时间。

可手动调节减压阀调节压力的大小来改善雾化效果。本喷香精系统可根据物料的种类、工艺的要求实现连续喷雾、间隔喷雾以及喷雾量的控制，精准达到工艺标准，工控机的应用为用户的操作带来很大的快捷性、方便性，不需要复杂的操作便能轻松使用。

切丝装置（见图5）中的电机与同步轮采用同步带传动，电机动力传送到同步轮，同步轮与主动齿轮同轴，主动齿轮与切丝辊母同轴，带动切丝辊母，主动齿轮与从动齿轮啮合，从动齿轮与切丝辊公同轴，带动切丝辊公，切丝辊通过调节机构将切丝辊分开微小的间距，使物料能够通过切丝辊，穿好物料后，调节切丝辊，切丝辊公母咬合对撑，将薄片烟切成宽度均匀烟丝。烟丝宽度 $0.5\text{mm} \leqslant d \leqslant 5\text{mm}$。电机设有控制器，控制器可从成型机内部编码器获取信号，控制电机转速与成型机相匹配。为避免薄片烟在切丝辊中断裂，在薄片烟进入切丝辊前设计有一对送料辊，通过齿轮传动保证切丝辊和送料辊同步，去除两者之间物料的张力。为避免薄片烟切成丝状后断裂，烟丝不能顺利进入成型机，影响烟丝成型品质，在切丝辊与成型机之间设计有圆弧真空导丝口（文丘里装置），丝状物料进入文丘里装置，当出现断丝情况时，可将丝状物料全部送至成型机对接口，保证成型工艺环节品质稳定。

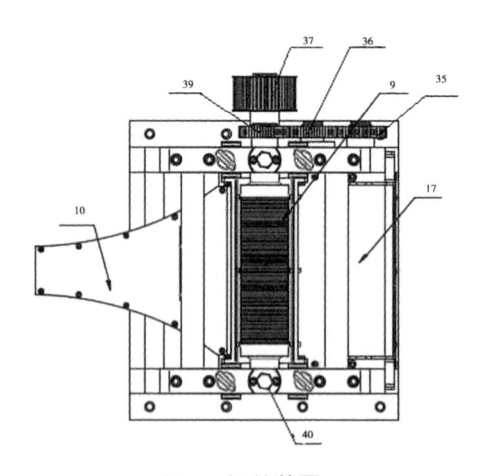

图5 切丝装置

3　结语

综上所述，本文介绍的低温不燃烟成型配套设备，可一次性进行加热、加香精和切丝等加工，极大地提高了烟支生产效率，且节能环保，在国内具有较大的突破性，在国际上也具有领先的创新性。

永磁电机在矿山搅拌系统中的应用与探讨

李其在　刘志斌　谢德华　王余涛　王忠亮　海　迪

（鹤庆北衙矿业有限公司，云南 大理 671507）

摘要： 永磁同步电机作为一种新型节能电机，凭借其高效率、高功率因数、温升底、体积小、噪声小、适用强等特性，以及节电、安全免维护、运转效率高等优势，广泛应用于煤矿业、橡胶业、风力发电、水力发电、电动汽车、轨道交通、船舶电力、医疗机械、采油等行业。特别是近年来永磁同步电机凭借优越的智能永磁直驱系统，采用联轴器直接将电机与搅拌设备相连，并通过交流变频器来实现对搅拌系统的正常运行与保护，结合在实际生产中的应用，永磁同步电机在矿山搅拌系统中具有重要的使用价值。

关键词： 永磁同步；直驱系统；矿山搅拌设备

目前我国大型矿山搅拌系统常用的驱动方式有液力偶合器驱动、可控软启动功能的 CST 驱动及变频驱动几种方式，其多数方式通常配套的都是"变频器+电机+减速机"的组合形式，电动机的输出转速通过减速器进行减速后，传递给搅拌设备的传动轴从而保证搅拌设备正常运转，这种传统的连接方式对设备同轴度要求较高，安装、调整和试运转费时费力，调试不到位的话设备振动幅度与频率较高、噪声较大。投产后的减速机也会因为高传动比出现高温、加速润滑油氧化和劣化，并产生一些酸性物质和不溶性沉积物，如油泥和漆膜。减速机润滑油随着油封圈磨损失效出现泄漏，也会给现场 6S 管理与安全带来困扰。永磁直接驱动省略中间传动机构，将多级转换系统简化为单一直接的驱动系统，将多个效率相乘的低效系统转变为单个效率的高效系统，减少了中间过程的能量损耗，其综合效率比传统普通电机+减速器驱动的综合效率高。搅拌机作为一种需要长时间连续运转的设备，采用直接驱动可节省电能，符合国家节能减排的要求。永磁直接驱动消除了传统齿轮减速器的传动间隙，使系统的传动控制误差降低，从而降低了系统的结构谐振频率，被控量的误差得到有效控制，系统增益提高。

1 永磁同步电机的概述

永磁同步电机直驱系统作为矿山搅拌系统的一种新型传动技术，在制造电机转子时加入永磁体，使电机的综合性能得到进一步提升，同步则是转子的转速与定子绕组的电流频率始终保持一致，即转子的转速与定子绕组旋转磁场的方向和转速相同，通过控制电机电子绕组的输入电流频率控制电机的输出转速，可通过电机极对数与转速的关系公式进行计算。

$$n = 60f/p$$

其中，n：电机的转速（r/min）；

f：供电电流的频率（Hz）；

p：电机的磁极对数。

只要转子的负载转矩不超过设计的最大电磁转矩，同步电机转子的频率与定子的频率始终保持一致，就不会因为负载的变化而变化，供电电流同是50Hz交流电，4级电机为2个极对数，则同步电机的转速为1500r/min，而异步电机则只有1450~1480r/min。异步电机转速总是略小于电枢绕组旋转磁场的转速，存在转差。一般异步电机的效率为75%~95%，功率越大则电机的效率也越高一些，同步电机转子没有损耗，效率也更高一些，一般在95%以上，效率可提高3%以上。

2 永磁直驱电机的结构组成

现鹤庆北衙矿业有限公司永磁直驱系统服务于 $\phi 9.5 \times 10m$ 氰化槽搅拌系统，驱动部采用大连天晟永磁电机有限公司生产的永磁直驱系统，由1台交流变频器、1台永磁同步变频电动机及现场操作柜组成，通过交流变频器控制永磁同步电动机。选用永磁同步电机代替"异步电机+减速器"的驱动组合，直接通过联轴器与搅拌机传动轴相连，提高电机自身效率的同时缩减能量传递环节，提升搅拌机驱动系统效率和系统可靠性，以此降低搅拌机系统能耗（见图1）。

图1 永磁直驱电机结构组成

3 永磁直驱系统工作方式

氰化槽搅拌机采用1台MI825-30KZG型交流变频器控制1台MI825-30C15B12P25-MC永磁同步变频电动机，其变频器可以实现自动变频调速功能。变频器隔离开关送电后，系统开始自行检测变频器内的线路及元件，如果出现故障则故障指示灯报警，确认线路元件正常后即可启动，变频器同时担任对电器元件、电动机的监控。变频器自带自动变频调速系统及手动控制系统：自动调速系统实现搅拌机平稳缓慢启动及重载启动。手动控制调速则通过现场操作柜上的调速旋钮进行调节，旋钮调节可以实现转速调节范围为0~15r/min。

4 永磁直驱系统的优越性能

较传统驱动方式而言，永磁直驱系统安装简便传动高效、运行平稳维护成本低、节能降耗明显的优越性显而易见。

（1）安装便捷传动高效。传统搅拌机的驱动方式为"电动机+减速器"的组合形式，安装调整较为烦琐，且对设备同轴度要求较高，其传动环节多，电动机动能通过蜗轮蜗杆减速器传递给搅拌机传动轴后，动能直接损失在15%~20%，而永磁直驱系统输出端无减速器，电动机输出轴与搅拌机传动轴联轴器直接连接，结构简单，传动效率就是电动机除去联轴器的动能消耗，效率可高达95%以上（见图2）。

图2 永磁直驱电机安装示意

（2）运行平稳维护成本低。传统驱动方式的日常维护量主要有减速器换油、电动机轴承注油及联轴器尼龙插销更换，而永磁直驱系统驱动部日常维护量主要是定期为电动机轴承注油，由于运行平稳，对联轴器尼龙插销的磨损也比较小，安装完成以后无突发情况基本无须更换。

设备运行时振动噪声降低约50%，给车间作业人员提供了舒适的工作环境，电机运行温度低，转速在9r/min时，冬季运行温度在24~28℃，夏季偏高10~15℃，转速加快温度也随着增高。运行温度适中，对永磁同步电机（钕铁硼永磁、铁氧体永磁）的永磁体磁性形成保护，避免不可逆退磁使电机性能降低。

（3）节能降耗明显。随着国家节能降耗要求逐步提高，越来越多的企业开始采用新型节能产品，本公司MI825-30C15B12P25-MC永磁同步电机为自然冷却，通过电机的轴承润滑油分散走轴承机械摩擦与电机损耗产生的热量，无须使用风扇冷却或循环水冷却；传动系统无减速机，无须使用减速机润滑油。永磁电机与我公司目前使用的三相异步搅拌电机实际使用对比，三台电机均用于氰化槽矿浆搅拌，工况相同（见表1）。

表1 各电机类型对比

电机类型	8级三相异步电机	4级三相异步电机	永磁电机
电机型号	Y250-M	DRN200L4	MI825-30C15B12P25-MC
减速机	蜗轮蜗杆减速机	三级齿轮减速机	无减速机
额定转速（r/min）	730	1480	15
额定电压（V）	380	380/660	380
额定电流（A）	61.6	59/34	49.7
额定功率（kW）	30	30	30
输出转速（r/min）	15	15	15
实际工作电流（A）	31.4	24.7	19.5
电机功率因数	0.75	0.82	0.92
实测工作电流图片			
实际工作功率（kW）	15.5	13.33	11.8
全年用电（kW·h）（按330天计）	122760	105574	93456
产生电费（元）（按0.53元/kW·h计）	65062.8	55954.2	49531.7

注：三相电机实际工作功率：$P=\sqrt{3}UI\cos\varphi$

其中，U 为负载线电压；I 为负载线电流；$\cos\varphi$ 为电机功率因数。

从表1中可看出，永磁同步电机直驱系统在降耗、减排方面效果比较显著，比三级齿轮减速机驱动方式每年节省电费约6400元，较蜗轮蜗杆减速机驱动方式每年节省电费约15500元。后两者由于减速机传动比固定，不可依据工况变动适时调整搅拌机转速。永磁直驱系统可实现搅拌机转速调节范围为0~15r/min，经现场生产使用，目前搅拌机转速为9r/min便可满足生产需求，此工况下永磁直驱电机实际工作电流为6A（见图3），每年可节省 77062kW·h 电量，可以减少 60493kg 碳排量（二氧化碳排放量=耗电度数×0.785）；可节约润滑油 170kg/台，节约油费 1800 元/台，可大幅降低设备的运行维护成本，可节约电费 40842 元，碳排放可节约 5444 元（根据北京环境交易所碳排放 2022 年 12 月 30 日成交数据 90 元/吨），每年共计可创造经济价值 48086 元。

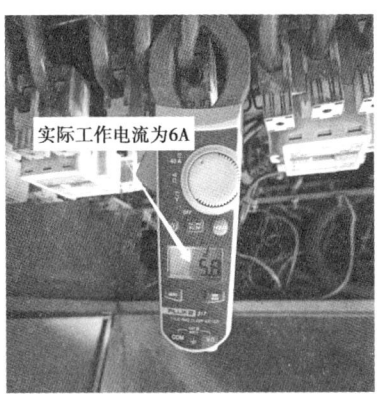

图 3　永磁直驱电机工作示意图

5　结语

矿山搅拌设备驱动技术随着科技的进步不断向高效、节能的方向发展，每一次驱动技术的革新都会带来巨额的经济效益。永磁同步电机直驱系统作为新型的搅拌机驱动技术，具有低转速大转矩、结构简单、传动效率高、安装简便、维护成本低等特点，目前由于使用稀土永磁体、采购成本高等原因尚未得到广泛的应用，但其优势明显，具有很高的推广价值。

参考文献

[1] 冀星忠，穆志峰. 智能永磁直驱系统在矿山带式输送机的应用优势 [J]. 科学管理，2019，11：332-333.

[2] 阚乃杰，吴家成. 矿用刮板输送机隔爆型三相永磁半直驱电机开发与应用 [J]. 防爆电机，2019（54）5：14-18.

上海地铁九号线弓网故障的分析与改善

李泽宇

(上海地铁维护保障有限公司,上海 200070)

摘要:接触网是地铁供电系统的重要组成部分,而弓网故障是影响接触网安全运行的重要因素。本文主要分析弓网故障的常见原因,并结合实际运行情况,对预防九号线接触网弓网故障的防范措施进行了分析。

关键词:城市轨道交通;接触网;受电弓;弓网关系

上海地铁九号线自2008年开通运营了14年,近年来,上海地铁迅猛发展,客流量频频突破新高。线路的加长、发车间隔的缩小和延时运营增加了市民乘坐地铁的舒适性,给地铁公网系统带来严峻的挑战,良好的弓网关系才能满足地铁电客车的供电需求,确保地铁列车安全可靠运行。

1 基本情况

1.1 接触网形式

上海地铁九号线接触网分为4段工程:①九号线一期宜山路—九亭(洞口)、松江新城(洞口)—松江新城(刚性);九亭(洞口)—松江新城(洞口)(柔性户外):接触线全长69.71km;九亭停车场(柔性户外):接触线全长20.92km。②九号线二期宜山路—杨高中路(刚性):接触线全长28.57km。③九号线三期南段松江新城—松江南站(刚性):接触线全长28.57km。④九号线三

图1 九号线弓网故障

期东段杨高中路站至曹路站；接触线全长 28km。

1.2 受电弓形式

目前上海地铁使用的是单臂受电弓，其优点在于噪声低，故障时不易扯断触网。单臂弓按照传动机构分为电动弓、单气囊弓、双气囊弓、气缸弓。不同形式的受电弓在设计上有所不同，对弓网关系的影响相差不大。

上海地铁九号线只有刚性及柔性接触网，所以使用的刚性、柔性接触网均可使用的正弓（见图 2）。现使用的受电弓有 stemmann、塞德、schunk 三种厂家受电弓，均为气缸弓。受电弓的性能直接影响到弓网耦合状态的好坏，改善弓网关系需要从接触网和受电弓两个方面入手，才能事半功倍。

图 2　九号线列车受电弓

2　九号线弓网故障现状

经过统计，2010—2021 年，上海地铁九号线共有故障类记录 129 次，如图 3 所示。

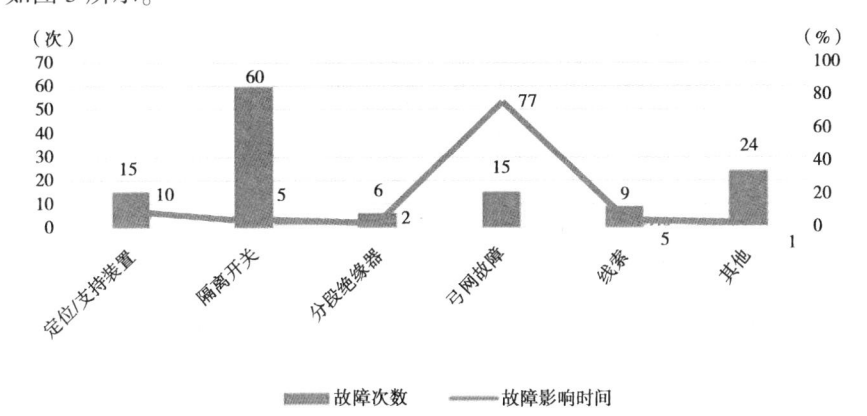

图 3　2010—2021 年九号线故障分类及影响时间占比

从统计结果分析我们可以看出，触网类故障中弓网故障率低但是影响运营时间长，对正常运营影响最大。如果能够解决部分弓网故障，则能够大大降低故障对运营的影响，提高运营效率。

弓网关系一直以来是接触网和车辆的难题所在，原因有以下几点。

2.1 故障调查困难

故障发生后，需要在最短时间内恢复地铁运营，故障现场调查时间短、专业人员少、现场不容易被保护，一般发生故障后是以"先通后固"为原则，即先保证设备能够承担运营压力，保证通车，而当晚运营结束后再进行常态化恢复。所以，弓网故障的原因很难通过现场的照片或视频来判定，一般都要故障现场模拟后，才能得出结论。

2.2 故障造成的影响大

由于接触网存在无备用、张力大、结构复杂等特点，一旦发生弓网故障，必然造成供电中断继而列车停运，如果驾驶员发现较晚，高速运行的列车将使事故范围进一步扩大，甚至造成多个锚段接触网报废，给故障抢险造成极大困难（见图4）。

图4 抢修空间紧张

2.3 线路长、客流量大

截至2021年12月，九号线全长65km，共设35座车站。不论线路长度还是车站数都位居上海地铁前列。客流量保持前四，仅次于8节编组的一、二号线（见图5）。

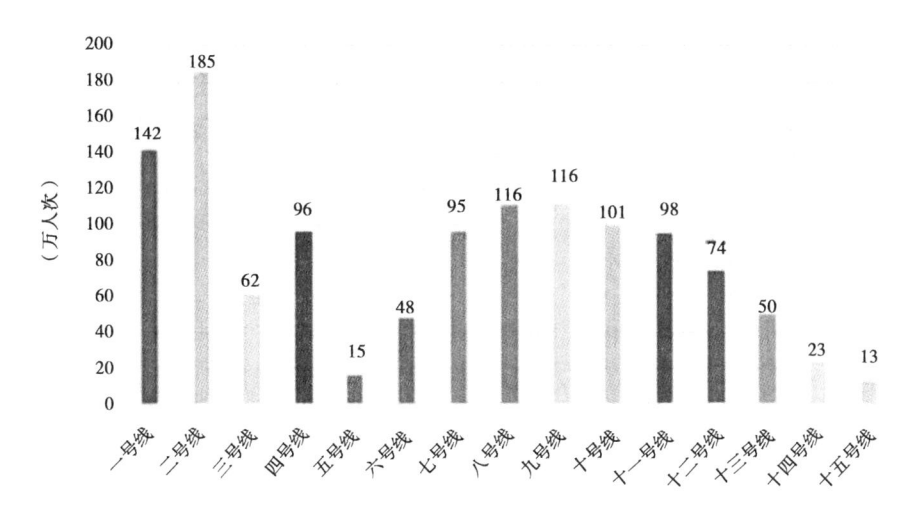

图 5　上海地铁单日客流量

可以说，不论从线路长度还是客流密度，九号线的弓网都承受着上海地铁最大的工作压力。且九号线柔性区段区间长，最长的九亭—泗泾区间长度达到 6km 以上，一方面加大了维护检修难度，另一方面区间长列车速度快，同样会导致弓网故障变高。

3　弓网故障原因分析及改善措施

接触网是露天设备，大气温度、湿度、冰雪、大风、污染、雷电等各类气候因素对接触网的影响十分明显。接触网的机械参数，如线索驰度、张力、悬挂弹性、零部件的机械松紧度及空间位置、设备的绝缘强度、线索载流能力、弓网之间的磨耗关系等都会随气象变化而改变。突然的气候变化还可能造成重大的行车事故。

3.1　燃弧

在受电弓与触网线脱离时会形成电弧，它可能造成列车的不稳定运行，引起接触线和受电弓碳滑快的异常磨损，由于电弧的高温熔蚀作用，使接触线和滑板的接触面粗糙不平，造成两者的磨耗速度大大加快，工作寿命缩短，严重时可能造成断线。

经过在线监测视频比对及现场拉弧点的观察，拉弧点多分布在锚段关节、刚性定位点或区间漏水处。

改善拉弧主要改善硬点和接触线脱槽，硬点的判定不能仅靠观察和经验，需要更精确的数据支撑。行业标准对接触线是以接触线坡度进行要求，根据九号线采取80km作为标准，进行坡度与坡度变化量的调整。变化率最大为0.3%，所以导高检修时，不仅要考虑相邻导高的差值，也要考虑整体的接触线坡度，使整体导高不出现突变即可最大限度减少受电弓离线，即降低拉弧率。

3.2 线岔侧磨、受电弓羊角超标

羊角超标是因为受电弓在停车场经过线岔时，过早碰触到非工作支，导致非工作支摩擦受电弓羊角。羊角的主要作用是保证受电弓平稳地通过接触网交叉处，防止受电弓钻入接触网线岔而导致弓网故障。所以受电弓羊角超标必须引起重视（见图6）。

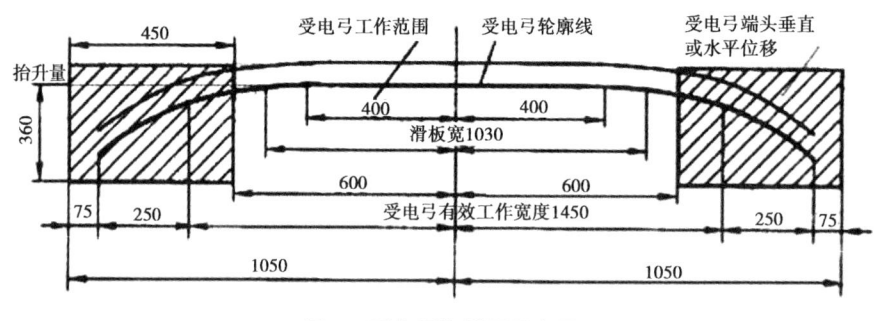

图6 受电弓始触区示意图

经过分析，羊角超标频繁发生在高温的季节。由于接触线受热下垂，使受电弓过早地碰触非支接触线，所以产生了羊角超标。经过实际测量，停车场的线岔数据均满足500mm等高的检修标准，但由于停车场地理位置限制，下锚的角度过大，且下锚抬升量不足，所以接触网仅在静态数值上满足检修标准，当受到受电弓抬升力后，线岔处的动态数据就发生了变化，导致羊角超标、线岔侧磨情况的发生。

在梯车检查线岔时，不仅要满足静态数据，也要模拟受电弓通过时，对接触悬挂提供120N抬升力的动态数据，并使用动态数据进行调整。使用模拟受电弓抬升力通过线岔时，能够方便观察和调整。

3.3 绝缘锚段关节处的禁停区

断线钻弓是由于电客车在绝缘锚段关节下停车后启动，为改善绝缘锚

段关节处的断线钻弓故障，需要避免电客车在柔性绝缘锚段关节下停车再启动。

通过多专业协调，进行了九号线绝缘锚段关节列车禁停区的划分。并将禁停区用油漆在线路中做标记。防止列车再次停在禁停区内（见图7）。

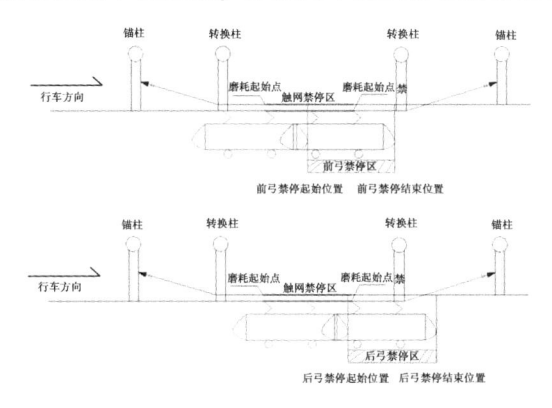

图7 九号线禁停区示意

3.4 碳滑块选型

研究表明，在相同工况下与纯碳滑块相比，浸金属碳滑块的摩擦因数要小于纯碳滑块，同时随着振动幅值的增大，浸金属碳滑块的摩擦因数减小速度比纯碳滑块要快，因此浸金属碳滑块较纯碳滑块受的切向剪应力更小，具有更好的机械强度和耐磨性，不易发生裂纹和掉块。纯碳碳棒还存在耐磨性差、耐温性差等问题，容易导致碳棒脱胶等故障。

因此车辆采用接触性能更好的浸金属碳滑块代替纯碳滑块，对改善弓网关系和延长弓网使用寿命十分有利（见图8）。

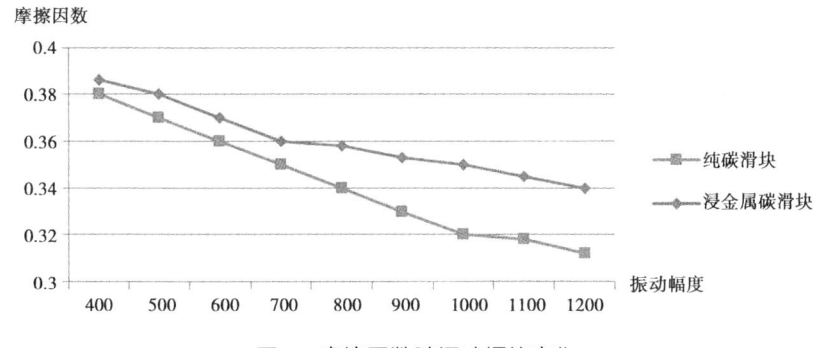

图8 摩擦因数随振动幅值变化

4 结语

弓网关系具有突发性和扩延性的特点，随着上海地铁运营里程的不断发展、运营压力的不断提升，该故障对行车安全威胁日益严重，各专业只要精细管理、加强受电弓的专业检查、提高行车设备的运行品质，就能遏制此类故障的上升，为地铁的安全运营、和谐发展提供有力的保证。

弓网故障发生的原因是多方面的，包括接触网方面、电客车方面等，要从根本上改善问题，必须充分认识到接触网弓网故障是影响地铁运行的重要因素，是保证列车正常运行的关键之一，且和接触网、受电弓、线路等方面有密切的关系。但是，地铁的重要能力在于能够以高运力、高负载的优越技术性能大幅度地提高运输能力。

因此，我们必须努力适应地铁的发展势头，努力改善接触网的弓网故障问题，从思想上积极主动地提高认识，并在工作中切实贯彻执行，改善弓网关系，最大限度地防止接触网弓网故障的发生，保障地铁的安全运营。

参考文献

[1] 董昭德. 高速铁路接触网技术 [M]. 北京：中国铁道出版社，2014.

[2] 中国国家铁路集团有限公司. 高速铁路接触网运行维修规则：TG/GD 124—2015 [S]. 北京：中国铁道出版社，2015.

[3] 中国国家铁路集团有限公司. 接触网运行检修规程：铁运〔2007〕69 号 [S]. 北京：中国铁道出版社，2007.

[4] 于万聚. 高速电气化铁路接触网 [M]. 成都：西南交通大学出版社，2002.